Sonja Karl Pelikan
Grundbuch lesen und verstehen

AUSBILDUNGSREIHE FÜR NOTARFACHANGESTELLTE

HERAUSGEGEBEN VON DER NOTARKASSE A.D.Ö.R., MÜNCHEN

Grundbuch lesen und verstehen

3. Auflage

von

Notarin
Sonja Karl Pelikan, LL.M. (NYU)
Bad Tölz

DeutscherNotarVerlag

Weitere Titel der Ausbildungsreihe für Notarfachangestellte

Christian Esbjörnsson
Gesellschaftsrecht, 3. Auflage
(ISBN 978-3-95646-323-5)

Michael Gutfried
Grundschulden, 3. Auflage
(ISBN 978-3-95646-322-8)

Franz Heitzer
Notarkosten, 3. Auflage
(ISBN 978-3-95646-277-1)

Judith Junk
Erbrecht, 3. Auflage
(ISBN 978-3-95646-324-2)

Eva-Maria Bernauer/ Dr. Michael Bernauer/
Dr. Hans-Joachim Vollrath
Familienrecht, 3. Auflage
(ISBN 978-3-95646-355-6)

Jens Neie
Überlassungsvertrag, 3. Auflage
(ISBN 978-3-95646-371-4)

Holger Sagmeister
Anmeldungen zum Registergericht, 3. Auflage
(ISBN 978-3-95646-284-9)

Valentin Spernath
Grundstücksrecht Spezial, 3. Auflage
(ISBN 978-3-95646-311-2)

Andreas Bosch/Benedikt Strauß
Berufs- und Beurkundungsrecht, 3. Auflage
(ISBN 978-3-95646-336-5)

Jens Haßelbeck
Wohnungs- und Teileigentum, 3. Auflage
(ISBN 978-3-95646-278-8)

Anja Heringer/Franz Heitzer/
Hans-Joachim Vollrath
Prüfungswissen kompakt, 2. Auflage
(ISBN 978-3-95646-306-8)

Martin Jurkat
Büroorganisation, 3. Auflage
(ISBN 978-3-95646-307-5)

Bernadette Kell
Grundbuch – Rechte in Abt. II, 3. Auflage
(ISBN 978-3-95646-328-0)

Sonja Karl Pelikan
Basiswissen im Notariat, 3. Auflage
(ISBN 978-3-95646-310-5)

Markus Sikora
Vollmachten, Genehmigungen, Zustimmungen, Beglaubigungen, 3. Auflage
(ISBN 978-3-95646-279-5)

Michael Volmer
Vollzug von Kaufverträgen, 3. Auflage
(ISBN 978-3-95646-280-1)

Melanie Falkner
Grundstückskaufvertrag, 3. Auflage
(ISBN 978-3-95646-313-6)

Hinweis
Die Formulierungsbeispiele in diesem Buch wurden mit Sorgfalt und nach bestem Wissen erstellt. Sie stellen jedoch lediglich Arbeitshilfen und Anregungen für die Lösung typischer Fallgestaltungen dar. Die Eigenverantwortung für die Formulierung von Verträgen, Verfügungen und Schriftsätzen trägt der Benutzer. Autor und Verlag übernehmen keinerlei Haftung für die Richtigkeit und Vollständigkeit der in dem Buch enthaltenen Ausführungen und Formulierungsbeispiele.

Umschlaggestaltung: gentura, Holger Neumann, Bochum
Satz: PMGi – Agentur für intelligente Kommunikation GmbH, Hamm
Druck: Hans Soldan Druck GmbH, Essen
ISBN 978-3-95646-360-0

Bibliografische Information der Deutschen Bibliothek
Die Deutsche Bibliothek verzeichnet diese Publikation in der Deutschen Nationalbibliografie; detaillierte bibliografische Daten sind im Internet über http://dnb.d-nb.de abrufbar.

Geleitwort

Hinter jedem guten Notar stehen seine Mitarbeiter, die den reibungslosen Ablauf im Notariat sicherstellen.

Der Beruf der Notarfachangestellten ist ein spannender und vielfältiger Beruf, der in Anforderung und Verantwortung weit über einen „gewöhnlichen" Bürojob hinausgeht. Immobilienkäufe, Testamente, Unternehmensgründungen, Eheverträge, Scheidungsvereinbarungen und einiges mehr – über die ganze Bandbreite notarieller Tätigkeiten müssen auch Sie als Mitarbeiter im Notariat tiefgehende Kenntnisse haben. Nur mit Ihrer Unterstützung kann der Notar sein Büro erfolgreich führen.

Wie kann man Sie möglichst gezielt und effizient unterstützen, um eine bestmögliche Ausbildung zum Notarfachangestellten zu absolvieren? Diese Frage haben wir uns als Notarkasse gemeinsam mit Autoren aus der Praxis, nämlich Notarinnen und Notare, Notarassessoren und Büroleitern gestellt. Zusammen mit dem Deutschen Notarverlag wurde die *„Ausbildungsreihe für Notarfachangestellte"* ins Leben gerufen. Wir haben uns zum Ziel gesetzt, Auszubildende während ihrer anspruchsvollen Ausbildungszeit und Berufsanfänger bei ihrem Einstieg in den komplexen Büroalltag zu unterstützen. Auch für Quereinsteiger zur Vermittlung von Grundlagen und für erfahrene Notarfachangestellte als Nachschlagewerk ist die Reihe gut geeignet.

Pro Band vermitteln die Autoren dieser Reihe anschaulich die komplette Bandbreite eines notariellen Fachgebiets von den Grundlagen bis hin zu komplexeren Fallgestaltungen. Um Ihnen die Anwendung des Erlernten zu erleichtern, enthält jedes Buch ein Kapitel zur Wissensüberprüfung. Die Lösungsvorschläge verbinden bereits einzelne Fachgebiete miteinander und geben so Gelegenheit zur Vertiefung der gewonnenen Fähigkeiten.

Mit *„Grundbuch lesen und verstehen"* gelingt es *Sonja Karl Pelikan*, Notarin in Bad Tölz, den Grundbuchinhalt und das Grundbuchverfahren in verständlicher und praxisnaher Weise zu erläutern. Der Band ermöglicht demjenigen, der sich als Neu- oder Quereinsteiger nur einen Überblick über den Grundbuchinhalt verschaffen will, einen schnellen Zugang, und beinhaltet darüber hinaus auch das „Kleine Einmaleins" des formellen und materiellen Immobiliarsachenrechts im Rahmen der Notarfachangestelltenausbildung.

Dr. Helene Ludewig

Präsidentin der Notarkasse A.d.ö.R., München

Vorwort

Das Grundbuch lesen und verstehen zu können zählt zu den absoluten Grundlagen im Notaralltag. In jedem Notariat werden täglich das Grundbuch eingesehen, der (wesentliche) Grundbuchinhalt in Entwurfsmuster übertragen und Vollzugsmitteilungen auf ihre Richtigkeit hin überprüft. Das Grundbuch ist (neben dem Handelsregister) Dreh- und Angelpunkt der meisten Notarurkunden, sodass jeder Mitarbeiter im Notariat – gleich in welcher Funktion – zwangsläufig mit dem Grundbuch in Berührung kommt.

Dieses Skript ist so konzipiert, dass es jedem Mitarbeiter entsprechend seiner Qualifikationsstufe das nötige Rüstzeug im Umgang mit dem Grundbuch vermittelt: Es führt vom Einfachen zum Schweren, vom Allgemeinen zum Konkreten und vom Praxisbezogenen zum Theoretischen.

So ist § 1 dazu bestimmt, grundlegende Begriffe wie „Grundstück" und „Flurstück" zu erklären, das Zusammenspiel von Grundbuchamt und Vermessungsamt plastisch zu beschreiben und darüber hinaus die verschiedenen Grundbuchrechercheformen darzustellen.

Die ersten beiden Abschnitte (A und B) in § 2 dienen (ebenso wie § 1) der erläuternden Beschreibung des Grundbuchs und seines Inhalts. Es werden die einzelnen Abteilungen (mit konkreten Beispielen) dargestellt und es wird jede Spalte in den einzelnen Abteilungen erklärt. Wer sich nur einen ersten Überblick über das Grundbuch verschaffen will, mag es dabei bewenden lassen.

Die beiden folgenden Abschnitte (C und D) in § 2 dienen dazu, den zuvor abstrakt beschriebenen Inhalt der Abteilungen II und III mit „Leben zu füllen". Die in der Notarpraxis häufig vorkommenden Belastungen und Vermerke in diesen Abteilungen werden zusammenfassend dargestellt und kurz erläutert. Diese Abschnitte sind damit der erste Einstieg in die gesondert zu diesen Themen erschienenen Skripte (*Grundbuch – Rechte in Abt. II* von *Bernadette Kell* und *Grundschulden* von *Michael Gutfried*), welche sich dieser Thematik ausführlicher widmen.

Die drei letzten Abschnitte (E bis G) des § 2 beinhalten den dogmatischen Unterbau zum Vorangegangenen und runden damit das Thema „Grundbuchrecht" in theoretischer Hinsicht ab. Es werden die verschiedenen rechtlichen Funktionen des Grundbuchs erläutert und darüber hinaus die rechtliche Dogmatik des Eigentumserwerbs sowie des Erwerbs dinglicher Rechte behandelt. Ferner werden die Grundzüge des Grundbuchverfahrens dargestellt – samt einem kleinen Ausflug in das Kostenrecht des Grundbuchverfahrens.

Insbesondere die letzten drei Abschnitte des § 2 setzen ein Arbeiten am Gesetzestext (welcher jeweils auszugsweise abgedruckt ist) voraus und richten sich daher vor allem an (angehende) Notarfachangestellte bzw. Prüflinge.

Der § 3 dient vorrangig der Prüfungsvorbereitung. Die bereits am Ende der einzelnen Abschnitte abgedruckten Fragen sind hier zusammenfassend samt ausführlicher Lösung dargestellt.

Die zahlreichen Anlagen, welche fiktive Beispiele von einzelnen Grundbuchauszügen, Vollzugsmitteilungen und Veränderungsnachweisen beinhalten, dienen der besonderen Praxisnähe.

Sonja Karl Pelikan

Bad Tölz, Juli 2026

Inhaltsverzeichnis

§ 1 Einleitung Grundstück und Flurstück – Grundbuch und Flurkarte

A. Unterschied Grundstück – Flurstück

Dreh- und Angelpunkt des Grundbuchs und auch der Flurkarte ist das Grundstück sowie das Flurstück. 1

Unter einem Grundstück versteht man einen katastermäßig erfassten Teil der Erdoberfläche, der im Grundbuch unter **einer** laufenden Nummer (= erste Spalte im Bestandsverzeichnis des Grundbuchs) vorgetragen ist.

- In den meisten Fällen ist unter einer laufenden Nummer im Grundbuch auch **nur eine Flurstücknummer** aufgeführt. In diesem Fall sind Flurstück und Grundstück deckungsgleich.
- Es ist aber auch möglich, dass unter einer laufenden Nummer im Grundbuch **mehrere Flurstücknummern** aufgeführt sind. Jedes dieser Flurstücke hat in der realen Natur seine eigenen Grenzsteine und ist in der Flurkarte des Vermessungsamtes als gesondertes Flurstück ausgewiesen, gleichwohl handelt es sich bei den mehreren Flurstücken nur um ein Grundstück im Rechtssinne.

Ein **Grundstück im Rechtssinn** kann also aus *einem oder mehreren* Flurstücken im katastermäßigen Sinne bestehen – nicht aber umgekehrt. 2

I. Was gilt, wenn nur ein Flurstück eines aus mehreren Flurstücken bestehenden Grundstücks veräußert oder belastet werden soll?

Wenn nur ein Flurstück eines Grundstücks, das aus mehreren Flurstücken besteht, verkauft oder übergeben werden soll, muss die Grundstücksvereinigung der Flurstücke aufgehoben werden. Dies erfolgt entweder im Wege eines Zwischenschrittes dadurch, dass die betreffenden Flurstücke im Bestandsverzeichnis des Grundbuchs jeweils unter einer eigenen laufenden Nummer aufgeführt werden, oder schlicht dadurch, dass ein Flurstück im Zuge der Eigentumsumschreibung auf eine andere Grundbuchblattstelle übertragen wird, während das andere an der bisherigen Blattstelle verbleibt und das übertragene Flurstück gerötet wird. Eine (erneute) Vermessung ist nicht erforderlich, da das Flurstück schon katastermäßig vermessen ist. 3

Soll ein aus mehreren Flurstücken bestehendes Grundstück mit einer Grundschuld belastet werden, so muss die Grundstücksvereinigung zuvor aufgehoben werden. Demgegenüber ist die Bestellung einer Dienstbarkeit an einem (mit weiteren Flurstücken rechtlich vereinigten) Flurstück ohne Aufhebung der rechtlichen Vereinigung möglich.

II. Wie kommt es dazu, dass ein Grundstück aus mehreren Flurstücken besteht?

Wenn unter einer laufenden Nummer im Grundbuch (d.h. rechtlich als ein Grundstück) mehrere Flurstücke eingetragen sind, sind diese Flurstücke meist durch Herausmessung von Teilflächen aus einem ehemaligen größeren Flurstück entstanden und es steht die Aufhebung der bestehenden Grundstücksvereinigung (sofern gewünscht) noch aus, oder es wurden umgekehrt im ersten Schritt mehrere juristisch selbstständige Grundstücke rechtlich vereinigt (bzw. eines oder mehrere einem anderen als Bestandteil zugeschrieben), um in einem weiteren Schritt (sofern gewünscht) diese rechtlich zu einem Flurstück (beim Vermessungsamt) verschmelzen zu lassen. Häufig ist also der Umstand, dass ein Grundstück aus mehreren Flurstücken besteht, nur ein vorübergehender Zustand. 4

B. Ineinandergreifen von Grundbuch und Flurkarte

5 Was ein Grundstück im Rechtssinn ist und welche räumlichen Ausdehnungen dieses hat, kann man also nicht optisch durch die in der Natur vorhandenen Zäune oder sonstigen natürlichen „Grenzen" (wie z.B. Bach, Straße) erkennen, sondern nur anhand der Flurkarte in Kombination mit dem Grundbuchbeschrieb. In der Flurkarte sind die in der Natur vorhandenen, gesetzten Grenzsteine eines Flurstücks eingezeichnet und jedem Flurstück ist vom Vermessungsamt eine Flurstücknummer zugewiesen. Diese vom Vermessungsamt einem Flurstück zugewiesenen Angaben (Flurstücknummer, Bezeichnung, Bewirtschaftungsart und Größe) werden vom Grundbuchamt übernommen und sind in dem Grundbuchbeschrieb ausgewiesen. Jede Veränderung des räumlichen Zuschnitts eines Flurstücks erfolgt über das Vermessungsamt und wird dem Grundbuchamt mittels des sogenannten Fortführungsnachweises mitgeteilt; das Grundbuchamt übernimmt die Veränderungen sodann in das Grundbuch.

Umgekehrt meldet das Grundbuchamt dem Vermessungsamt auch jeden Eigentumswechsel, damit die in den Datenbanken des Vermessungsamtes enthalten Angaben zu den Eigentumsverhältnissen stets aktuell sind (siehe § 2 Rdn 8).

C. Die Flurkarte und der Fortführungsnachweis

I. Zentrale Bedeutung der Flurkarte bei Kauf- bzw. Überlassungsverträgen

6 Ob zur Vorbereitung von Kauf-/Überlassungsverträgen standardmäßig Flurkarten abgerufen werden oder nicht, wird von den Notaren unterschiedlich gehandhabt. Da es insoweit keine gesetzlichen Vorgaben gibt, sollten Sie sich an die Philosophie in Ihrem Notariat halten. An dieser Stelle will ich Sie nur hinsichtlich der zentralen Bedeutung der Flurkarte sensibilisieren und die Vorteile aufzeigen, welche mit einer vorherigen routinemäßigen Einsicht in die Flurkarte verbunden sind.

Es ist zwar grundsätzlich Aufgabe der Beteiligten dem Notar „Ross und Reiter" zu nennen, mithin den Vertragsgegenstand richtig und vollständig mitzuteilen, und nicht die Pflicht des Notars dies investigativ zu erforschen bzw. zu hinterfragen. Allerdings sollten die Beteiligten (überobligationsgemäß) durch das Notariat in naheliegenden Fällen hinsichtlich möglicher Probleme sensibilisiert werden.

1. Leichte Erkennbarkeit der wahren räumlichen Ausdehnung des Grundstücks

7 Da die Grenzsteine nicht immer ohne weiteres erkennbar sind bzw. deren genaue Lage selbst bei Erkennbarkeit eher selten vom Käufer geprüft wird, kann über die räumliche Ausdehnung des Grundstücks nur die Flurkarte verbindlich Auskunft geben. Die in der Natur optisch wahrgenommene Begrenzung (insbesondere Einzäunung) wird von den Beteiligten oft als „Grundstücksgrenze" angesehen, jedoch stimmt diese nicht zwangsläufig mit der „echten" juristischen Grenze überein. Vertragsgegenstand ist aber grundsätzlich das Grundstück bzw. Flurstück mit der räumlichen Ausdehnung, wie es im Kataster (= Flurkarte) erfasst ist.

Es kann vorkommen, dass Teile des Nachbargrundstücks in den eigenen Garten „optisch" integriert und eingezäunt sind und somit eine Fehlvorstellung über die rechtliche Ausdehnung des Grundstücks besteht. Dies kann „historisch" dadurch entstanden sein, dass z.B. die Nachbarn eng verwandt waren und man sich bei der tatsächlichen Nutzung der Grundstücke über die juristischen Grenzen aufgrund der familiären Verbundenheit faktisch hinweggesetzt hat.

2. Leichte Erkennbarkeit von Privatwegen bzw. gesonderten Garagenstellplätzen

8 Wenn die Mandanten dem Notar nur die vertragsgegenständliche Flurstücknummer mitteilen und keine Einsicht in die Flurkarte gemacht wird, kann es leicht passieren, dass sich Garagen- oder sonstige Kfz-Stellplätze auf einem gesonderten Grundstück befinden und diese über-

sehen werden. Auch besteht das Risiko, dass ein Miteigentumsanteil an einem Privatweg oder an einer sonstigen Gemeinschaftsfläche übersehen wird, weil die Mandanten dies fälschlicherweise für einen Bestandteil des mitgeteilten Flurstücks halten, obwohl es sich hierbei in Wirklichkeit um ein gesondertes Flurstück handelt.

Hinweis 9

Dass es zusätzlich zum eigentlichen Grundstück noch einen Miteigentumsanteil an einem Privatweg gibt, kann anhand des aufgerufenen Grundbuchblattes nicht immer „erraten" werden. Es wird nämlich von den Rechtspflegern beim Grundbuchamt unterschiedlich gehandhabt, ob sie den Miteigentumsanteil (z.B. $^{1}/_{10}$ Miteigentumsanteil) am Privatweg (durch Zubuchung) auf demselben Grundbuchblatt buchen wie das Hauptgrundstück, oder ob sie den ganzen Privatweg auf einem eigenen Grundbuchblatt buchen und sämtliche „Anlieger", die einen Miteigentumsanteil an dem betreffenden Privatweg innehaben, in diesem weiteren Grundbuchblatt in Abt. I mit ihrer jeweiligen Miteigentumsquote eintragen werden. In letzterem Fall ist der Verkäufer, der sein Hausgrundstück verkauft, somit an zwei Grundbuchblattstellen eingetragen.

3. Leichte Erkennbarkeit von unerschlossenen Grundstücken

Es kommt zwar selten vor, ist aber nie auszuschließen, dass das vertragsgegenständliche Grundstück ein „Inselgrundstück" ist, d.h., weder an eine öffentliche Straße anschließt noch ein privater Wegeanteil existiert noch die Erschließung durch ein im Grundbuch eingetragenes Geh- und Fahrtrecht abgesichert ist. Der Umstand, dass es sich bei einem Grundstück um ein „Inselgrundstück" handelt bzw. handeln könnte, kann anhand der Flurkarte erkannt werden. Falls tatsächlich ein Inselgrundstück gegeben sein sollte, sieht das Gesetz zwar in § 917 BGB ein sog. Notwegerecht vor, jedoch ist dies mit der Zahlung einer Geldrente verbunden. 10

Hinweis 11

Die Erschließung durch ein dingliches Geh- und Fahrtrecht kann man manchmal bereits daran (schön) erkennen, dass bei dem begünstigten (vertragsgegenständlichen) Grundstück das betreffende Geh- und Fahrtrecht „aktiv" im Grundbuch im Bestandsverzeichnis vermerkt ist (sog. **Herrschvermerk oder Aktivvermerk**). Dies ist aber nicht regelmäßig der Fall, da das Geh- und Fahrtrecht (= Dienstbarkeit) lediglich als Belastung in Abt. II im Grundbuchblatt des belasteten Grundstücks eingetragen werden muss, d.h., der Aktivvermerk am „herrschenden" Grundstück wird allenfalls zusätzlich auf Antrag eingetragen und ein derartiger Antrag wird selten gestellt.

Ohne Herrschvermerk kann man das Vorhandensein eines dinglichen Geh- und Fahrtrechts nur dadurch „ermitteln", dass man (kostenpflichtig) auch das Grundbuchblatt des betreffenden (potenziell belasteten) Nachbargrundstücks abruft, über welches die Erschließung erfolgen müsste und prüft, ob an dem betreffenden Nachbargrundstück in Abt. II eine entsprechende Dienstbarkeit zugunsten des eigenen Grundstücks eingetragen ist.

Nachfolgend ist ein Ausschnitt aus einer Flurkarte abgebildet: 12

Wenn nun als Vertragsgegenstand z.B. nur das Flst. 510/61 von den Mandanten genannt worden ist, drängt sich bereits beim ersten Blick auf die Flurkarte die Frage auf, ob es sich bei den Flst. 510/88 bis Flst. 510/95 ggf. um einzelne Garagengrundstücke und bei dem Flst. 510/80 um das Zufahrtsgrundstück zu den Garagen und bei Flst. 510/81 um ein weiteres Gemeinschaftsgrundstück (z.B. für das Müllhäuschen) handelt, mit der Folge, dass neben dem Flst. 510/61 eines der Garagen-Flurstücke und ferner ein Miteigentumsanteil an Flst. 510/80 und an Flst. 510/81 mitübertragen werden soll bzw. muss.

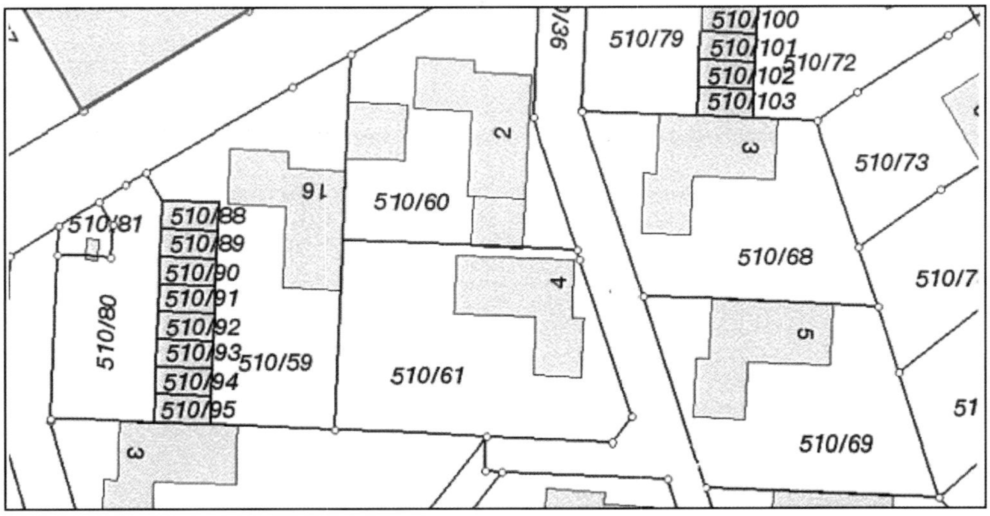

II. Flurkartenabruf und Kosten

13 Die Einsichtnahme in die digitale Flurkarte und der Abruf von Flurkarten sind in jedem Bundesland unterschiedlich. Es gibt kein bundeseinheitliches Zugangssystem.

In Bayern erfolgt der Zugang zum sog. „BayernAtlas“ über das Geoportal Bayern.[1] Der Ausdruck einer amtlichen Flurkarte löst grundsätzlich Kosten (in Bayern pro Abruf in Höhe von 15 EUR) aus, welche dem Mandanten in Rechnung gestellt werden.

In Bayern gibt es für Notare darüber hinaus die Möglichkeit der (kostenpflichtigen) Nutzung des sog. BayernAtlas-plus Zugangs, mittels dessen beliebig viele (kostenlose) Recherchen in der digitalen Flurkarte vorgenommen werden können – allerdings dürfen diese Ausdrucke dann nur für den internen Notarbetrieb verwendet werden und nicht an Dritte und somit auch nicht an Mandanten weitergegeben werden. Dieser Zugang empfiehlt und lohnt sich für jede Notarstelle.

III. Gebäudeeinmessung

14 In jeder Flurkarte sind die Grenzpunkte eines jeden Flurstücks eingezeichnet. Ebenfalls in der Flurkarte eingezeichnet ist der Gebäudeumriss der auf dem betreffenden Flurstück befindlichen Gebäude. Demzufolge kommen nach jeder Bebauung eines Flurstücks Mitarbeiter des Vermessungsamtes[2] und nehmen die sogenannte „Gebäudeeinmessung“ vor; die damit verbundenen Gebäudeeinmessungskosten sind vom Grundstückseigentümer zu tragen.

IV. Ablauf der Vermessung bei Grundstücksteilung

15 Will ein Eigentümer sein Grundstück teilen, z.B. weil er eine Teilfläche an den Nachbarn verkaufen oder an sein Kind überlassen will, müssen grundsätzlich neue Grenzsteine in der Natur gesetzt werden. Zu diesem Zweck müssen die Mitarbeiter des Vermessungsamtes vor Ort das Grundstück „vermessen“.

Der Vermessungsantrag kann vom Grundstückseigentümer oder einer Person mit berechtigtem Interesse (z.B. Käufer) beim zuständigen Vermessungsamt gestellt werden. Die von der Vermessung betroffenen Personen werden rechtzeitig zum Termin geladen und können sich mit schriftlicher Vollmacht vertreten lassen. Der Grenzverlauf wird vor Ort festgestellt und die neuen Grundstücksgrenzen werden nach Vorgabe des Antragstellers in der Örtlichkeit abgesteckt und mit Grenzzeichen, z.B. Grenzsteinen oder Meißelzeichen, gekennzeichnet (abgemarkt). Im Abmarkungsprotokoll erkennen die Beteiligten den Grenzverlauf und die

1 Link: *www.geoportal.bayern.de.*

2 Das „Vermessungsamt“ heißt in Bayern „Landesamt für Digitalisierung, Breitband und Vermessung“ (LDBV).

Abmarkung (Grenzzeichen) mit ihrer Unterschrift als rechtsverbindlich an. Nicht anwesende Beteiligte erhalten vom Vermessungsamt einen Abmarkungsbescheid. Das Ergebnis der Vermessung wird sodann – vereinfacht dargestellt – in die digitale Flurkarte übertragen und es wird ein sogenannter Fortführungsnachweis erstellt, aus welchem hervorgeht, wie es zu den neuen Grenzen und der/den neu entstandenen Teilfläche/n kam. Die Vermessungskosten hängen von der Anzahl der in der Örtlichkeit festgestellten alten und der festgelegten neuen Grenzpunkte, von der Anzahl der neu gebildeten Flurstücke und dem Bodenwert der betreffenden Flurstücke ab.[3]

V. Der Fortführungsnachweis (betreffend die Zerlegung eines Grundstücks)

Ein vollständiger Fortführungsnachweis betreffend die Zerlegung eines Grundstücks ist als 16
Anlage 1a (siehe Anhang Rdn 1) abgedruckt. Der Fortführungsnachweis enthält folgende zentrale Informationen.

1. „FN-Nummer"

Jeder Fortführungsnachweis („FN") erhält eine individuelle Nummer zu seiner dauerhaften 17
eindeutigen Identifizierung. Diese FN-Nummer wird im Grundbuch in der Veränderungspalte zu Dokumentationszwecken eingetragen, so dass man auch bei den Grundbucheintragungen zurückverfolgen kann, wie es zu dem aktuellen Grundstückszuschnitt gekommen ist, bzw. welche Flst.Nr. das Grundstück früher hatte.

18

Amt für Digitalisierung Breitband und Vermessung Märchenwald - Außenstelle Albtraum -	**Fortführungsnachweis 448 01** Gemarkung Wunschland

Zerlegung

2. Bisheriger und neuer Nachweis

Bei der Teilung (= Zerlegung) eines Flurstücks in mehrere Flurstücke ist zunächst immer der 19
bisherige Nachweis mit seinen alten Angaben und darunter der neue Nachweis mit den neuen Angaben nach Zerlegung anzugeben.

3 Eine sehr gute (und knappe) Übersicht über den Ablauf der Vermessung und die damit verbundenen Gebühren enthält das von der Bayerischen Vermessungsverwaltung herausgegebene Faltblatt, welches auch auf der Homepage des Landesamts für Digitalisierung, Breitband und Vermessung unter *www.ldbv.bayern.de* und dort unter der Rubrik „Vermessung" > „Grundstück & Bauen" > „Grundstücksteilung" heruntergeladen werden kann.

20

Bisheriger Nachweis

Flurstück 52 Gemarkung Wunschland

Lage:	Wunschland 33
Fläche:	1306 m²

Neuer Nachweis

Flurstück 52 Gemarkung Wunschland

Lage:	Wunschland 33
Fläche:	1266 m²
Wirtschaftsart:	Gebäude- und Freifläche

Flurstück 52/1 Gemarkung Wunschland

Lage:	In Wunschland
Fläche:	40 m²
Wirtschaftsart:	Gebäude- und Freifläche
Anmerkung:	Geh- und Fahrtrechte sind im Grundbuch dinglich zu sichern.

3. Angaben zu Buchung und Eigentum

21 In der Rubrik „Angaben zu Buchung und Eigentum" ist zum einen die genaue Grundbuchblattstelle von dem bisherigen Flurstück samt aktuellem Eigentümer angegeben und zum anderen ist angegeben, wer nach den Informationen des Vermessungsamtes eine der neu gebildeten Teilflächen erwerben soll.

22

Angaben zu Buchung und Eigentum

Flurstück 52 Gemarkung Wunschland

Buchungsart:	Grundstück
Buchung:	Amtsgericht Träumerei Grundbuchbezirk Wunschland Grundbuchblatt 393 Laufende Nummer 1
Eigentümer:	Fritz Fischer Wunschland 33 12345 Albtraum

Vorgesehene Erwerber

Flurstück 52/1, Wunschland	Johannes Fischer Wunschland 25 12345 Albtraum

4. Flurkarte

23 Es folgt sodann die Darstellung der Teilung in der Flurkarte. Nachfolgend ist (nur) ein Ausschnitt aus der dem Fortführungsnachweis beigefügten amtlichen Flurkarte abgebildet.

24

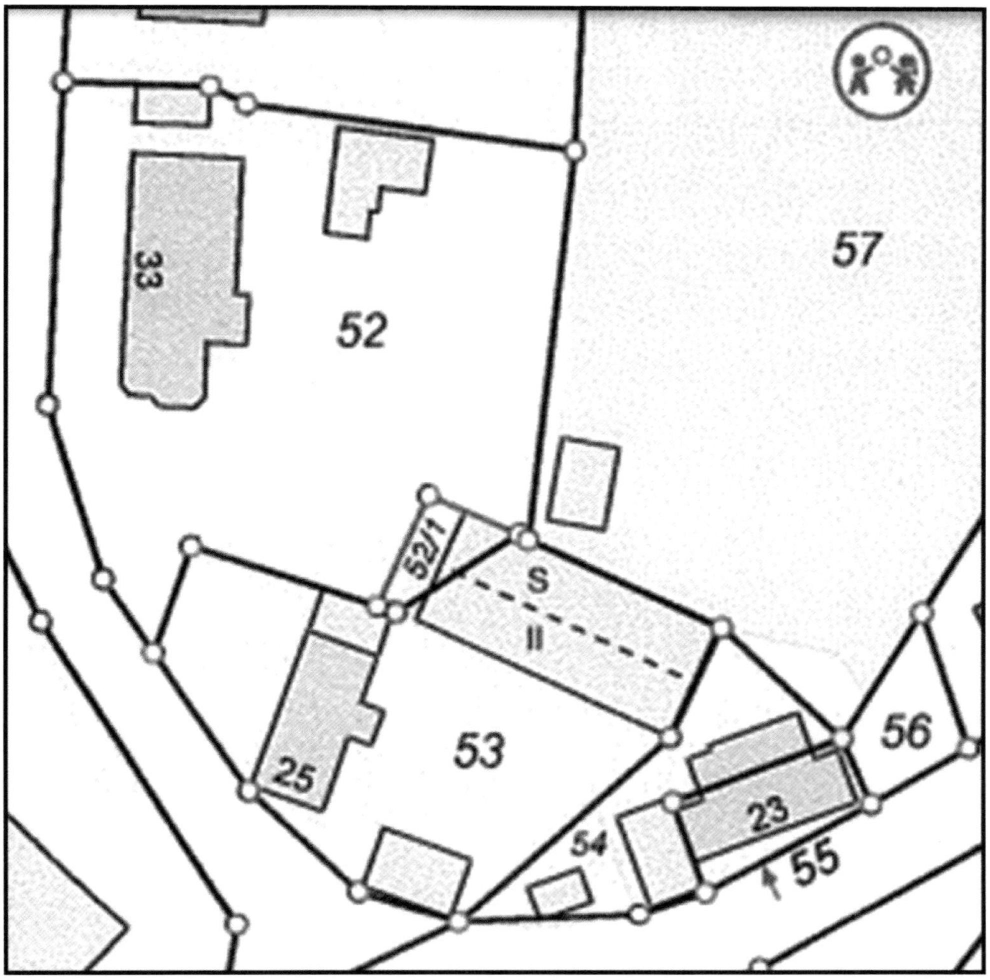

5. Vorschlag zur Vereinigung und Verschmelzung der Flurstücke

Falls, wie vorliegend, eines der neu gebildeten Flurstücke mit einem anderen Flurstück rechtlich vereint und sodann ggf. verschmolzen werden soll, ist dem Fortführungsnachweis eine entsprechende Beilage angefügt, in welcher die vorgesehene(n) Vereinigung(en) tabellarisch zusammengefasst ist/sind und danach gefragt wird, ob nach der rechtlichen Vereinigung eine Verschmelzung erfolgen soll. Die Bestandteilszuschreibung bzw. rechtliche Vereinigung nimmt das Grundbuchamt auf Antrag vor (siehe unten Rdn 29). Flurstücke, die miteinander rechtlich verbunden bzw. vereinigt sind, d.h. im Grundbuch unter einer laufenden Nummer zusammengefasst sind, können sodann katastermäßig verschmolzen werden, mit der Folge, dass eine der Flurstücknummern bzw. beide „untergeht" bzw. „untergehen" und die alten, zwischen den verschmolzenen Grundstücken vorhandenen Grenzpunkte beseitigt werden. In unserem Fall ist vorgesehen (und bietet sich auch an), das neu gebildete (kleine) Flst. 52/1 dem Hauptgrundstück Flst. 53 als Bestandteil zuzuschreiben und anschließend beide Flurstücke miteinander zu verschmelzen, mit der Folge, dass das im ersten Schritt – im Rahmen der Wegmessung von Flst. 52 – neu gebildete Flst. 52/1 wieder verschwindet. 25

Bei Grenzberichtigungen wie im vorliegenden Fall stehen die aneinander grenzenden Grundstücke Flst. 52 und 53 typischerweise im Eigentum unterschiedlicher Personen, nämlich von zwei Nachbarn. In derartigen Fällen kann man nicht einfach das Flurstück 52/1 durch das Vermessungsamt aus dem Flst. 52 herausmessen lassen und sogleich dem Flst. 53 „zuschlagen". Vielmehr muss nach dem Wegmessen der Teilfläche erst noch das Eigentum an dieser Teilfläche von dem einen Nachbarn auf den anderen übertragen und der Eigentumswechsel im Grundbuch vollzogen werden. Erst wenn die Eigentumsverhältnisse von Flst. 52/1 und 53 identisch sind, können diese Grundstücke rechtlich miteinander vereinigt bzw. das eine dem anderen als Bestandteil zugeschrieben und die Flurstücke anschließend miteinander verschmolzen werden.

26 **Beispiel**:

Die nachfolgend in einem Tabellenabschnitt aufgeführten Flurstücke sollen im Grundbuch als ein Grundstück eingetragen werden.

Flurstück	Gemarkung	Grundbuchblatt	FN Nr.	Verschmelzung ja/nein
53	Wunschland	432	---	
52/1	Wunschland	---	448 01	

VI. Der weitere Weg des Fortführungsnachweises („Zerlegung")

27 Der Fortführungsnachweis wird vom Vermessungsamt dem Grundbuchamt übermittelt. Dieses übernimmt die Angaben des Vermessungsamtes betreffend die „Zerlegung" eines Grundstücks in zwei oder mehrere Flurstücke, indem das alte große Grundstück bestehend aus dem Flst. 52 gestrichen (= „gerötet") wird und nunmehr im Grundbuch ein Grundstück bestehend z.B. aus zwei Flurstücken, nämlich Flst. 52 (alt) mit verringerter Größe und Flst. 52/1 (neu) mit der herausgemessenen Fläche eingetragen wird.

Juristisch handelt es sich dabei weiterhin um nur ein Grundstück, da beide Flurstücknummern unter einer laufenden Nummer vorgetragen und somit rechtlich vereinigt sind. Im nächsten Schritt wird die rechtliche Vereinigung vom Grundbuchamt, sofern ein entsprechender Antrag vorliegt, aufgehoben und es werden die Flurstücknummern jeweils unter einer eigenen lfd. Nr. vorgetragen. Soll mit der Aufhebung der rechtlichen Vereinigung ein Eigentumswechsel einhergehen, erfolgt die Aufhebung der rechtlichen Vereinigung i.d.R. schlicht dadurch, dass das betreffende Flurstück auf eine andere Blattstelle übertragen wird.

VII. Rechtliche Vereinigung bzw. Bestandteilszuschreibung und Verschmelzung

28 Der Fortführungsnachweis betreffend die Verschmelzung von zwei Grundstücken ist sozusagen das Gegenstück zu dem Fortführungsnachweis betreffend die Zerlegung von zwei Grundstücken.

1. Rechtliche Vereinigung bzw. Bestandteilszuschreibung

29 Verschmolzen werden können nur solche Flurstücke, welche rechtlich vereint sind, d.h. im Grundbuch unter einer laufenden Nummer vorgetragen sind.

Wenn in unserem Beispielsfall das Flst. 52/1 mit dem Flst. 53 verschmolzen werden soll, müssen folgende Voraussetzungen erfüllt sein:

- Das Eigentum an Flst. 52/1 muss auf den Nachbarn, in dessen Eigentum das Flst. 53 steht, übergegangen sein.
- Die beiden Flst. 52/1 und Flst. 53 müssen rechtlich vereint sein. Dies erfolgt nicht automatisch mit Eigentumsumschreibung, sondern erfordert einen Antrag des Grundstückseigentümers, wobei es grundsätzlich zwei verschiedene „Konstruktionen" gibt, um das Ziel, die Verbindung von zwei Grundstücken, zu erreichen
  - Die rechtliche Vereinigung (§ 5 GBO, § 890 Abs. 1 BGB) schafft aus bisher selbstständigen Grundstücken ein **neues** einheitliches Grundstück, d.h. die bisherigen Grundstücke werden dessen unwesentliche Bestandteile. Belastungen der Einzelgrundstücke bleiben getrennt bestehen und erstrecken sich nicht automatisch auf den verbundenen Bestandteil.

- Durch die Bestandteilszuschreibung (§ 6 GBO, § 890 Abs. 2 BGB) wird ein Grundstück bzw. werden mehrere Grundstücke **zum unwesentlichen Bestandteil eines anderen bestehenden Grundstücks**. Bisherige Belastungen von allen beteiligten Grundstücken bleiben grundsätzlich wie bei der Vereinigung getrennt bestehen. Bisherige Grundpfandrechte am Stammgrundstück (= das Grundstück, dem das andere als Bestandteil zugeschrieben wird) werden jedoch auf das zugeschriebene Grundstück erstreckt (§§ 1131 S. 1, 1192 Abs. 1 BGB); bisherige Belastungen des zugeschriebenen Grundstücks gehen aber im Rang vor (§ 1131 S. 2 BGB).

§ 890 BGB: Vereinigung von Grundstücken; Zuschreibung 30

(1) Mehrere Grundstücke können dadurch zu einem Grundstück vereinigt werden, dass der Eigentümer sie als ein Grundstück in das Grundbuch eintragen lässt.

(2) Ein Grundstück kann dadurch zum Bestandteil eines anderen Grundstücks gemacht werden, dass der Eigentümer es diesem im Grundbuch zuschreiben lässt.

§ 1131 BGB: Zuschreibung eines Grundstücks

[1]Wird ein Grundstück nach § 890 Abs. 2 BGB einem anderen Grundstück im Grundbuch zugeschrieben, so erstrecken sich die an diesem Grundstück bestehenden Hypotheken auf das zugeschriebene Grundstück. [2]Rechte, mit denen das zugeschriebene Grundstück belastet ist, gehen diesen Hypotheken im Range vor.

Hinweis zur Begrifflichkeit

Auch wenn der Oberbegriff zur „rechtlichen Vereinigung“ und „Bestandteilszuschreibung“ neutral Grundstücksverbindung oder „rechtlich verbundenes Grundstück“ lauten müsste, wird meist immer der Ausdruck „Grundstücksvereinigung“ bzw. „rechtlich vereinigtes Grundstück“ verwendet, auch wenn die Verbindung der Grundstücke nicht durch rechtliche Vereinigung i.S.d. § 890 Abs. 1 BGB, sondern durch Bestandteilszuschreibung gemäß § 890 Abs. 2 BGB erfolgt ist (letzteres ist sogar der Regelfall).

2. Verschmelzung

Der Fortführungsnachweis betreffend die Verschmelzung von Grundstücken ist ähnlich aufgebaut wie derjenige betreffend die Zerlegung – nur mit umgekehrten „Vorzeichen“. Dieser Fortführungsnachweis enthält ebenso wie der Zerlegungs-Fortführungsnachweis einen „bisherigen Nachweis“ (betreffend die beiden oder mehreren zu verschmelzenden Flurstücke) und den „neuen Nachweis“, wobei dort angegeben ist, welche Flurstücknummer weggefallen ist. Ein vollständiger Verschmelzungsfortführungsnachweis ist als **Anlage 1b** (siehe Anhang Rdn 5) abgedruckt. 31

a) Bisheriger und neuer Nachweis im Beispielsfall

32 **Bisheriger Nachweis**

Flurstück 52/1 Gemarkung Wunschland

Lage:	In Wunschland
Fläche:	40 m²

Flurstück 53 Gemarkung Wunschland

Lage:	Wunschland 25
Fläche:	760 m²

Neuer Nachweis

Flurstück 53 Gemarkung Wunschland

Lage:	Wunschland 25
Fläche:	800 m²
Wirtschaftsart:	Gebäude- und Freifläche
Anmerkung:	für das Grundbuchamt: Die vorstehend verschmolzenen Flurstücke stellen örtlich und wirtschaftlich ein einheitliches Grundstück dar (Art. 9 Abs. 2 VermKatG).

Flurstück 52/1 Gemarkung Wunschland

fällt weg

b) Eigentumsverhältnisse

33 In gleicher Weise wie beim „Zerlegungs-FN“ werden auch beim „Verschmelzungs-FN“ die Eigentumsverhältnisse angegeben. Da eine Verschmelzung von Grundstücken nur bei zuvor erfolgter rechtlicher Vereinigung möglich ist, was wiederum identische Eigentumsverhältnisse der betreffenden Grundstücke voraussetzt, stehen die zu verschmelzenden Flst. 52/1 und Flst. 53 im Eigentum derselben Person. Der Eigentumswechsel hat zwischenzeitlich – ohne unmittelbare Beteiligung des Vermessungsamtes – stattgefunden, jedoch wurde das Vermessungsamt von dem Eigentumswechsel durch das Grundbuchamt benachrichtigt, so dass es diese aktuellen Angaben bereits in seinen Verschmelzungs-Fortführungsnachweis übernommen hat.

Angaben zu Buchung und Eigentum

Flurstück 52/1 Gemarkung Wunschland

Buchungsart:	Grundstück
Buchung:	Amtsgericht Träumerei Grundbuchbezirk Wunschland Grundbuchblatt 570 Laufende Nummer 1
Eigentümer:	Johannes Fischer Wunschland 25 12345 Albtraum

Flurstück 53 Gemarkung Wunschland

Buchungsart:	Grundstück
Buchung:	Amtsgericht Träumerei Grundbuchbezirk Wunschland Grundbuchblatt 570 Laufende Nummer 1
Eigentümer:	Johannes Fischer Wunschland 25 12345 Albtraum

c) Flurkarte

In der Flurkarte wird die Verschmelzung durch Streichung der bisherigen Grundstücksgrenzen sichtbar gemacht. Nachstehend ist ein Ausschnitt aus der dem Fortführungsnachweis beigefügten amtlichen Flurkarte abgebildet. 34

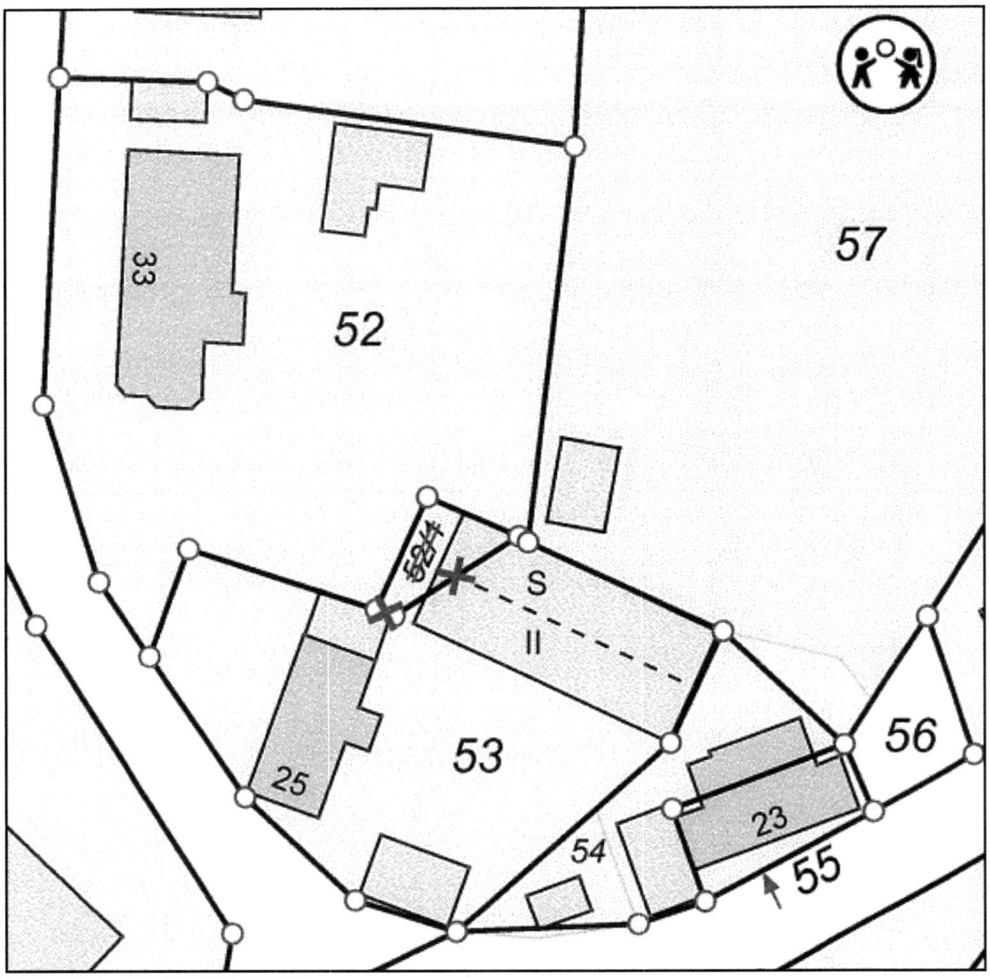

VIII. Teilflächenkauf: Reihenfolge von Vermessung und Beurkundung

35 Wenn jemand eine Teilfläche von seinem Grundstück verkaufen will, gibt es zwei unterschiedliche Vorgehensweisen: Entweder wird erst vermessen und dann beurkundet oder umgekehrt – erst beurkundet und dann vermessen. In letzterem Fall bedarf es jedoch nach Vermessung einer weiteren Notarurkunde.

1. Beurkundung vor Vermessung

36 Der „eigentliche“ Teilflächenkauf bedeutet, dass der Verkäufer eine noch nicht vermessene Teilfläche, welche i.d.R. in eine Flurkarte eingezeichnet wird, verkauft. Nach der Beurkundung wird die Vermessung beim Vermessungsamt beantragt. Sobald die Vermessung erfolgt ist, sendet das Vermessungsamt dem Notar den Fortführungsnachweis zu. Anschließend wird grundsätzlich die sog. Messungsanerkennung samt Auflassung beurkundet, d.h., die Beteiligten (bzw. bei entsprechender Vollmacht zumindest ein Vertragsteil) müssen erneut zum Notar.

2. Beurkundung nach Vermessung

37 Wenn die Beteiligten das zweimalige Erscheinen beim Notar und die damit verbundenen Mehrkosten vermeiden wollen, können sie auch umgekehrt vorgehen, nämlich der Verkäufer kann das Grundstück erst vermessen lassen und erst nach Vorliegen des amtlichen Messungsergebnisses erfolgt die Beurkundung – dann als (fast) ganz normaler Kaufvertrag.

3. Vor- und Nachteile

Das „Ersparnis“ unnötiger Kosten/Mühen mag auf den ersten Blick nahelegen, immer den Weg der „Beurkundung nach Vermessung“ einzuschlagen bzw. den Beteiligten zu empfehlen. Es ist allerdings zu bedenken, dass bei diesem Vorgehen bis zur Beurkundung keine (formwirksame) vertragliche Bindung besteht, sodass einerseits der Käufer nicht sicher sein kann, dass er das Grundstück wirklich zu den ausgehandelten Konditionen erhält und umgekehrt der Verkäufer das Risiko trägt, dass er nicht unerhebliche Vermessungskosten auslöst, welche an ihm hängen bleiben, wenn es sich der Käufer zwischenzeitlich anders überlegt. **38**

4. Was prüft das Vermessungsamt nicht?

Das Vermessungsamt prüft bei Vornahme der Vermessung nicht, ob ein auf dem Grundstück befindliches Gebäude nach der Aufteilung des Grundstücks in zwei Teilgrundstücke in dieser Form baurechtlich weiterhin zulässig ist, mithin ob die Bebauung aufgrund des Umstandes der Grundstücksteilung nunmehr rechtswidrig wird. Dies hat der Grundstückseigentümer in eigener Verantwortung selbst zu prüfen bzw. mit der Bauaufsichtsbehörde abzuklären. Auch kümmert sich das Vermessungsamt nicht darum, ob nach der Grundstücksteilung weiterhin beide Teilflächen bzgl. Zuwegung und Leitungen erschlossen sind, oder nicht. **39**

D. Gebäude als Bestandteil des Grundstücks

Auf den ersten Blick mag man sich zunächst wundern, dass im Grundbuch nur Grundstücke, nicht aber Gebäude verzeichnet sind, da den Gebäuden meist ein viel höherer Wert als dem Grund und Boden zukommt. **40**

Die Antwort hierauf ist jedoch ganz einfach: Das Gebäude ist grundsätzlich immer ein wesentlicher Bestandteil von dem Grund und Boden, auf dem es steht (sog. **Bodenakzessorietät** – § 94 BGB). Demzufolge muss bei notariellen Übertragungsurkunden auch das Haus selbst (oder das sonstige Bauwerk) nicht neben dem Grundstück gesondert aufgeführt werden. Ganz im Gegenteil ist es juristisch nicht ohne Weiteres möglich, an einem Haus oder gar nur an einzelnen Räumen andere Eigentumsverhältnisse zu schaffen als an dem Grund und Boden, auf welchem das Gebäude steht.

- Von den Eigentumsverhältnissen an Grund und Boden abweichende Eigentumsverhältnisse an einem Gebäude (oder sonstigem Bauwerk) können grds. nur durch Bestellung eines **Erbbaurechts** begründet werden.
- Unterschiedliche Eigentumsverhältnisse an einzelnen Wohnungen oder Geschäftsräumen innerhalb eines Gebäudes können durch Aufteilung des Grundstücks in **Wohnungs- und Teileigentum** begründet werden.

E. Grundstücksgleiche Rechte

Grundstücksgleiche Rechte sind dingliche Rechte, die rechtlich genauso wie ein Grundstück behandelt werden. Zu den grundstücksgleichen Rechten gehören **41**

- das Erbbaurecht,
- das Wohnungs- und Teileigentum,
- das Wohnungs- und Teilerbbaurecht,
- das Fischereirecht,
- das Bergwerkseigentum und
- das Schiffseigentum.

Für diese grundstücksgleichen Rechte gibt es Sonderformen des Grundbuchs, welche unten näher erläutert werden. In der Notariatspraxis in Bayern kommen die beiden letzteren grundstücksgleichen Rechte selten bis kaum vor, daher beschränken sich die folgenden Ausführungen auf die Erstgenannten.

F. Grundbuchrecherche und Einreichungsformen beim Grundbuchamt

I. Suchmöglichkeiten und ihre jeweiligen Vor- und Nachteile

42 Für die elektronische Grundbucheinsicht benötigt man einen (passwortgeschützten) Zugang.

1. Zugang für jedes Bundesland gesondert

43 Anders als beim Handelsregister erfolgt die Zulassung der Notare (und die damit verbundene Prüfung der Zugangsvoraussetzung) zum elektronischen Grundbuchverfahren für jedes Bundesland gesondert, mithin mit einem gesonderten Login. Dies hat zur Folge, dass die Notare einen elektronischen Zugang zum Grundbuch häufig nur in ihrem eigenen Bundesland haben und darüber hinaus nur in denjenigen Bundesländern, mit welchen sie häufig in Berührung kommen.

Benötigt man nun ausnahmsweise einen Grundbuchauszug aus einem Bundesland, für welches man keinen elektronischen Zugang hat, muss man den „beschwerlichen" Weg gehen, diesen entweder vom zuständigen Grundbuchamt direkt anzufordern oder man bittet einen Notarkollegen aus dem betreffenden Bundesland um die Vornahme der Einsicht und Zuleitung des Grundbuchauszugs.

2. Recherchemöglichkeiten

44 Bekanntlich führen viele Wege nach Rom, und so gibt es verschiedene Möglichkeiten, um zum richtigen Grundbuchblatt zu gelangen. Der elektronische Aufruf **jedes einzelnen** Grundbuchblattes löst eine **Gebühr in Höhe von 8 EUR** aus, die dem Notar monatlich mittels einer Sammelrechnung in Rechnung gestellt wird. Diese vom Notar verauslagten Kosten für die aufgerufenen Grundbuchblätter werden dem Mandanten mit den sonstigen Notargebühren in Rechnung gestellt. Deshalb sollte in der Nebenakte auch immer dokumentiert werden, wie viele Grundbuchblätter (berechtigterweise) abgerufen wurden. Vor der eigentlichen Recherche muss zunächst das Grundbuchamt ausgewählt werden, bei welchem die Recherche vorgenommen werden soll. Sodann gibt es verschiedene Recherchemöglichkeiten, insbesondere die „*Grundbuchrecherche*" und die „*Flurstücks- und Eigentümerrecherche*".

a) Recherchevarianten und Eingabe verschiedener „Suchbegriffe"

aa) Grundbuchrecherche

45 Der *vermeintlich* schnellste und einfachste Weg ist bei Kenntnis der maßgeblichen Grundbuchblattstelle die sog. „Grundbuchrecherche" vorzunehmen, d.h. die Recherche mittels Eingabe des Grundbuchbezirks (Gemarkung) und der Grundbuchblattnummer vorzunehmen.

46 *Hinweis*

Bei jeder Recherche ist ganz oben ein **eindeutiges Aktenzeichen** einzugeben, anhand dessen jeder Mitarbeiter im Notariat herausfinden kann, welcher konkreten Akte bzw. Urkunde diese Recherche zuzuordnen ist. Am besten ist die Angabe des Sachbearbeiter-Kürzels sowie die Angabe der Beteiligten bzw. der Referenz-/Urkundennummer, sofern bereits vergeben.

Die sorgfältige Eingabe eines eindeutigen Aktenzeichens ist für den Notar im Rahmen der Amtsprüfung von fundamentaler Bedeutung. Jeder Grundbuchabruf und jede Recherchemaßnahme werden elektronisch gespeichert. Einen Auszug aller getätigten Recherchemaßnahmen erhält nicht nur der Notar selbst, sondern auch die Aufsichtsbehörde (d.h. der Landgerichtspräsident). Im Rahmen der Amtsprüfung werden einzelne Recherchemaßnahmen stichprobenhaft vom Prüfer aus den Listen „herausgepickt" und der Notar muss belegen, zu welchem Zweck (mithin zu welchem konkreten Vorgang) diese Einsicht/Recherche vorgenommen worden ist (siehe Rdn 56 ff.).

47

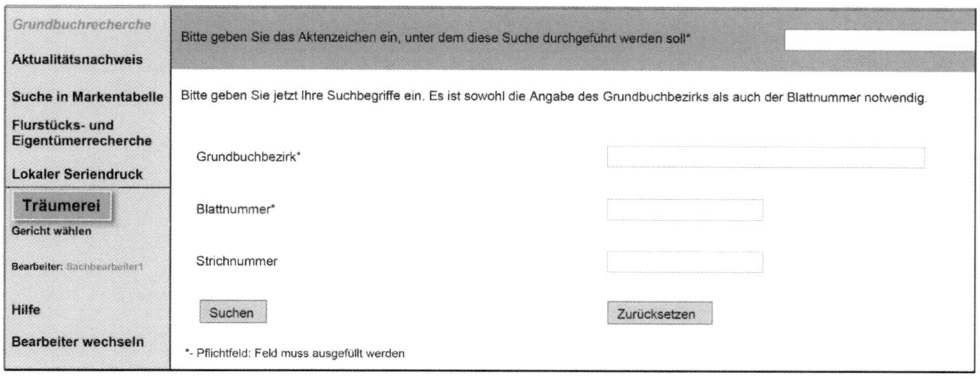

bb) Flurstücks- und Eigentümerrecherche

Die Recherche anhand der von den **Beteiligten mitgeteilten Grundbuchblattstelle empfiehlt sich jedoch nicht generell**, da sich die Grundbuchblattstellen häufig ändern (z.B. wenn das Eigentum nur bei einem von mehreren auf einer Blattstelle gebuchten Grundstücken wechselt oder wenn die alte Grundbuchblattstelle wegen Unübersichtlichkeit geschlossen und alles auf eine neue Grundbuchblattstelle übertragen wird). Die dauerhafte Identifizierung eines Grundstücks erfolgt nicht anhand der Grundbuchblattstelle, sondern anhand der Flurstücknummer. Hat man nun die falsche Grundbuchblattstelle aufgerufen, hat man unnötiger Weise die mit jedem Grundbuchabruf verbundenen Abrufkosten in Höhe von 8 EUR pro Grundbuchblatt ausgelöst, ohne dass dies der Notar den Mandanten weiterverrechnen kann! 48

- Demzufolge ist es sinnvoller, die Recherche nicht anhand der (ggf. schon veralteten) Grundbuchblattstelle, sondern **anhand der Flurstücknummer oder mittels der Eigentümerangaben** vorzunehmen. Das Eingabefeld „Lage" darf nicht leer bleiben, sondern es muss mindestens ein Sternchen „*" eingegeben werden.

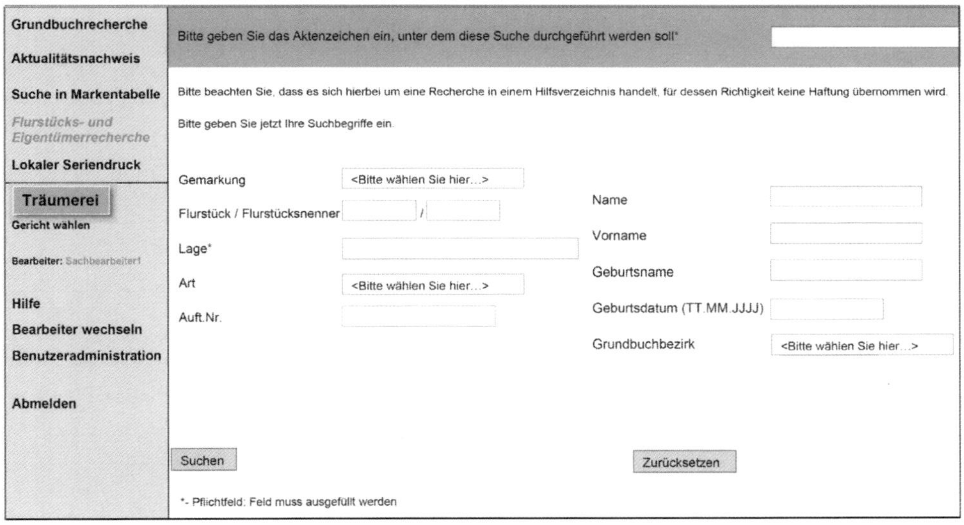

- Auch die Recherche anhand der Flurstücknummer ist nicht immer optimal und es empfiehlt sich häufig, den „Umweg" über die Recherche anhand des Namens und Geburtsdatums des Eigentümers zu nehmen. Besondere Vorsicht ist bei Vornamen walten zu lassen, da die Vornamen der Eigentümer nicht immer eindeutig sind: Abweichungen existieren sowohl hinsichtlich der Schreibweise als auch hinsichtlich des Umstandes, dass früher oft auch schlicht der Rufname anstelle des eigentlichen Namens eingetragen wurde. Die meisten „Erfolgstreffer" hat man daher bei einer Recherche anhand von Nachnamen und Geburtsdatum.

- Welche Vorteile hat nun die Eigentümerrecherche gegenüber der Flurstücksrecherche?

  Nur wenn man eine Eigentümerrecherche macht, erhält man eine Übersicht über alle Grundstücke des betreffenden Eigentümers in der maßgeblichen Gemarkung. Auf diese Weise kann man oft auf den ersten Blick etwaige von den Beteiligten übersehene „Garten-, Wege-, Garagengrundstücke" aufspüren, wenn diese auf einer anderen Grundbuchblattstelle gebucht sind.

Grundbuchrecherche
Aktualitätsnachweis
Suche in Markentabelle
Flurstücks- und Eigentümerrecherche
Lokaler Seriendruck
Träumerei
Gericht wählen
Bearbeiter: Sachbearbeiter1
Hilfe

Ihre Suche ergab mehrere Treffer.

Der Abruf eines Grundbuchblattes ist kostenpflichtig. Ausgenommen sind Abrufe gebührenbefreiter Teilnehmer/innen.

Um ein Grundbuchblatt aufzurufen, klicken Sie einfach auf die betreffende Blattnummer.

Grundbuchbez.	Blattnr.	Gemarkung	Flurstücksnr.	Lage	Auft.Nr.	Ges	Name	Vorname	Geb.Name	Geb.Datum
Wunschland	445	Stein	365/4	Zwergenturm 5	1		Eder	Maria	Pfeil	24.04.1973
Wunschland	446	Stein	365/4	Zwergenturm 5	10		Eder	Maria	Pfeil	24.04.1973
Wunschland	447	Stein	365/4	Zwergenturm 5	2		Eder	Maria	Pfeil	24.04.1973
Wunschland	55	Stein	285/7	Wolfgraben 27			Eder	Maria	Pfeil	24.04.1973
Wunschland	55	Stein	14/5	Geisleinweg 44			Eder	Maria	Pfeil	24.04.1973
Wunschland	55	Stein	14/7	Geisleinweg 46			Eder	Maria	Pfeil	24.04.1973

b) Aktualitätsnachweis

49 Mit der Recherchefunktion „Aktualitätsnachweis" kann man kostenlos überprüfen, ob der vor Wochen oder gar Monaten aufgerufene Grundbuchauszug weiterhin aktuell ist. Bei dieser Recherche wird in der Übersicht das Datum der letzten Veränderung im Grundbuch angegeben. Wenn dieses Datum zeitlich vor dem Datum des Abrufs des vorhandenen Grundbuchauszugs liegt, weiß man, dass der „alte" Grundbuchauszug noch aktuell ist. Die Vornahme der Grundbuchaktualität sollte entweder mit Datum auf dem alten Grundbuchauszug vermerkt werden, oder es wird einfach die Übersicht aus dem Grundbuch ausgedruckt.

50

Grundbuchrecherche
Aktualitätsnachweis
Suche in Markentabelle
Flurstücks- und Eigentümerrecherche
Lokaler Seriendruck

Blattnummer/ Strichblatt-Nr.	Grundbuchbezirk	letzte Änderung vom	gesperrt?	historisch?
575	Wunschland	22.10.2012	nein	nein

Um sich ein Grundbuchblatt aus dieser Liste anzeigen zu lassen, klicken Sie bitte auf die betreffende Blattnummer/ Strichblatt-Nr..

Der Abruf eines Grundbuchblattes ist kostenpflichtig. Ausgenommen sind Abrufe gebührenbefreiter Teilnehmer/innen.

c) Einsicht in die Markentabelle

51 Die Einsicht in die Markentabelle gibt Aufschluss darüber, ob beim Grundbuchamt derzeit noch „unerledigte" Anträge in Bezug auf die betreffende Grundbuchblattstelle vorliegen, welche noch nicht im Grundbuch eingetragen sind (sodass diese von dem Aktualitätsnachweis noch nicht erfasst sein können).

Grundbuchrecherche
Aktualitätsnachweis
Suche in Markentabelle
Flurstücks- und Eigentümerrecherche
Lokaler Seriendruck

Grundbuchbezirk	**Wunschland**
Blattnummer/Strichnummer	**3617**
Antragssteller	**Prinz, Märchenwald**
Urkunde/Dokument	**1226/2017**
Eingangsdatum	**30.01.2018**
Status	**Bearb.Rpfl.**

Der Abruf eines Grundbuchblattes ist kostenpflichtig. Ausgenommen sind Abrufe gebührenbefreiter Teilnehmer/innen.

- Derartige unerledigte Anträge würden aufgrund des strikten Prioritätsprinzips sämtlichen neuen, erst beim Grundbuchamt einzureichenden Anträgen im Rang vorgehen. Das Prioritätsprinzip folgt aus § 17 GBO.
  § 17 GBO: Behandlung mehrerer Anträge
  Werden mehrere Eintragungen beantragt, durch die dasselbe Recht betroffen wird, so darf die später beantragte Eintragung nicht vor der Erledigung des früher gestellten Antrags erfolgen.
- In der Praxis bedeutet dies Folgendes:
  Soll an einem Grundstück, das laut Grundbuchauszug samt Aktualitätsnachweis unbelastet ist, eine Grundschuld erstrangig eingetragen werden, ist die ranggerechte Eintragung der Grundschuld nicht möglich, wenn zeitlich vor Eingang des Antrags auf Grundschuldbestellung beim Grundbuchamt ein (fremder) Antrag auf Eintragung einer anderen Belastung (z.B. auf Eintragung einer Zwangssicherungshypothek) eingegangen ist. Dass in der Zeitphase zwischen Beurkundung und tatsächlichem Eintreffen der Unterlagen beim Grundbuchamt theoretisch immer ein fremder Antrag zeitlich früher (und damit „vorrangig") eingehen kann, lässt sich natürlich nicht verhindern, jedoch gibt die Markentabelle (insbesondere bei langen Bearbeitungszeiten des Grundbuchamtes) Aufschluss darüber, ob ggf. schon vor Beurkundung etwas beim Grundbuch eingegangen ist, das noch nicht bearbeitet ist. Die zusätzliche Einsicht in die Markentabelle bietet somit eine größere Rechtssicherheit als die bloße Grundbucheinsicht samt Aktualitätsnachweis. Ob generell, oder in welchen Fällen zusätzlich die Markentabelle eingesehen wird, entscheidet der Notar bzw. ergibt sich aus etwaigen Anweisungen der Beteiligten.
- Da es für das Rangverhältnis verschiedener Rechte auf die zeitliche Reihenfolge des Eingangs beim Grundbuchamt ankommt, ist ein zügiges Ausfertigen und Weiterleiten an das Grundbuchamt von fundamentaler Bedeutung – insbesondere in Bezug auf Auflassungsvormerkungen und Grundschulden sowie in „brenzligen" Fällen (insbesondere bei eingetragenem Zwangsversteigerungsvermerk).

II. Grundbuch und Grundakten

Elektronisch eingesehen werden kann nur der Inhalt des Grundbuchs selbst, d.h. das einzelne Grundbuchblatt mit seinen Eintragungen. 52

Nicht elektronisch eingesehen werden können demgegenüber die Grundakten. Hierbei handelt es sich um die einzelnen Urkunden (meist Notarurkunden), welche Grundlage der jeweiligen Grundbucheintragung sind, und auf welche im Eintragungsvermerk immer Bezug genommen wird (§ 874 BGB). Werden diese benötigt, sind diese beim Grundbuchamt direkt (kostenpflichtig) anzufordern.

III. Einsichtsinteresse und Besonderheiten bei isolierter Grundbucheinsicht

1. Gewährung der Grundbucheinsicht durch das Grundbuchamt selbst

Das Grundbuch ist nicht zur Einsichtnahme für jedermann zugänglich, sondern es wird Einsicht nur demjenigen gewährt, der ein berechtigtes Interesse i.S.d. § 12 GBO darlegt. Die in § 12 GBO geregelte Einsichtnahme in das Grundbuch und in die Grundakten bezieht sich auf das Grundbuchamt selbst. 53

§ 12 GBO: Grundbucheinsicht, Abschriften 54

(1) [1]Die *Einsicht des Grundbuchs* ist jedem gestattet, der ein **berechtigtes Interesse** darlegt. [2]Das gleiche gilt von *Urkunden, auf die* im Grundbuch *zur Ergänzung einer Eintragung Bezug genommen ist,* sowie von den *noch nicht erledigten Eintragungsanträgen.*

(2) Soweit die Einsicht des Grundbuchs, der im Absatz 1 bezeichneten Urkunden und der noch nicht erledigten Eintragungsanträge gestattet ist, kann eine *Abschrift gefordert* werden; die Abschrift ist auf Verlangen zu beglaubigen.

(3) (…)

(4) [1]Über Einsichten in Grundbücher und Grundakten sowie über die Erteilung von Abschriften aus Grundbüchern und Grundakten ist ein Protokoll zu führen. [2]Dem Eigentümer des betroffenen Grundstücks oder dem Inhaber eines grundstücksgleichen Rechts ist auf Verlangen Auskunft aus diesem Protokoll zu geben, es sei denn, die Bekanntgabe würde den Erfolg strafrechtlicher Ermittlungen oder die Aufgabenwahrnehmung einer Verfassungsschutzbehörde, des Bundesnachrichtendienstes oder des Militärischen Abschirmdienstes, der Zentralstelle für Sanktionsdurchsetzung oder die Zentralstelle für Finanztransaktionsuntersuchung gefährden. [3]Das Protokoll kann nach Ablauf von zwei Jahren vernichtet werden. [4]Einer Protokollierung bedarf es nicht, wenn die Einsicht oder Abschrift dem Auskunftsberechtigten nach Satz 2 gewährt wird.

55 Was unter einem **berechtigten Interesse** genau zu verstehen ist, ist gesetzlich nicht definiert und bedarf daher der Auslegung bzw. Konkretisierung durch die Rechtsprechung.

Nach herrschender Ansicht liegt ein berechtigtes Interesse vor, wenn der Antragsteller ein verständiges durch die Sachlage gerechtfertigtes Interesse darlegt.

Ein berechtigtes Interesse i.S.v. § 12 GBO kann rechtlicher, wirtschaftlicher, tatsächlicher, öffentlicher oder wissenschaftlicher Natur sein.

- Ein anerkennungswürdiges *berechtigtes Interesse rechtlicher Natur* besteht für diejenigen, die bereits als Berechtigte im Grundbuch eingetragen sind oder im Wege der Grundbuchberichtigung eingetragen werden sollen, oder für die ein Anspruch auf Eintragung besteht.
- Ein anerkennungswürdiges *berechtigtes Interesse wirtschaftlicher oder tatsächlicher Natur* kann z.B. gegeben sein für den Ehegatten, der die Unwirksamkeit einer Verfügung geltend machen möchte (§ 1368 BGB), oder für den Gläubiger eines Zahlungsanspruchs, dessen Entstehung an die Löschung eines eingetragenen Rechts und die Veräußerung der Immobilie gekoppelt ist.

2. Gewährung der Grundbucheinsicht durch den Notar

56 Unter welchen Voraussetzungen der Notar den Beteiligten den Inhalt des Grundbuchs mitteilen darf, ist in § 133a GBO geregelt.

57 **§ 133a GBO: Erteilung von Grundbuchabdrucken durch Notare**

(1) [1]**Notare** dürfen demjenigen, der ihnen ein **berechtigtes Interesse im Sinne des § 12** darlegt, den Inhalt des Grundbuchs mitteilen. [2]Die Mitteilung kann auch durch die Erteilung eines Grundbuchabdrucks erfolgen.

(2) Die Mitteilung des Grundbuchinhalts *im öffentlichen Interesse* oder zu *wissenschaftlichen und Forschungszwecken* ist **nicht zulässig**.

(3) [1]Über die *Mitteilung des Grundbuchinhalts* führt der **Notar** ein **Protokoll**. [2]Dem *Eigentümer des Grundstücks* oder dem *Inhaber eines grundstücksgleichen Rechts* ist auf Verlangen **Auskunft aus diesem Protokoll** zu geben.

(4) Einer Protokollierung der Mitteilung *bedarf es nicht*, wenn
1. die Mitteilung der *Vorbereitung oder Ausführung eines sonstigen Amtsgeschäfts* nach § 20 oder § 24 Absatz 1 der Bundesnotarordnung dient oder
2. der Grundbuchinhalt dem *Auskunftsberechtigten nach Absatz 3 Satz 2* mitgeteilt wird.

(5) (…)

58 Der Notar darf somit nur in engeren Grenzen als das Grundbuchamt den Inhalt des Grundbuchs Dritten mitteilen. Sämtliche Mitteilungen aus dem Grundbuch, welche nicht im Zusammenhang mit der Vorbereitung oder Ausführung eines Amtsgeschäfts stehen und nicht an den Eigentümer selbst erfolgen, sind zu protokollieren und dem Eigentümer ist auf Verlangen Auskunft über den Inhalt des Protokolls zu geben.

59 Auch der Notar selbst (und seine Mitarbeiter) dürfen nicht beliebig (also unabhängig vom Amtsgeschäft bzw. berechtigten Auskunftsersuchen) Grundbuchrecherchen vornehmen bzw. Grundbuchblätter einsehen (siehe Rdn 46).

IV. Grundbuchvorlage – in Papierform oder elektronisch?

In den meisten Bundesländern bzw. bei den meisten Amtsgerichten in dem betreffenden Bundesland ist bereits der elektronische Grundbuchvollzug eingeführt, so dass die Grundbuchvorlage nicht mehr in Papierform, sondern elektronisch einzureichen ist. 60

Ob ein Grundbuchamt bereits auf die (ausschließlich) digitale Einreichung umgestellt hat, kann dadurch herausgefunden werden, dass bei XNP in der Rubrik Grundbuch „probeweise" ein neuer Vorgang angelegt und unter dem Karteireiter (Tab) „Grundstück" erst das betreffende Bundesland ausgewählt und dann das betreffende Grundbuchamt gesucht wird. Wenn dieses dort nicht gefunden werden kann, sind die Dokumente weiterhin in Papierform einzureichen.

G. Fragen zu § 1

Zur Überprüfung des Lernstoffes sind die folgenden Fragen und deren Beantwortung in § 3 dargestellt: 61

1. Kann ein Flurstück aus mehreren Grundstücken oder umgekehrt ein Grundstück aus mehreren Flurstücken bestehen?
2. Welche Vorteile hat die Einsichtnahme in die Flurkarte des Vertragsgegenstandes?
3. Welche Recherchemöglichkeiten gibt es beim elektronischen Grundbuch?
4. Welchen Vorteil hat die Vornahme einer Grundbuchrecherche anhand von (Nach-)Namen und Geburtsdatum des Eigentümers anstelle der mitgeteilten Grundbuchblattstelle oder Flurstücknummer?
5. Wenn ein Privatweg (oder eine sonstige Gemeinschaftsfläche) im Miteigentum (z.B. jeweils $^{1}/_{20}$ Miteigentumsanteil) von 20 angrenzenden Eigentümern steht, welche zwei verschiedenen (im Ermessen des Rechtspflegers stehenden) Möglichkeiten gibt es, diesen im Grundbuch zu buchen?
6. Was ist der Fortführungsnachweis, was ist sein wesentlicher Inhalt und seine Bedeutung?
7. Was ist der Aktualitätsnachweis und die Markentabelle?
8. Sehen Sie das Grundbuchblatt 847 (Anlage 2, Anhang Rdn 8 ff.) ein. Wann wurde das bislang unter lfd. Nr. 4 vorgetragene Grundstück Flst. 325 zerlegt bzw. die Zerlegung im Grundbuch eingetragen und wie viele Flurstücke wurden dabei gebildet?
9. Wenn eine Teilfläche aus einem Grundstück herausgemessen worden ist und das Vermessungsamt dem Grundbuchamt den Fortführungsnachweis zugeschickt hat, welche Eintragungen nimmt dann das Grundbuchamt vor?
10. Erklären bzw. ordnen Sie die Begriffe „Verschmelzen", „Aufhebung der rechtlichen Verbindung/Vereinigung", „Bestandteilszuschreibung", „Zerlegung", „rechtliche Vereinigung" wie folgt:
    a) Was nimmt das Grundbuchamt und was nimmt das Vermessungsamt vor?
    b) Welche Begriffe führen zum rechtlich selben bzw. ähnlichen Ergebnis und worin unterscheiden sie sich?
    c) Um von einem Ausgangsgrundstück bzw. Flurstück zu zwei Einzelgrundstücken zu gelangen, sind welche Maßnahmen von Vermessungsamt und Grundbuchamt in welcher Reihenfolge erforderlich?
    d) Um umgekehrt von zwei Grundstücken zu einem einzelnen Grundstück bzw. Flurstück zu gelangen, sind welche Maßnahmen von Vermessungsamt und Grundbuchamt in welcher Reihenfolge erforderlich?
11. Da Eigentümer Ernst seine neue Garage versehentlich 3 qm über seine Grundstücksgrenze hinaus auf das Nachbargrundstück von Nett gebaut hat, soll der Grenzverlauf entsprechend der neuen Gebäudegrenze angepasst werden. Nachbar Nett ist damit einverstanden, dass die 3 qm dem Grundstück von Ernst zugeschlagen werden, ohne dass er dafür Geld haben will. Können Vermessungsamt und Grundbuchamt auf gemeinsamen Antrag von Ernst und Nett die 3 qm bei Nett im Wege der Zerlegung wegmessen und sogleich dem Ernst im Wege der Verschmelzung zuschreiben?

12. Mittels welcher Rechtsinstitute kann unterschiedliches Eigentum an
    a) Grund und Boden einerseits und Gebäude andererseits begründet werden?
    b) an einzelnen Wohnungen eines einheitlichen Gebäudes begründet werden?
    c) Ist eine Kombination von a) und b) möglich?

§ 2 Grundbuch lesen und verstehen

A. Aufbau des Grundbuchs

Gemäß § 3 Abs. 1 GBO erhält grundsätzlich jedes Grundstück im Grundbuch ein besonderes Grundbuchblatt, jedoch können gemäß § 4 Abs. 1 GBO mehrere Grundstücke desselben Eigentümers, die von demselben Grundbuchamt geführt werden, auf einem gemeinsamen Grundbuchblatt gebucht werden, solange hiervon Verwirrung nicht zu besorgen ist – dies dürfte der Regelfall sein. Das Grundbuchblatt ist für das Grundstück als „das Grundbuch" im Sinne des Bürgerlichen Gesetzbuchs anzusehen. 1

Jedes Grundbuchblatt ist wie folgt aufgebaut:
- Aufschrift
- Bestandsverzeichnis
- Erste Abteilung (= Eigentumsverhältnisse)
- Zweite Abteilung (dingliche Belastungen mit Ausnahme von Grundpfandrechten/Rentenschulden)
- Dritte Abteilung (Grundpfandrechte und Rentenschulden)

I. Aufschrift (= Titelseite)

Auf der Titelseite (= Aufschrift) finden sich immer folgende Angaben: 2
- Amtsgericht
- Grundbuchbezirk (Gemarkung)
- Grundbuchblattstelle

Wenn an der betreffenden Grundbuchblattstelle nicht ein „normales Grundstück", sondern ein Wohnungs-/Teileigentum oder ein Erbbaurecht oder ein Fischereirecht gebucht ist, wird dies bereits auf der Titelseite entsprechend vermerkt.

Bei Schließung einer Grundbuchblattstelle wird auf der Titelseite ein sog. Schließvermerk angebracht. Dass ein Grundbuchblatt „geschlossen" ist, erkennt man auf den ersten Blick daran, dass jede Seite mit einem „großen X" über die ganze Seite (rot) durchgestrichen ist.

> *Hinweis* 3
>
> Bei den Ausdrucken aus dem elektronischen Grundbuch wird i.d.R. ganz unten auf der Seite auch das Datum des Abrufs ausgedruckt. Dieses Datum spielt bei der sog. Aktualitätsprüfung eine zentrale Rolle. Da der erstmalige Abruf eines Grundbuchblattes im Zusammenhang mit der Vorbereitung eines Vertrages meist mehrere Wochen vor dem eigentlichen Beurkundungstermin erfolgt, wird i.d.R. unmittelbar vor der Beurkundung geprüft, ob der Grundbuchauszug noch aktuell ist, oder zwischenzeitlich Änderungen eingetreten sind. Zur Vermeidung unnötiger Kosten, welche mit dem erneuten Aufruf derselben Grundbuchblattstelle verbunden sind, wird die Überprüfung üblicherweise mittels der „Aktualitätsrecherche" gemacht. Mittels dieser Recherchefunktion erfährt man das Datum der letzten Grundbucheintragung. Durch Vergleich mit dem Datum des vorliegenden Ausdrucks kann festgestellt werden, ob zwischenzeitlich Veränderungen erfolgt sind – bejahendenfalls muss eine neue Grundbucheinsicht getätigt werden.

II. Bestandsverzeichnis

Im sog. Bestandsverzeichnis werden, wie es der Name schon vermuten lässt, die einzelnen Grundstücke aufgeführt. 4

1. Spalten 1–4 des Bestandsverzeichnisses

5 Die ersten **vier Spalten** geben den Bestand im eigentlichen Sinn wieder:

Amtsgericht Träumerei — Einlegebogen 1

Grundbuch von Wunschland Blatt 847 **Bestandsverzeichnis**

Lfd. Nr. der Grundstücke	Bisherige lfd. Nr. d. Grundstücke	Bezeichnung der Grundstücke und der mit dem Eigentum verbundenen Rechte		Größe		
		Gemarkung (nur bei Abweichung vom Grundbuchbezirk angegeben) Flurstück	Wirtschaftsart und Lage	ha	a	m²
		a/b	c			
1	**2**	**3**		**4**		
1	-	38	Dr.-Siller-Straße 2, Braugasse 7, Gebäude- und Freifläche		63	63
2 / zu 1	-	Geh- und Fahrtrecht an dem Grundstück Flst. 37, eingetragen im Grundbuch von Träumerei Blatt 901, Abt. II lfd. Nr. 1				
3	-	313	Nähe Holzgasse, Landwirtschaftsfläche	1	24	97

a) Spalte 1

6 In der Spalte 1 wird die fortlaufende Nummer der im Einzelnen (in Spalte 3) aufgeführten Grundstücke wiedergegeben, d.h. jedes Grundstück im rechtlichen Sinn wird fortlaufend (beginnend bei Nr. 1, Nr. 2 usw.) unter einer eigenen lfd. Nummer aufgeführt.

- Diese **laufende Nummer** jedes Grundstücks dient der eindeutigen (vereinfachten) **Identifizierung** des betreffenden Grundstücks innerhalb der betreffenden Grundbuchblattstelle. In den weiteren Spalten und Abteilungen wird immer auf diese laufende Nummer des jeweiligen Grundstücks Bezug genommen, um auf diese Weise eindeutig zum Ausdruck zu bringen, welches Grundstück welche Belastung aufweist bzw. welches Grundstück welche Veränderungen erfahren hat.
- Wenn unter einer laufenden Nummer mehrere Flurstücknummern aufgeführt sind, bedeutet dies, dass das Grundstück aus **mehreren einzelnen Flurstücken besteht** – rechtlich handelt es sich gleichwohl nur um ein Grundstück! Wenn nur eines dieser Flurstücke veräußert oder mit einer Grundschuld belastet werden soll, muss die bestehende Grundstücksvereinigung aufgehoben werden.
- Manchmal findet sich in der ersten Spalte der Vermerk *„Nr. x zu Nr. y"*, in unserem Fall *„lfd. Nr. 2 zu 1"*. Unter der lfd. Nr. 2 ist dann wie vorliegend kein eigenes Flurstück gebucht, sondern ein bestimmtes Recht, welches zu dem Grundstück lfd. Nr. 1 gehört. Das ist ein sog. **Herrschvermerk bzw. Aktivvermerk**.
  In unserem Fall lastet auf dem Nachbargrundstück Flst. 37, das wahrscheinlich einer anderen Person gehört und demzufolge auf einer anderen Grundbuchblattstelle (nämlich Blatt 901) gebucht ist, ein Geh- und Fahrtrecht zugunsten des auf der Grundbuchblattstelle 847 unter der lfd. Nr. 1 gebuchten Grundstücks Flst. 38. Bei diesem Geh- und Fahrtrecht handelt es sich somit einerseits um eine Belastung von dem Nachbargrundstück Flst. 37 und andererseits um ein Recht von dem berechtigten Grundstück Flst. 38. Das Geh- und Fahrtrecht **muss zwingend** im Grundbuch des **belasteten (= dienenden) Grundstücks** (in Abt. II) eingetragen werden und **kann fakultativ** zusätzlich auch als Recht im Bestandsverzeichnis des **berechtigten (= herrschenden) Grundstücks (als Aktiv- bzw. Herrschvermerk)** eingetragen werden.

b) Spalte 2

In der Spalte 2 wird die bisherige laufende Nummer des betreffenden Grundstücks an dieser Grundbuchblattstelle wiedergegeben. Bei einem neu angelegten Grundbuchblatt ist diese zweite Spalte naturgemäß leer, da alle Grundstücke erstmalig an dieser Grundbuchblattstelle unter einer laufenden Nummer eingetragen werden. Kommt es nun zu Veränderungen bei einem Grundstück (z.B. aufgrund „*Zerlegung*" oder „*Verschmelzung*" oder aufgrund von Berichtigungen durch das Vermessungsamt etc.), wird der entsprechende Eintrag in den ersten vier Spalten „gelöscht" (sichtbar anhand der roten Unterstreichung, genannt „Rötung") und unter einer neuen laufenden Nummer vorgetragen. Bei dem neuen Eintrag unter der neuen lfd. Nr. ist in der zweiten Spalte die bisherige lfd. Nr. aufgeführt. Auf diese Weise kann zurückverfolgt werden, welche bisherige laufende Nummer das betreffende Grundstück hatte. Zu einer Veränderung der Eintragungen in Spalte 2 kommt es insbesondere dann, wenn ein Grundstück rechtlich geteilt oder vereinigt wird bzw. wenn ein Grundstück infolge Vermessung in mehrere Flurstücke zerlegt wird oder umgekehrt mehrere Flurstücke eines Grundstücks zu einem Flurstück verschmolzen werden. 7

c) Spalte 3

Die Spalte 3 beinhaltet die eigentliche Bezeichnung des Grundstücks gemäß den Angaben im Liegenschaftskataster (und der mit dem Eigentum verbundenen Rechte). Dies umfasst zum einen die Bezeichnung nach Gemarkung, Flurstücknummer und Wirtschaftsart (z.B. *Gebäude- und Freifläche, Wald, Bauplatz, Ackerland, Waldfläche, Teich*) und Lage. Entsprechend der verschiedenen Rubriken beinhaltet die Spalte 3 demzufolge mehrere Unterspalten. Die „Flur-Bezeichnung" hat in Bayern (nahezu) keine Bedeutung. 8

Manchmal kommt es vor, dass die Angaben zur Lage und Wirtschaftsart mit der „realen Welt" nicht übereinstimmen, also z.B. „Gebäude- und Freifläche" eingetragen ist, obwohl das Grundstück (inzwischen wieder) unbebaut ist, oder dass die postalische Anschrift tatsächlich eine andere ist als die im Grundbuch vermerkte. Bei der Wiedergabe des Grundbuchstandes sollte dennoch der entsprechende Eintrag, so wie er im Grundbuch steht, wiedergegeben werden. Es empfiehlt sich jedoch die Aufnahme eines Zusatzes, dass nach Angabe des Eigentümers z.B. das Grundstück unbebaut ist oder die postalische Anschrift tatsächlich anders lautet. Diese Angaben übernimmt das Grundbuch aus anderen Verzeichnissen bzw. dem Liegenschaftskataster, sodass insoweit nicht einfach beim Grundbuchamt eine Berichtigung beantragt werden kann.

d) Spalte 4

In der vierten Spalte ist die Größe des Grundstücks in „ha", „a" und „qm" angegeben. 9

- 1 a = 100 qm
- 1 ha = 100a = 10.000 qm.

2. Spalten 5–8 des Bestandsverzeichnisses („Veränderungen")

Die Spalten 5–8 dienen der Dokumentation der Veränderungen in den ersten vier Spalten und stellten früher (vor EDV-Einführung) die Rückseite des Bestandsverzeichnisses dar. Die Spalten 5–8 unterteilen sich in zwei Rubriken. 10

11

Grundbuch von Wunschland	Blatt 847	Bestandsverzeichnis	1
Bestand und Zuschreibungen		Abschreibungen	
Zur lfd. Nr. der Grundstücke		Zur lfd. Nr. der Grundstücke	
5	6	7	8
1-7	Nrn. 1-7 bei Umschreibung aus Blatt 649 hier als Bestand eingetragen am 10.07.2001. *Hyazinth*	7	Übertragen nach Blatt 685 am 16.09.2009. *Hyazinth*
4, 8	FN 0585 01: BVNr. 4 nach Zerlegung als ein Grundstück unter BVNr. 8 neu vorgetragen am 22.03.2010. *Rosmarien*	8	Flst. 325/2 übertragen nach Blatt 960 am 04.05.2010. *Unkraut*
		8	Flst. 325/3 übertragen nach Blatt 961 am 04.05.2010. *Unkraut*

a) Spalte 5 und 6: Bestand und Zuschreibung

12 Diese Spalten dokumentieren buchungstechnisch den Bestand bei Anlegung des betreffenden Grundbuchblattes und die nachträglichen Grundstückszugänge und -veränderungen, wobei in der **Spalte 5** immer die lfd. Nr(n). aus dem Bestandsverzeichnis aufgeführt ist/sind, auf die sich der in Spalte 6 enthaltene Buchungsvermerk bezieht.

In der **Spalte 6** ist der eigentliche Buchungsvermerk enthalten. Bei Neuanlegung eines Grundbuchblattes bzw. nachträglicher Zuschreibung eines weiteren Grundstücks beinhaltet der Vermerk immer die alte Grundbuchblattstelle, das Datum der Übertragung und den Namen des Rechtspflegers, der die Eintragung vorgenommen hat. Auf diese Weise wird dokumentiert, „woher" das Grundstück kam. Auch rechtliche Teilungen und Bestandteilszuschreibungen bzw. Vereinigungen oder Zerlegungen in mehrere Flurstücke bzw. Verschmelzungen von mehreren Flurstücken zu einem werden in der Spalte 6 mit einem entsprechenden Vermerk dokumentiert

b) Spalte 7 und 8: Abschreibungen

13 Die Spalten 7 und 8 dokumentieren die aus dem betreffenden Grundbuchblatt ausscheidenden Grundstücke, wobei in **Spalte 7** (wie in Spalte 5) die laufende Nummer aus dem Bestandsverzeichnis des betreffenden Grundstücks wiedergegeben wird, auf welche sich der in Spalte 8 enthaltene Buchungsvermerk bezieht. In **Spalte 8** ist vermerkt, an welche neue Grundbuchblattstelle das Grundstück übertragen wurde, ferner finden sich dort das Datum der Grundbucheintragung sowie der Name des Rechtspflegers.

III. Erste Abteilung (Eigentumsverhältnisse)

14 In der sog. ersten Abteilung des Grundbuchs wird der Eigentümer bzw. werden die Eigentümer der im Bestandsverzeichnis aufgeführten Grundstücke genannt.

Das wichtigste Grundprinzip hierbei ist, dass die Eigentumsverhältnisse an sämtlichen im Bestandsverzeichnis aufgeführten Grundstücken (sofern dort mehrere aufgeführt sind) identisch sein müssen, d.h., alle Grundstücke müssen jeweils denselben Personen und auch jeweils in exakt demselben Beteiligungsverhältnis gehören, andernfalls müssen die Grundstücke an unterschiedlichen Grundbuchblattstellen verzeichnet werden.

15

Amtsgericht Träumerei			Einlegebogen
Grundbuch von Wunschland	Blatt 847	**Erste Abteilung**	1
Lfd. Nr. der Eintra-gungen	Eigentümer	Lfd. Nr. der Grundstücke im Bestands-verzeichnis	Grundlage der Eintragung
1	**2**	**3**	**4**
1a	Johann Eckert, geb. 18.08.1951	1-7	Das in Blatt 649 vorgetragene Eigentum bei Umschreibung dieses Grundbuchblattes hier eingetragen am 10.07.2001.
b	Elfriede Eckert, geb. Hacker, geb. 07.07.1953 je zur Hälfte		*Hyazinth*
2	Johann Eckert, geb. 18.08.1951	1-7	Testament vom 30.06.1977 und Eröffnungsniederschrift vom 17.10.2008 Az: VI 473/08, Amtsgericht Träumerei; eingetragen am 19.11.2008. *Hyazinth*

1. Spalte 1 und 2

16 Da die Eigentumsverhältnisse an allen auf einer Grundbuchblattstelle aufgeführten Grundstücken immer zwingend identisch sind, bezieht sich der in der Ersten Abteilung in Spalte 2 enthaltene Eintrag über die Eigentumsverhältnisse immer zwingend auf sämtliche im Bestandsverzeichnis enthaltenen Grundstücke. Demzufolge bezieht sich die in Spalte 1 der Ersten Abteilung („laufende Nummer der Eintragung") aufgeführte lfd. Nr. nicht auf die laufende Nummer der im Bestandsverzeichnis aufgelisteten Grundstücke, sondern stellt eine neue Reihe von laufenden Nummern der in Spalte 2 der Ersten Abteilung enthaltenen Eintragungen über die Eigentumsverhältnisse dar – naturgemäß stets beginnend mit der Nr. 1.

a) Grundbuchmäßige Bezeichnung des Eigentümers

17 In der Spalte 2 ist der Eigentümer unter seiner grundbuchmäßigen Bezeichnung eingetragen.

- Natürliche Personen werden unter Nennung ihres Vor- und Familiennamens sowie Geburtsnamens eingetragen.[1]
- Personenhandels-/Kapitalgesellschaften und sonstige in einem (Genossenschafts-/Partnerschafts-/Vereinsregister) eingetragene Organisationen werden unter ihrer Firma bzw. ihrem Namen, Sitz und Registernummer eingetragen.
- Vor dem 1.1.2024 im Grundbuch als Eigentümer eingetragene Gesellschaften bürgerlichen Rechts („GbR" oder „BGB-Gesellschaft") wurden unter ihrer Unternehmensbezeichnung (sofern vorhanden – andernfalls nur als *„Gesellschaft bürgerlichen Rechts bestehend aus* ***") sowie unter Angabe aller Mitgesellschafter mit Vor- und Familiennamen sowie Geburtsdatum angegeben.

Gehören die im Bestandsverzeichnis aufgeführten Grundstücke einer Person bzw. Organisation allein, so bedarf es keiner weiteren Angabe.

> *Hinweis*
>
> Seit dem 1.1.2024 gibt es auch für die GbR – ähnlich wie bei den anderen Personengesellschaften – ein Gesellschaftsregister, in welchem Name und Sitz der GbR, deren Gesellschafter und die Vertretungsberechtigungen eingetragen werden. Es besteht zwar nicht für alle GbR eine Registrierungspflicht, jedoch ist eine Eintragung in dieses Register insbesondere dann zwingend, wenn die GbR als Berechtigte (eines Grundstücks oder eines dinglichen Rechts) in das Grundbuch eingetragen werden soll. Auch ein Verkauf durch

1 Bei alten Grundbucheintragungen wurde (leider) nicht das Geburtsdatum, sondern oft nur der Wohnort oder Beruf eingetragen, sodass eine einwandfreie Identifizierung mitunter schwierig ist.

eine bereits vor dem 1.1.2024 im Grundbuch eingetragene GbR ist nur möglich, wenn sich die Gesellschaft zuvor im Gesellschaftsregister eintragen lässt, selbst wenn die Gesellschaft nach Abwicklung des Kaufvertrages liquidiert werden soll und somit wieder aus dem Gesellschaftsregister zu löschen ist.

Korrespondierend zu dieser **Registerpublizität** der GbR ist seit 1.1.2024 nur noch die GbR unter ihrem Namen, Sitz und Registernummer im Grundbuch einzutragen, da sich Existenz, Gesellschafter und ordnungsgemäße Vertretung der Gesellschaft unmittelbar aus dem Gesellschaftsregister ergeben (siehe auch Rdn 172).

b) Bruchteile / Gemeinschaftsverhältnis

18 Gehört der Grundbesitz mehreren Personen gemeinschaftlich, sind (gemäß § 47 GBO) in der Spalte 2 der ersten Abteilung die Anteile der Berechtigten in Bruchteilen anzugeben oder es ist das für die Gemeinschaft maßgebende Rechtsverhältnis zu bezeichnen.

- Gehört der Grundbesitz mehreren Personen zu Miteigentum, ist der jeweilige Bruchteil anzugeben, der dem jeweiligen Miteigentümer gehört (der häufigste Fall ist Miteigentum je zur Hälfte).
- Sind Ehegatten aufgrund eines Ehevertrages im Güterstand der Gütergemeinschaft verheiratet, gehört ihnen der Grundbesitz (sofern es sich hierbei nicht um Sonder- oder Vorbehaltsgut handelt) *zum Gesamtgut der Gütergemeinschaft* (also nicht zum Miteigentum).
- Ähnliches gilt für Ehegatten, die in einem ausländischen Güterstand der Errungenschaftsgemeinschaft verheiratet sind. Hier lautet der Eintrag in der Spalte 2 der Ersten Abteilung z.B. „*in Errungenschaftsgemeinschaft nach tschechischem Recht*".
- Wenn eine Person nach ihrem Ableben von mehreren Personen beerbt worden ist, bilden diese eine sog. Erbengemeinschaft. In diesem Fall muss das Grundbuch berichtigt werden und es werden in Spalte 2 der Ersten Abteilung anstelle des verstorbenen (Mit-)Eigentümers dessen Erben *in Erbengemeinschaft* eingetragen.

2. Spalte 3 und 4

19 Spalte 3 und 4 der Ersten Abteilung haben eine ähnliche Funktion wie die Spalten 5–8 des Bestandsverzeichnisses – sie dokumentieren die Veränderungen in den Eigentumsverhältnissen.

- Die in **Spalte 3** enthaltene lfd. Nr. bezieht sich nun wieder auf die im Bestandsverzeichnis in Spalte 1 enthaltenen lfd. Nr. der Grundstücke und bezeichnet das-/diejenigen Grundstück(e), auf welche(s) sich der in Spalte 4 enthaltene Buchungsvermerk bezieht.
- Der in **Spalte 4** enthaltene Buchungsvermerk dokumentiert den rechtlichen Vorgang, der Grundlage für den Grundbucheintrag ist, wiederum samt Datum der Eintragung und Name des betreffenden Rechtspflegers, der die Eintragung vorgenommen hat.

Formulierungsbeispiele für derartige Eintragungsvermerke:

- *„Auflassung vom (…), eingetragen am (…), Huber"*
- *„Zuschlagsbeschluss des Amtsgerichts (…) vom (…), eingetragen am (…), Huber"*
- *„Erbschein vom (…), Amtsgericht (…) Az. (…), eingetragen am (…), Huber"*
- *„Testament des Notars (…) vom (…), UVZ-Nr. (…) samt Eröffnungsniederschrift des Amtsgerichts (…) vom (…) Az. (…), eingetragen am (…), Huber"*
- *„Ausführungsanordnung der Flurbereinigungsdirektion (…) vom (…), eingetragen am (…), Huber"*
- *„Anwachsung (Amtsgericht (…), HRA (…)), eingetragen am (…), Huber"*

IV. Zweite Abteilung („Vermerke" sowie dingliche Belastungen mit Ausnahme von Grundpfandrechten und Rentenschulden)

In den Abt. II und III des Grundbuchs werden alle (i) Belastungen des Grundstücks oder eines Miteigentumsanteils am Grundstück und (ii) sonstigen Vermerke, welche die Verfügungsbefugnis des Eigentümers betreffen, gebucht, wobei 20

- in Abt. III Hypotheken, Grundschulden und Rentenschulden und
- in Abt. II alle sonstigen Belastungen und Vermerke eingetragen werden.

Bei den in **Abt. III** eingetragenen Rechten handelt es sich um „*Verwertungsrechte*", während es sich bei den in **Abt. II** eingetragenen Rechten häufig um „*Nutzungsrechte*" Dritter handelt, die dazu führen, dass der Eigentümer des Grundstücks eine bestimmte Nutzung seines Grundstücks durch einen Dritten dulden muss. In Abt. II eingetragene Rechte können aber auch Unterlassungspflichten bzw. Rechtseinschränkungen des Eigentümers betreffen, also z.B., dass der Eigentümer eine bestimmte Handlung auf seinem Grundstück nicht vornehmen darf oder ein Recht, das sich aus dem Eigentum des belasteten Grundstücks ergibt, nicht ausüben darf.

Die **Zweite Abteilung** besteht wiederum aus sieben Spalten, die sich wie beim Bestandsverzeichnis zwei Rubriken zuordnen lassen:

- die Spalten 1–3 geben den aktuellen Bestand wieder und
- die Spalten 4–7 geben Auskunft über Veränderungen und Löschungen.

1. Spalte 1–3: Eintragung von Lasten und Beschränkungen

21

Amtsgericht Träumerei — Einlegebogen

Grundbuch von Wunschland — Blatt 847 — **Zweite Abteilung** — 1

Lfd. Nr. der Eintragungen	Lfd. Nr. der betroffenen Grundstücke im Bestandsverzeichnis	Lasten und Beschränkungen
1	**2**	**3**
1	5	Starkstromleitungsrecht für die Energieversorgung Starkstrom AG in Dornröschenstadt; gemäß Flurbereinigungsplan Phantasia; eingetragen am 12.07.1978; umgeschrieben am 17.08.1987, erneut umgeschrieben am 10.07.2001. *Hyazinth*
2	7	Auflassungsvormerkung für Angelika Meier, geb. am 17.01.1980; gemäß Bewilligung vom 10.07.2009, URNr. 756/2009 der Notarin Fliegenfänger, Wunschland; eingetragen am 20.07.2009. *Hyazinth*

a) Spalte 1

Die Spalte 1 beinhaltet eine fortlaufende Nummerierung aller in der Zweiten Abteilung aufgeführten Belastungen – beginnend bei lfd. Nr. 1. Auf diese lfd. Nr. der Eintragung in Spalte 1 wird in den Spalten 4 und 6 jeweils Bezug genommen. 22

Die lfd. Nr. in der Spalte 1 hat also nichts mit der lfd. Nr. der Grundstücke im Bestandsverzeichnis zu tun.

b) Spalte 2

Die in der Spalte 2 genannte lfd. Nr. bezieht sich demgegenüber auf die im Bestandsverzeichnis (dort Spalte 1) genannte lfd. Nr. und bezeichnet das dort aufgeführte Grundstück. Ist in der Spalte 2 der Zweiten Abteilung z.B. die Nr. 5 genannt, bedeutet dies, dass die Belastung (die Art der Belastung ist in Spalte 3 näher bezeichnet) auf demjenigen Grundstück lastet, welches im Bestandsverzeichnis unter der lfd. Nr. 5 aufgeführt ist. Es ist möglich, dass in der 23

Spalte 2 mehrere lfd. Nr. oder sogar alle lfd. Nr. des Bestandsverzeichnisses aufgeführt sind – das bedeutet dann, dass mehrere Grundstücke bzw. alle Grundstücke mit dem betreffenden Recht belastet sind.

Um zu prüfen, ob ein bestimmtes im Bestandsverzeichnis derzeit z.B. unter lfd. Nr. 8 aufgeführtes Grundstück mit einer bestimmten Belastung in Abt. II des Grundbuchs belastet ist, genügt es grundsätzlich nicht, wenn man schlicht prüft, ob in der Spalte 2 der Zweiten Abteilung irgendwo die Nr. 8 auftaucht. War nämlich das derzeit im Bestandsverzeichnis unter lfd. Nr. 8 vorgetragene Grundstück früher einmal unter einer anderen lfd. Nr. vorgetragen (z.B. lfd. Nr. 4), was man daran erkennt, dass in der Spalte 2 des Bestandsverzeichnisses die frühere lfd. Nr. 4 eingetragen ist, so muss man vorsorglich prüfen, ob nicht in der Spalte 2 der Zweiten Abteilung noch die alte lfd. Nr. 4 genannt ist – dies wird von den Rechtspflegern nämlich nicht immer berichtigt.

In der Praxis kommt es hin und wieder vor, dass ein (meist ehemals großes) Grundstück immer wieder geteilt worden ist und demzufolge unter einer Vielzahl von lfd. Nr. im Bestandsverzeichnis immer wieder neu vorgetragen worden ist (wobei die alten Eintragungen immer gerötet werden). Bei der aktuell maßgeblichen lfd. Nr. ist in der Spalte 2 des Bestandsverzeichnisses auf eine vorausgehende lfd. Nr. in Spalte 1 des Bestandsverzeichnisses verwiesen. Bei dieser alten (inzwischen geröteten) lfd. Nr. der Spalte 1 des Bestandsverzeichnisses ist in Spalte 2 wiederum auf die davor maßgebliche lfd. Nr. der Spalte 1 verwiesen usw., woraus sich eine ganze Kette von früher maßgeblichen laufenden Nummern ergeben kann. Diese sollten im Rahmen der Prüfung des Grundbuchs jeweils alle markiert (oder auf einem Notizzettel notiert) werden, bevor man in Abt. II (und natürlich auch Abt. III) prüft, ob Belastungen vorhanden sind, die sich auf das betreffende Grundstück beziehen.

c) Spalte 3

24 In Spalte 3 der Abt. II wird die eigentliche Belastung inhaltlich eingetragen:

- Der Inhalt der Belastung wird bei Dienstbarkeiten schlagwortartig (z.B. Wohnungsrecht, Kanalleitungsrecht, Wasserleitungsrecht, Geh- und Fahrtrecht) bezeichnet.
- Bei Rechten, die zugunsten einer Person oder eines Grundstücks eingetragen sind,
  - werden der Berechtigte des jeweiligen Rechts, also z.B. das berechtigte (herrschende) Grundstück oder die berechtigte (natürliche oder juristische) Person, vermerkt, wobei der Berechtigte jeweils grundbuchmäßig (ähnlich wie in Abt. I) individualisiert wird, und
  - das Berechtigungsverhältnis wird angegeben, falls es mehrere Berechtigte gibt (meistens handelt es sich hierbei um „*Gesamtberechtigte nach § 428 BGB*“).
- Ferner werden stets bzw. i.d.R.
  - die Grundlage der Eintragung, d.h. die maßgebliche Bewilligungserklärung („*gemäß Bewilligung vom (...), Urkunde des Notars (...), UVZ-Nr. (...)* sowie
  - das Datum der Eintragung

vermerkt.

25 Bei den Eintragungen in Abt. II (Spalte 3) handelt es sich insbesondere um folgende Rechte und Vermerke:

- Dienstbarkeiten
  - Grunddienstbarkeiten
  - Beschränkte persönliche Dienstbarkeiten
- Nießbrauchrecht
- Reallast
- Leibgeding („Leibzucht“, „Altenteil“, „Auszug“)
- (Auflassungs-)Vormerkung
- Vorkaufsrecht
- Miteigentümervereinbarungen
- Erbbaurecht

- Vermerke
  - Zwangsversteigerungsvermerk / Zwangsverwaltungsvermerk
  - Insolvenzvermerk
  - Testamentsvollstreckungsvermerk
  - Nacherbenvermerk
  - Vermerke nach dem BauGB (insbesondere Sanierungsgebiet, Umlegungsgebiet)
- Widersprüche

Eine kurze Erläuterung von dem Inhalt dieser Rechte bzw. Beschränkungen ist in einem Überblick in Rdn 48–73 enthalten.

2. Spalte 4–7: Veränderungen und Löschungen

In den Spalten 4–7 werden die Veränderungen und Löschungen der in den ersten drei Spalten von Abt. II eingetragenen Rechte buchungstechnisch vermerkt. 26

27

Amtsgericht Träumerei — Einlegebogen

Grundbuch von Wunschland — Blatt 847 — **Zweite Abteilung** — 1 R

Veränderungen		Löschungen	
Lfd. Nr. der Spalte 1		Lfd. Nr. der Spalte 1	
4	5	6	7
~~3~~	~~Abt. II/3 hat Gleichrang mit Abt. II/4; eingetragen am 23.11.2009.~~ ~~*Hyazinth*~~	1	Gelöscht am 15.06.2009. *Hyazinth*
		2	Gelöscht am 16.09.2009. *Hyazinth*
5	Abt. II/5 hat Rang vor Abt. III/1, eingetragen am 05.06.2010. *Unkraut*	3	Gelöscht am 04.05.2010. *Unkraut*

a) Spalte 4 und 5: Veränderungen

- Die in **Spalte 4** ausgewiesene lfd. Nr. bezieht sich wiederum auf die lfd. Nr. der Spalte 1 von Abt. II und identifiziert damit das Recht bzw. den Vermerk, auf welches/n sich der in Spalte 5 enthaltene Eintragungsvermerk bezieht. 28
- In **Spalte 5** ist zum einen die Art der Änderung kurz umschrieben, ferner sind wiederum die der Veränderung zugrundeliegende Bewilligung (meist eine bestimmte Notarurkunde) sowie das Datum der Eintragung der Veränderung und der Name des betreffenden Rechtspflegers genannt.

Formulierungsbeispiel

Häufige Eintragungsvermerke in der Spalte 5 sind etwa Folgende:

- *„Der Inhalt des Rechts wurde geändert; gemäß Bewilligung vom (…), UVZ-Nr. (…) Notar (…), eingetragen am (…), Huber“*
- *„Rang nach Abt. III lfd. Nr. (…), eingetragen am (…), Huber“*
- *„Gleichrang mit Abt. II lfd. Nr. (…), eingetragen am (…), Huber“*
- *„Ansprüche aus Vormerkung abgetreten an Sparbank e.G., Münchhausen, gem. Bew. vom (…), UVZ-Nr. (…), Notar (…), eingetragen am (…), Huber“*

b) Spalte 6 und 7: Löschungen

In den Spalten 6 und 7 werden die Löschungen der in den ersten drei Spalten enthaltenen Eintragungen dokumentiert, wobei **Spalte 6** wiederum die lfd. Nr. der Eintragung der Spalte 29

1 aus Abt. II wiedergibt und damit der Identifizierung des Rechts bzw. des Vermerks dient, auf welchen sich der in Spalte 7 enthaltene Löschungsvermerk bezieht.

In der **Spalte 7** werden die vorgenommenen Löschungen der in den ersten drei Spalten enthaltenen Eintragungen dokumentiert, wobei wiederum das Datum der Löschung und der Name des Rechtspflegers angegeben sind, welcher die Löschung vorgenommen hat.

Wie eingangs bereits ausgeführt, werden im Grundbuch „gelöschte Einträge" nicht wirklich gelöscht bzw. unsichtbar gemacht, sondern optisch rot unterstrichen (d.h. „gerötet"). Zur Prüfung der Frage, ob ein in den ersten drei Spalten von Abt. II enthaltener Eintrag „juristisch" gelöscht ist, darf man sich aber nicht schlicht darauf verlassen, dass dieser gerötet ist, sondern es ist stets zu prüfen, ob bzgl. des betreffenden Eintrags in Spalte 7 ein entsprechender Löschungsvermerk eingetragen ist.

Formulierungsbeispiel

- *„Gelöscht am (...), Huber"*
- *„Hinsichtlich des Berechtigten Max Müller gelöscht am (...), Huber"*

V. Dritte Abteilung (Grundpfandrechte, Rentenschulden)

30 In der Dritten Abteilung des Grundbuchs werden alle Grundschulden, Hypotheken und Rentenschulden, mit welchen das Grundstück oder ein Miteigentumsanteil des Grundstücks belastet ist, aufgeführt; ferner werden die hierauf bezogenen Vermerke und Widersprüche in dieser Abteilung eingetragen. Die Dritte Abteilung des Grundbuchs ist ähnlich aufgebaut wie die Zweite Abteilung, hat jedoch anstelle von sieben Spalten zehn Spalten, mithin drei Spalten mehr. Diese **drei zusätzlichen Spalten** sind dem Umstand geschuldet, dass es bei den Eintragungen in Abt. III immer um konkrete Geldbeträge geht; demzufolge sind alle drei „Spaltengruppen" 1. Spalte (Eintragung der Belastung), 2. Spalte (Veränderungen) und 3. Spalte (Löschungen) jeweils um eine zusätzliche Spalte, in welcher der maßgebliche **Geldbetrag ziffernmäßig** ausgewiesen ist, erweitert.

1. Spalte 1–4: Eintragung von Belastungen

31 Amtsgericht Träumerei — Einlegebogen

Grundbuch von Wunschland — Blatt 847 — **Dritte Abteilung** — 1

Lfd. Nr. der Eintra-gungen	Lfd. Nr. der belasteten Grundstücke im Bestands-verzeichnis	Betrag	Hypotheken, Grundschulden, Rentenschulden
1	**2**	**3**	**4**
1	1, 2, 4, 7, 8	200.000,-- DM Brief 102.258,38 EUR	Grundschuld ohne Brief zu zweihunderttausend Deutsche Mark für MÜNZENSCHEINBANK eG in Wunschland; 16 % Zinsen jährlich; vollstreckbar nach § 800 ZPO; gemäß Bewilligung vom 04.11.1994; URNr. 2385/1994 der Notarin Einhorn in Silberstadt; eingetragen am 14.12.1994; hierher übertragen am 10.07.2001. *Hyazinth*
2	1, 2	99.120,-- DM 50.679,25 EUR	Grundschuld ohne Brief zu neunundneunzigtausendeinhundertzwanzig Deutsche Mark für ROTKÄPPCHENBANK in Phantasia; 12 % Zinsen jährlich; vollstreckbar nach § 800 ZPO; gemäß Bewilligung vom 14.07.1995; URNr. 1434/1995 der Notarin Einhorn in Silberstadt; eingetragen am 01.08.1995; hierher übertragen am 10.07.2001. *Hyazinth*

32 Zur Erläuterung der ersten vier Spalten in Abt. III kann im Wesentlichen auf die Ausführungen zu den Spalten 1–3 in Abt. II (siehe oben Rdn 21–25) verwiesen werden.

- **In Spalte 1** werden die Eintragungen in Abt. III fortlaufend nummeriert; auf diese in Spalte 1 eingetragene laufende Nummer wird in Spalte 5 und 6 jeweils Bezug genommen.
- **In Spalte 2** wird/werden zur Identifizierung des/der belasteten Grundstücks/e die lfd. Nr(n) der Spalte 1 des Bestandsverzeichnisses wiedergegeben, welche mit dem betreffenden Grundpfandrecht (oder der betreffenden Rentenschuld) belastet ist/sind. Ist in Spalte 2 nur eine Nummer aufgeführt, ist nur ein Grundstück belastet. Meist sind in Spalte 2 jedoch mehrere Nummern, ggf. sogar alle lfd. Nummern aus der Spalte 1 des Bestandsverzeichnisses aufgeführt. Dies bedeutet dann, dass mehrere bzw. alle an der betreffenden Grundbuchblattstelle vorgetragenen Grundstücke mit dem betreffenden Grundpfandrecht belastet sind; es handelt sich dann um eine sog. Gesamtgrundschuld.
  Bei der Prüfung, ob ein bestimmtes Grundstück in Abt. III „lastenfrei“ ist, gilt es wie bei der Prüfung in Abt. II Vorsicht walten zu lassen:
  Man darf sich nicht damit begnügen, zu prüfen, ob die aktuelle lfd. Nr. des Grundstücks (aus Spalte 1 des Bestandsverzeichnisses) irgendwo in Spalte 2 von Abt. III auftaucht, sondern man muss wiederum zuvor das Bestandsverzeichnis daraufhin durchforsten, ob das Grundstück an der betreffenden Grundbuchblattstelle früher unter einer anderen lfd. Nr. eingetragen war, und anschließend muss geprüft werden, ob diese alte lfd. Nr. noch in Spalte 2 von Abt. III genannt (und folglich nicht berichtigt worden) ist.
- **In Spalte 3** (Diese Spalte ist in Abt. III im Vergleich zu Abt. II zusätzlich „eingeschoben“) ist der Betrag, um den es bei dem Grundpfandrecht bzw. der Rentenschuld geht, ziffernmäßig samt Währung ausgewiesen.
- **Die Spalte 4** in Abt. III entspricht der Spalte 3 in Abt. II und gibt den eigentlichen Inhalt der Belastung mit seinen Eintragungsunterlagen wieder.
  - Hier ist vermerkt, ob es sich um eine Grundschuld, eine Hypothek oder eine Rentenschuld handelt.
  - Da Grundschulden und Hypotheken sowohl in der Form einer „Buchgrundschuld/-hypothek“ (d.h. Grundschuld/Hypothek *ohne* Brief) als auch in der Form einer „Briefgrundschuld/-hypothek“ (d.h. Grundschuld/Hypothek *mit* Brief) bestellt werden können, muss angegeben werden, ob es sich um ein Buch- oder ein Briefgrundpfandrecht handelt. Bei den allermeisten Eintragungen handelt es sich um Buchgrundschulden und der Eintrag beginnt demzufolge mit *„Grundschuld ohne Brief“*. Wenn die Wörter *„ohne Brief“* fehlen, handelt es sich um ein Briefgrundpfandrecht. Manchmal – aber nicht immer – ist zur Klarstellung ausdrücklich vermerkt, dass es sich um eine Grundschuld *mit Brief* handelt.
  - Handelt es sich um ein Grundpfandrecht mit Zinsen (Regelfall) oder ist eine einmalige Nebenleistung geschuldet, so sind auch der jährliche Zins und eine etwaige Nebenleistung in Spalte 4 einzutragen.
  - Ebenfalls zwingend in Spalte 4 einzutragen ist der Umstand, dass eine Grundschuld *„vollstreckbar nach § 800 ZPO“* ist (das ist der Regelfall).
  - Im Übrigen wird wiederum zur näheren Bezeichnung des Grundpfandrechts auf die betreffende *„Eintragungsbewilligung vom (…), Urkunde des Notars (…), UVZ-Nr. (…)“* Bezug genommen und das Eintragungsdatum samt Namen des betreffenden Rechtspflegers vermerkt.

2. Spalte 5–10: Veränderungen und Löschungen

33

Amtsgericht Träumerei — Einlegebogen 1 R

Grundbuch von Wunschland — Blatt 847 — **Dritte Abteilung**

Veränderungen			Löschungen		
Lfd.Nr der Spalte 1	Betrag		Lfd.Nr der Spalte 1	Betrag	
5	6	7	8	9	10
1	200.000 DM	Die Ausschließung der Erteilung eines Briefes ist aufgehoben; eingetragen am 01.12.2002. *Hyazinth*	2	40.679,25 EUR	Gelöscht am 25.07.2013. *Rosenblüte*
3	100.000 EUR	Aus der Mithaft entlassen Mondheim Blatt 557 Sonnenheim Blatt 339; eingetragen am 01.02.2003. *Rosenblüte*	2a	10.000 EUR	Gelöscht am 01.06.2014 *Rosenblüte*
3	100.000 EUR	Das Grundbuch von Sternentaler Blatt 333 haftet mit; eingetragen am 02.05.2003. *Rosenblüte*			

34 In den Spalten 5–10 sind (wie in Abt. II in den Spalten 4–7) die Veränderungen (Spalte 5–7) und Löschungen (Spalte 8–10) vermerkt, ergänzt um den betreffenden Währungsbetrag in Ziffern.

a) Spalte 5–7: Veränderungen

35 In **Spalte 5** ist/sind wiederum die lfd. Nr. der Spalte 1 genannt, auf welche sich die in der Veränderungspalte enthaltenen Eintragungen beziehen. In **Spalte 6** ist der Betrag genannt, auf den sich die Veränderung bezieht. Der Betrag kann mit dem in Spalte 3 genannten Betrag übereinstimmen, er kann aber auch niedriger sein – letzteres ist insbesondere dann der Fall, wenn nur ein Teilbetrag von der Veränderung betroffen ist, mithin z.B. abgetreten wird.

In **Spalte 7** ist wiederum der eigentliche buchungstechnische Veränderungsvermerk samt Datum der Eintragung und Name des Rechtspflegers enthalten.

Formulierungsbeispiel

Im Folgenden sind häufige Eintragungsvermerke in Spalte 7 aufgeführt:

- *„Abgetreten mit Zinsen seit (…) an die Sparbank eG, Münchhausen, eingetragen am (…), Huber"*
- *„Letztrangiger Teilbetrag von 20.000 EUR abgetreten mit Zinsen und Nebenleistungen seit (…) an die Sparbank eG, Münchhausen, eingetragen am (…), Huber"*
- *„Rang nach II/5, eingetragen am (…), Huber"*
- *„Dem Recht Abt. III/4 ist der Vorrang eingeräumt, eingetragen am (…), Huber"*[2]
- *„Die Mithaft in Münchhausen, Blatt 1111 ist erloschen; eingetragen am (…) Huber"*

b) Spalte 8–10: Löschungen

36 In den Spalten 8–10 werden die Löschungen verzeichnet, wobei die **Spalte 8** die lfd. Nr. der Spalte 1 wiedergibt, auf welche sich die Löschung bezieht und **Spalte 9** den Betrag nennt, der von der Löschung betroffen ist. Dieser Betrag kann wiederum gleich oder kleiner als der in

2 Dieser Eintragungsvermerk betrifft das Rangverhältnis von mehreren in Abt. III eingetragenen Rechten. In Spalte 5 und 6 sind dann alle Eintragungen aus Abt. III genannt, die an der Änderung des Rangverhältnisses beteiligt sind, mithin das vortretende Recht Abt. III/4 und das zurücktretende Recht.

Spalte 3 genannte Betrag sein. Der eigentliche Löschungsvermerk samt Datum der Eintragung und Name des Rechtspflegers ist in **Spalte 10** enthalten.

> *Hinweis*
>
> Vollständige Grundbuchblätter sind als **Anlage 2** (ausführliches Grundbuchblatt, siehe Anhang Rdn 8–18), **Anlage 3** (Wohnungsgrundbuchblatt, siehe Anhang Rdn 19–25), **Anlage 4a** (Erbbaurechtsgrundbuchblatt, siehe Anhang Rdn 26–32) **Anlage 4b** (Grundbuchblatt eines Grundstücks, das mit einem Erbbaurecht belastet ist, siehe Anhang Rdn 33–39) abgedruckt.

VI. Fragen zu Teil A „Aufbau des Grundbuchs"

1. Was sind die „4 Haupt-Abteilungen" eines jeden Grundbuchblattes und was enthalten sie? **37**
2. Sehen Sie das Grundbuchblatt 847 (= Anlage 2, Anhang Rdn 8 ff.) ein. Welche Informationen können Sie aus diesem Grundbuchblatt hinsichtlich des Flst. 325/3 in Bezug auf Entstehung, weitere Entwicklung, aktueller Status entnehmen, insbesondere:
   a) Aus welchem Grundstück ist das Flst. 325/3 hervorgegangen? Welche Informationen können Sie dem Grundbuch bzgl. dieses Entstehungsprozesses entnehmen?
   b) Welche Informationen kann man über die „Herkunft" des ehemaligen Hauptgrundstücks dem Grundbuchblatt entnehmen?
   c) Was sind die letzten (= aktuellen) Informationen, die man dem Grundbuchblatt zu Flst. 325/3 entnehmen kann?
   d) Wie war das Flst. 325/3 laut Grundbucheintrag in Abt. II belastet?
   e) In welchem Rangverhältnis stehen die in Abt. II lfd. Nr. 3 und 4 eingetragenen Auflassungsvormerkungen?
   f) Aus den Eintragungen im Bestandsverzeichnis und in Abt. II zu den Flst. 325/3 und 325/4 kann man schlussfolgern, dass der damalige Eigentümer, Herr Johann Eckert, mit den Ehegatten Müller und Hoffman jeweils welche Verträge aller Wahrscheinlichkeit nach abgeschlossen hat?
3. Kann man aus den Eintragungen in der Ersten Spalte von Grundbuchblatt 847 (= Anlage 2, Anhang Rdn 8 ff.) Rückschluss darauf ziehen, von wem Frau Elfriede Eckert beerbt worden ist?

B. Die verschiedenen Arten von Grundbüchern

I. Erbbaurechtsgrundbuch

Unter einem Erbbaurecht versteht man das veräußerliche und vererbliche Recht, auf einem (i.d.R. im Eigentum eines Dritten stehenden) Grundstück ein Bauwerk zu errichten und Eigentümer dieses Bauwerks zu sein. Ein Bauwerk ist dabei nicht nur ein Gebäude, sondern jede erdenkliche bauliche Anlage auf oder unterhalb der Oberfläche eines Grundstücks. **38**

Das Erbbaurecht ist im Erbbaurechtsgesetz (ErbbauRG) geregelt. Das Erbbaurecht wird in zwei Grundbüchern eingetragen: **39**

- Im Grundbuch des belasteten Grundstücks (Grundstücksgrundbuch) wird das Erbbaurecht als Belastung in Abteilung II eingetragen.
- Gleichzeitig wird vom Grundbuchamt für das Erbbaurecht als grundstücksgleiches Recht ein besonderes Grundbuchblatt, nämlich das sog. Erbbaugrundbuch angelegt.

Im **Erbbaurechtsgrundbuch** sind also das Erbbaurecht unter Bezugnahme auf das im Grundstücksgrundbuch eingetragene Grundstück und der Erbbauberechtigte eingetragen.

Im **Grundstücksgrundbuch** sind das Grundstück und der Grundstückseigentümer eingetragen und das Erbbaurecht als Belastung in Abt. II.

Darüber hinaus können sowohl das Grundstück als auch das Erbbaurecht jeweils mit unterschiedlichen Belastungen in Abt. II und III belastet sein.

40 Das Erbbaurechtsgrundbuch ist wie ein normales Grundbuch aufgebaut. Im Bestandsverzeichnis werden der Erbbaurechtsvertrag, das belastete Grundstück und der Grundstückseigentümer genannt.

- In Abteilung I wird der Erbbauberechtigte genannt.
- In Abteilung II werden der Erbbauzins und die sonstigen Rechte und Belastungen mit Ausnahme der Grundpfandrechte/Rentenschulden eingetragen.
- In Abteilung III werden die Grundpfandrechte und Rentenschulden, die auf dem Erbbaurecht lasten, eingetragen.

41 Nachfolgend ist das Bestandsverzeichnis (Spalte 1–4) von einem Erbbaugrundbuch abgebildet. In der **Anlage 4** finden Sie ein vollständiges Erbbaurechtsgrundbuchblatt (**Anlage 4a,** siehe Anhang Rdn 26–32) sowie das zugehörige Grundstücksgrundbuchblatt (**Anlage 4b,** siehe Anhang Rdn 33–39).

Amtsgericht Träumerei — Einlegebogen

Grundbuch von Wunschland — **Blatt** 2390 — **Bestandsverzeichnis** — 1

Lfd. Nr. der Grundstücke	Bisherige lfd. Nr. d. Grundstücke	Bezeichnung der Grundstücke und der mit dem Eigentum verbundenen Rechte		Größe		
		Gemarkung (nur bei Abweichung vom Grundbuchbezirk angegeben) Flurstück	Wirtschaftsart und Lage	ha	a	m²
		a/b				
1	**2**	**3**		**4**		
1	-	ERBBAURECHT an dem in Blatt 2388 Bestandsverzeichnis Nr. 4 verzeichneten Grundstück:				
		925/13	Wunschland HsNr. 82 u. 83, Marktstraße, Gebäude- und Freifläche	--	09	00
		eingetragen in Abt. II/3; auf die Dauer von 100 Jahren seit 01.04.1996; Schriftliche Zustimmung des Grundstückseigentümers ist erforderlich zur: a) Veräußerung; b) Belastung mit Hypotheken, Grund- und Rentenschulden, Reallasten, sowie zur Änderung des Inhalt eines dieser Rechte, wenn sie eine weitere Belastung des Erbbaurechtes enthält; c) wesentlichen Veränderung und zum ganzen oder teilweisen Abbruch der Gebäude; Eigentümer: Freie Kirche Wünsch Dir Was e.V., Wunschland gemäß Bewilligung vom 02.01.1996 URNr. 30/1996 Notarin Lena Fliegenfänger; angelegt am 21.03.1996. *Unkraut*				

II. Wohnungs- und Teileigentumsgrundbuch

1. Entstehung von Wohnungs- und Teileigentum

Das Wohnungs- und Teileigentum ist gesetzlich im sogenannten Wohnungseigentumsgesetz 42
(WEG) geregelt.

- Wohnungs- bzw. Teileigentum **entsteht** dadurch, dass der bisherige Eigentümer (E) eines Grundstücks, z.B. des Flst. 700, dieses in verschiedene (meist unterschiedlich große) Miteigentumsanteile (z.B. fünf Miteigentumsanteile zu $^{150}/_{1.000}$, $^{250}/_{1.000}$, $^{100}/_{1.000}$, $^{450}/_{1.000}$ und $^{50}/_{1.000}$) aufteilt und jedem Miteigentumsanteil das Sondereigentum an abgeschlossenen Räumen zuweist.
  Als Konsequenz daraus wird das bisherige Grundbuchblatt, in welchem E bislang als Alleineigentümer von Flst. 700 eingetragen war, geschlossen und es werden mehrere (im vorgenannten Beispielsfall fünf) neue Grundbuchblätter angelegt, in welchen E wiederum jeweils als Alleineigentümer eingetragen wird. Jedoch steht im Bestandsverzeichnis nicht mehr einfach das Flst. 700, sondern „nur" ein Miteigentumsanteil von $^{250}/_{1.000}$ oder $^{100}/_{1.000}$ etc. an Flst. 700 verbunden mit dem Sondereigentum an den im Aufteilungsplan mit Nr. xy bezeichneten Räumen.
- Der **Unterschied zwischen Wohnungs- und Teileigentum** besteht darin, dass bei Wohnungseigentum Sondereigentum an zu Wohnzwecken dienenden Räumen (Eigentumswohnungen) besteht, während bei Teileigentum Sondereigentum an nicht zu Wohnzwecken dienenden Räumen (z.B. an einer Gewerbeeinheit oder auch an einem gesondert gebuchten Stellplatz oder Keller) besteht.
- Der Begriff **Sondereigentum** ist der Oberbegriff von Wohnungs- und Teileigentum und zugleich der „Gegenbegriff" zum Begriff Gemeinschaftseigentum; Gemeinschaftseigentum ist alles, was nicht im Sondereigentum einzelner Miteigentümer steht.
- Die Aufteilung ist nicht nur durch einen Alleineigentümer (gemäß § 8 WEG) möglich, sondern es können auch **Miteigentümer** ihr Grundstück aufteilen und zwar **in zwei verschiedenen Formen**, nämlich
  - entweder ähnlich wie der Alleineigentümer gemäß § 8 WEG mit der Folge, dass sie nach Aufteilung wiederum Miteigentümer im gleichen Verhältnis an jeder Sondereigentumseinheit werden, oder
  - die Aufteilung erfolgt gemäß § 3 WEG dergestalt, dass jeder Miteigentümer Alleineigentümer (entsprechend der bisherigen Miteigentumsquote) eines neu gebildeten Sondereigentums wird.

Nachfolgend ist das Bestandsverzeichnis (Spalte 1–4) von einem Wohnungseigentum abgebil- 43
det. Als **Anlage 3** findet sich im Anhang Rdn 19–25 ein vollständiges Wohnungseigentumsgrundbuchblatt.

Amtsgericht Träumerei — Einlegebogen

Grundbuch von Wunschland **Blatt** 2007 **Bestandsverzeichnis** 1

Lfd. Nr. der Grundstücke	Bisherige lfd. Nr. d. Grundstücke	Bezeichnung der Grundstücke und der mit dem Eigentum verbundenen Rechte		Größe		
		Gemarkung (nur bei Abweichung vom Grundbuchbezirk angegeben) Flurstück	Wirtschaftsart und Lage	ha	a	m²
		a/b				
1	**2**	**3**		**4**		
1	-	150/1.000 Miteigentumsanteil an dem Grundstück				
		Wunschland 700/1	Sonnenstraße 19, Wohnhaus, Nebengebäude, Hofraum, Garten	--	13	95
		700/2	An der Frühlingsstraße 7, Wohnhaus, Nebengebäude, Garten		12	11
		verbunden mit dem Sondereigentum an der im Erdgeschoß gelegenen Wohnung Nr. 1 lt. Aufteilungsplan; für jeden Miteigentumsanteil ist ein Grundbuchblatt angelegt (Blatt 2007 mit Blatt 2034); der hier eingetragene Miteigentumsanteil ist durch das zu den anderen Miteigentumsanteilen gehörende Sondereigentumsrecht beschränkt; Sondernutzungsrechte sind vereinbart. Der hier vorgetragenen Einheit ist ein Sondernutzungsrecht zugewiesen. Wegen weiteren Gegenstand und Inhalt des Sondereigentums wird auf die Bewilligung vom 15.06.1979 URNr. 2176/1979 Notar Alfred Alt Bezug genommen; übertragen von Blatt 1991; eingetragen am 17.07.1979.				
		Rosenblüte				

2. Funktion der Teilungserklärung samt Aufteilungsplänen

44 Allein aus dem Grundbuch (auch in Verbindung mit der Flurkarte) kann man nicht erkennen, welche Räume zu einer bestimmten Wohnungseigentumseinheit gehören. Dass ggf. vor der Wohnungseingangstür ein Schild mit „Nr. 1" angebracht ist, wird von den Käufern zwar häufig (fälschlicherweise) als Nachweis dafür angesehen, dass die besichtigte Wohnung auch wirklich diejenige ist, die im Grundbuchblatt als Nr. 1 gemäß Aufteilungsplan bezeichnet ist. Entscheidend ist jedoch (wieder einmal) nicht das, was in der Natur optisch erkennbar ist, sondern das, was in den Dokumenten niedergelegt ist. Um sich also zu vergewissern, was die Einheit Nr. 1 laut **Aufteilungsplan** ist, ist es unabdingbar den Aufteilungsplan, welcher der Teilungserklärung beigefügt ist, einzusehen. Da beim Erwerb gebrauchter Immobilien diese Recherche nicht Aufgabe des Notars ist, sollten die Beteiligten jedenfalls darauf hingewiesen werden, sich vorab vom Verkäufer die Pläne und Teilungserklärung aushändigen zu lassen.

Auch bei Kellerabteilen bzw. Pkw-Stellplätzen ist nicht entscheidend, welcher Stellplatz „optisch" die Nr. 1 trägt, sondern welcher Stellplatz bzw. welches Kellerabteil in der Teilungserklärung mit der Nr. 1 versehen ist oder welcher Stellplatz bzw. welches Kellerabteil der Einheit Nr. 1 zugewiesen worden ist. Unklarheiten über die wahre Zuordnung von Stellplätzen bzw. Kellerabteilen kommen leider – wenn auch sehr selten – vor, da im Laufe der Jahre die

Bewohner, die häufig Mieter und damit nicht Eigentümer sind, untereinander Stellplätze bzw. Keller aus Praktikabilitätsgründen faktisch (nicht rechtlich) tauschen.

Von zentraler Bedeutung für das Rechtsverhältnis der Wohnungs- bzw. Teileigentümer untereinander ist die **Gemeinschaftsordnung**, die regelmäßig Bestandteil der Teilungserklärung ist. Darin sind diverse Dinge wie etwa, wer für welche Instandhaltungsmaßnahmen bzw. -kosten aufzukommen hat, welche Maßnahmen zulässig oder unzulässig sind, wie die Verwaltung des Objekts erfolgen soll, wie die Stimmrechte verteilt sind, welche Mehrheitserfordernisse bei Beschlussfassungen bestehen etc., verbindlich geregelt. Die in der Gemeinschaftsordnung enthaltenen Vereinbarungen gelten automatisch auch für alle künftigen Eigentümer.

III. Wohnungs- und Teilerbbaurechtsgrundbuch

Wohnungs- und Teilerbbaurechte entstehen dadurch, dass ein Erbbaurecht seinerseits wiederum nach den Vorschriften des WEG in einzelne „Einheiten“ aufgeteilt wird und somit an dem aufgrund des Erbbaurechts errichteten Gebäude Sondereigentum an einer bestimmten Wohnung (Wohnungserbbaurecht) oder an nicht zu Wohnzwecken bestimmten Räumen (Teilerbbaurecht) durch Einigung und Eintragung im Grundbuch geschaffen wird. 45

Bei Wohnungs- und Teilerbbaurechten existiert zum einen das normale **Grundstücksgrundbuchblatt**, in welchem der Grundstückseigentümer verzeichnet ist.

Das bei Begründung des Erbbaurechts (= 1. Schritt) neu angelegte **Erbbaurechtsgrundbuchblatt** für das Erbbaurecht wird sodann im Zuge der Aufteilung des Erbbaurechts in Wohnungs- und Teilerbbaurechtseinheiten wieder geschlossen und für jede Einheit wird (wie bei Wohnungs- und Teileigentum) eine gesondertes **Wohnungs-/Teilerbbaurechtsgrundbuchblatt** angelegt.

Das einzelne Wohnungs-/Teilerbbaurecht wird inhaltlich maßgeblich bestimmt durch den Erbbaurechtsvertrag sowie die Teilungserklärung samt Aufteilungsplänen und die Gemeinschaftsordnung.

IV. Grundbuch für Fischereirecht

Gelegentlich tauchen in der Notarpraxis auch Fischereirechte auf, für welche ein eigenes Grundbuchblatt angelegt ist. Gemäß Art. 11 Abs. 2 des Bayerischen Fischereigesetzes (BayFiG) erhalten die selbstständigen Fischereirechte ein Grundbuchblatt nur auf Antrag oder wenn das Recht veräußert oder belastet werden soll. 46

V. Fragen zu Teil B „Arten von Grundbüchern“

1. Welche verschiedenen Grundbücher gibt es? 47
2. Sehen Sie das Grundbuchblatt 2390 (= Anlage 4a, Anhang Rdn 26–32) ein.
   a) Welche allgemeinen Informationen können Sie in Bezug auf das Erbbaurecht aus dem Bestandsverzeichnis und der Ersten sowie der Zweiten Abteilung entnehmen?
   b) Sehen Sie sodann das Grundbuchblatt 2388 (= Anlage 4b, Anhang Rdn 33–39) ein. Wo findet sich dort der Eintrag betreffend das Erbbaurecht?
3. Sehen Sie das Bestandsverzeichnis von Grundbuchblatt 2007 (Anlage 3, Anhang Rdn 19–25) ein. Woran erkennt man im Grundbuch, dass es sich bei dem Kaufgegenstand nicht um ein Grundstück, sondern um ein Wohnungs- oder Teileigentum handelt? Aus welchen Unterlagen kann man die räumlichen Ausdehnungen von Wohnungs-/Teileigentum erkennen?
4. Sehen Sie das Grundbuchblatt 2007 ein (= Anlage 3, Anhang Rdn 19–25):
   a) Wann ist die dort vorgetragene Wohnungseigentumseinheit rechtlich entstanden?
   b) Welcher Eigentümer hat die Aufteilung in Wohnungseigentum vorgenommen?
   c) Wurde vorliegend ein Grundstück oder wurden mehrere Grundstücke in Wohnungseigentum aufgeteilt?
   d) Worum kann es sich bei dem zugeordneten Sondernutzungsrecht handeln und wo erfährt man, was für ein Sondernutzungsrecht zugeordnet ist?

e) Wird ein Kfz-Stellplatz mittels Sondernutzungsrecht einer Wohnung zugewiesen oder handelt es sich bei diesem um ein selbstständiges Teileigentum oder gar um einen Teil des Wohnungseigentums?
f) Wie oft wurde die im Grundbuchblatt 2007 = Anlage 3, Anhang Rdn 19–25 vorgetragene Einheit seit ihrer Entstehung bereits rechtsgeschäftlich übertragen?
g) Kann Gertraud Oberndorfer die Einheit ohne fremde Zustimmung veräußern?

C. Überblick über die häufigsten Eintragungen in Abt. II und deren Bedeutung

48 Bei den in Abt. II eingetragenen Belastungen und Beschränkungen handelt es sich insbesondere um Folgende.

I. Dienstbarkeit

1. Grunddienstbarkeit

49 Bei einer Grunddienstbarkeit wird ein Grundstück (= **dienendes Grundstück**) *zugunsten eines anderen Grundstücks* (= **herrschendes Grundstück**) mit einer bestimmten Unterlassungs- oder Duldungsverpflichtung oder einem Rechtsausschluss belastet (§ 1018 BGB). Mit einer Grunddienstbarkeit kann grundsätzlich nur ein ganzes Grundstück (oder eine reale Teilfläche), nicht aber ein bloßer Miteigentumsanteil belastet werden. Grunddienstbarkeiten werden meist unbefristet, mithin für die Ewigkeit bestellt. Die Grunddienstbarkeit ist in Abt. II des belasteten Grundstücks einzutragen. Da Berechtigter dieser Dienstbarkeit ein anderes Grundstück ist, kann die Grunddienstbarkeit zusätzlich im Bestandsverzeichnis des herrschenden Grundstücks eingetragen werden (= Aktivvermerk oder Herrschvermerk).

50 Folgende Rechte werden üblicherweise als Grunddienstbarkeit bestellt:
- (Wasser-/Kanal-)Leitungsrecht, Kabelrecht,
- Geh- und Fahrtrecht,
- Abstandsflächenübernahme, Bebauungsbeschränkung, Gerüstaufstellrecht.

51 Sofern es mehrere herrschende Grundstücke gibt, ist deren Berechtigungsverhältnis anzugeben. In den meisten Fällen handelt es sich um eine Gesamtberechtigung i.S.d. § 428 BGB.

Sofern man den **Ausübungsbereich** der Dienstbarkeit kennt (z.B. Verlauf der Leitung), empfiehlt es sich diesen näher zu bezeichnen und auf einer beigefügten Karte einzuzeichnen. Dies hat den Vorteil, dass im Falle einer Grundstücksteilung die weggemessene Teilfläche ohne weiteres (d.h. ohne Freigabeerklärung des Berechtigten) lastenfrei abgeschrieben werden kann, wenn anhand der Einzeichnung bzw. sonstigen Beschreibung klar ist, dass die weggemessene Teilfläche nicht von der Grunddienstbarkeit betroffen ist.

52 **§ 1026 BGB: Teilung des dienenden Grundstücks**

Wird das belastete Grundstück geteilt, so werden, wenn die Ausübung der Grunddienstbarkeit auf einen bestimmten Teil des belasteten Grundstücks beschränkt ist, die Teile, welche außerhalb des Bereichs der Ausübung liegen, von der Dienstbarkeit frei.

2. Beschränkte persönliche Dienstbarkeit

53 Die beschränkte persönliche Dienstbarkeit (§§ 1090 ff. BGB) unterscheidet sich von der Grunddienstbarkeit dadurch, dass Berechtigter nicht ein anderes Grundstück bzw. der jeweilige Eigentümer eines anderen Grundstücks ist, sondern eine (natürliche oder juristische) Person.
- Es ist möglich Leitungs- oder Geh- und Fahrtrechte entweder als Grunddienstbarkeit oder als beschränkte persönliche Dienstbarkeit zu bestellen. Entscheidend für die Frage, ob z.B. ein Leitungsrecht als Grunddienstbarkeit oder als beschränkte persönliche Dienstbarkeit bestellt wird, ist, ob
  - das (Leitungs-)Recht zur Erschließung eines konkreten Grundstücks benötigt wird (= **Grunddienstbarkeit**) oder

- das (Leitungs-)Recht (nur) einer bestimmten Person bzw. Institution zustehen soll (= **beschränkte persönliche Dienstbarkeit**).

Würde man im ersten Fall (versehentlich) eine beschränkte persönliche Dienstbarkeit anstelle einer Grunddienstbarkeit bestellen, hätte dies die fatale Folge, dass bei einem Eigentumswechsel des Grundstücks das Leitungsrecht, das zur Erschließung des betreffenden Grundstücks benötigt wird, beim alten Grundstückseigentümer verbliebe und mit dessen Tod sogar erlöschen würde – beschränkte persönliche Dienstbarkeiten sind nämlich grundsätzlich gerade nicht übertragbar und nicht vererblich.

- Wasser-/Kanalleitungsrechte oder Stromleitungsrechte, welche **zugunsten eines Versorgungsträgers** bestellt werden (z.B. zugunsten einer Gemeinde, eines kommunalen Zweckverbandes oder Stromanbieters), werden als beschränkte persönliche Dienstbarkeiten bestellt.
- Eine in der Notarpraxis häufig vorkommende Art einer beschränkten persönlichen Dienstbarkeit ist das sogenannte **Wohnungsrecht**, welches in § 1093 BGB gesondert geregelt ist. Das Wohnungsrecht gewährt das Recht, ein Gebäude oder einen Teil eines Gebäudes (mithin insbesondere einzelne Räume) unter Ausschluss des Eigentümers als Wohnung zu benutzen.
- Beschränkte persönliche Dienstbarkeiten können grundsätzlich wie Grunddienstbarkeiten nur an einem ganzen Grundstück (oder einer realen Teilfläche), nicht aber an einem Miteigentumsanteil bestellt werden. Auch hier bietet es sich an, den Ausübungsbereich auf einer Karte einzuzeichnen, um später bei Grundstücksteilungen eine lastenfreie Abschreibung zu ermöglichen. Bei mehreren Berechtigten ist wiederum deren Berechtigungsverhältnis (i.d.R. Gesamtberechtigung) anzugeben.

II. Nießbrauchrecht

Der Nießbrauch beinhaltet das dingliche Recht, sämtliche Nutzungen des belasteten Gegenstandes zu ziehen (§ 1030 BGB). 54

- Mit dem Nießbrauch können nicht nur Grundstücke und reale Grundstücksteilflächen, sondern auch Miteigentumsanteile („**Bruchteilsnießbrauch**") belastet werden. Ferner ist es möglich, an einem Grundstück nur einen sog. **Quotennießbrauch** zu bestellen. Auch können einzelne Rechte an einem Grundstück (z.B. Grundschuld) mit einem Nießbrauch belastet werden. Anders als das Wohnungsrecht kann ein Nießbrauchrecht jedoch nicht an einzelnen Räumen oder Stockwerken bestellt werden, d.h. wenn eine reale Teilfläche eines Grundstücks mit einem Nießbrauch belastet wird, unterliegen grundsätzlich sämtliche vertikal über bzw. unter der in der Karte eingezeichneten Fläche liegende Räume dem Nießbrauch.
- Der Nießbrauch ist ebenso wie die beschränkte persönliche Dienstbarkeit nicht übertragbar und nicht vererblich, allerdings kann die Ausübung einem anderen überlassen werden. Wenn ein Nießbrauch zugunsten mehrerer Personen bestellt wird, ist wiederum deren Berechtigungsverhältnis (i.d.R. Gesamtberechtigung nach § 428 BGB) anzugeben.
- Der Nießbrauchberechtigte hat das dem Nießbrauch unterliegende Grundstück (einschließlich Gebäude) ordnungsgemäß zu bewirtschaften und in seinem Zustand zu erhalten. Demzufolge hat er von Gesetzes wegen alle gewöhnlichen Unterhaltungsmaßnahmen zu tragen. Bei der Einräumung des Nießbrauchs wird vertraglich jedoch üblicherweise vereinbart, dass der Nießbrauchberechtigte nicht nur die gewöhnlichen Kosten und Lasten zu tragen hat, sondern außerdem auch die außergewöhnlichen Kosten und Lasten tragen muss.
- Wenn ein Hausgrundstück oder eine Eigentumswohnung unter Nießbrauchvorbehalt übertragen wird, geht auf den Erwerber praktisch nur die „Hülle des Eigentums" über und sämtliche Nutzungen und Lasten verbleiben beim Veräußerer – wirtschaftlich ändert sich somit für den Veräußerer nichts: Er kann weiterhin das Objekt nutzen, d.h. bewohnen bzw. vermieten, ist weiterhin für alles verantwortlich und muss für alle Kosten aufkommen. Da er das Eigentum jedoch „verloren" hat, kann er das Objekt weder veräußern noch belasten.

III. Reallast

55 Die Reallast ist die dingliche Belastung eines Grundstücks in der Weise, dass an den Berechtigten wiederkehrende Leistungen „aus dem Grundstück" zu entrichten sind (§ 1105 Abs. 1 BGB).

- Diese allgemeine Definition ist irreführend, da es sich bei den wiederkehrenden Leistungen typischerweise gerade nicht um Früchte (Naturalien) des Grundstücks handelt, welche aus dem Grundstück selbst hervorgehen, sondern um Geldleistungen (z.B. Taschengeldzahlungen, Rentenverpflichtungen) oder um aktive Handlungen (z.B. Zaununterhaltungsverpflichtung, Lieferung von elektrischem Strom, Warmwasser, Heizenergie, Wart- und Pflegeverpflichtungen).
  Das Charakteristische der Reallast ist, dass bei Nichterfüllung der abgesicherten Leistung (d.h. Nichtzahlung des vereinbarten Taschengeldes oder Nichtlieferung der vereinbarten Energie oder Nichtvornahme der Pflegeverpflichtung) der Berechtigte gegen den Verpflichteten einen bestimmten oder jedenfalls bestimmbaren Geldanspruch hat (entweder weil von vornherein Geld geschuldet war oder weil wegen Nichtvornahme der aktiven Handlung ein entsprechender Schadensersatzanspruch bestehen kann), für welchen das Grundstück dinglich haftet, d.h. der Berechtigte kann gegen den betreffenden Grundstückseigentümer bei Nichterfüllung die Zwangsvollstreckung in den Grundbesitz betreiben. Auf die einzelnen Leistungen der Reallast sind die Vorschriften entsprechend anzuwenden, welche für Hypothekenzinsen gelten (§ 1107 BGB).
- Neben dieser dinglichen Haftung mit dem belasteten Grundstück haftet der **jeweilige Eigentümer** des betreffenden Grundstücks für die **während der Dauer seines Eigentums** fällig werdenden Leistungen i.d.R. auch **persönlich** (§ 1108 BGB) – außer diese persönliche Haftung ist ausnahmsweise ausgeschlossen.

56 Die Reallast unterscheidet sich von den Grundpfandrechten in zweifacher Hinsicht:

- Zum einen geht es nicht um einen einmaligen, feststehenden Betrag, wegen dessen die Zwangsvollstreckung betrieben werden kann, sondern um regelmäßige (oft monatlich) wiederkehrende Leistungen, wobei die Höhe des damit abgesicherten Geldbetrages zum Zeitpunkt der Bestellung meist nicht bestimmt, sondern nur bestimmbar ist.
- Zum anderen ermöglicht die Grundschuld nur die Zwangsvollstreckung in den belasteten Grundbesitz, während der Berechtigte einer Reallast sowohl in den belasteten Grundbesitz die Zwangsvollstreckung betreiben kann als auch in das sonstige Vermögen des Grundstückseigentümers – letzteres aber nur für die unerfüllten Leistungen, welche während der Dauer seines Eigentums fällig geworden sind.

57 *Hinweis*

In der Praxis ist es auch bei einer Grundschuld so, dass der Grundschuldberechtigte (das ist i.d.R. die Bank) nicht nur in den belasteten Grundbesitz die Zwangsvollstreckung betreiben kann, sondern auch in das sonstige Vermögen des Schuldners – diese weitere Vollstreckungsmöglichkeit hat aber nichts mit der Grundschuld selbst zu tun, sondern ist dem Umstand geschuldet, dass der Grundschuldbesteller (meist) in der Grundschuldbestellungsurkunde auch ein sog. abstraktes Schuldanerkenntnis abgibt und damit dem Gläubiger zugleich (neben der Grundschuld) einen Vollstreckungstitel zur Vollstreckung in das sonstige Vermögen verschafft.

IV. Leibgeding („Leibzucht", „Altenteil", „Auszug")

58 Insbesondere in ländlichen Gegenden findet sich in Abt. II häufig der Eintrag „*Leibgeding*" (oder „*Leibzucht*", „*Altenteil*", „*Auszug*"). Hierbei handelt es sich um eine Zusammenfassung von verschiedenen dinglichen Rechten – üblicherweise umfasst das Leibgeding ein Wohnungsrecht und eine Reallast, wobei durch die Reallast meist Taschengeldzahlungen, Wart- und Pflegeverpflichtungen, Übernahme von Telefonkosten, Versicherungskosten etc. abgesichert werden; manchmal umfasst das Leibgeding auch ein Nießbrauchrecht. Die durch Be-

stellung eines Leibgedings eröffnete Möglichkeit verschiedene Belastungen unter einem Oberbegriff zusammenzufassen, ist in § 49 GBO gesetzlich geregelt.

§ 49 GBO: Altenteil 59

Werden Dienstbarkeiten und Reallasten als Leibgeding, Leibzucht, Altenteil oder Auszug eingetragen, so bedarf es nicht der Bezeichnung der einzelnen Rechte, wenn auf die Eintragungsbewilligung Bezug genommen wird.

Die Zusammenfassung hat zum einen den Vorteil, dass nur unter einer lfd. Nr. ein Recht in 60 Abt. II eingetragen werden muss und das Grundbuch somit nicht überfrachtet wird. Auch ist die Zusammenfassung zu einem Eintrag bzgl. der Grundbuchgebühr kostengünstiger, da es sich kostenrechtlich nur um ein Recht handelt, sodass nur einmal eine sog. 1,0-Gebühr aus der Summe der Einzelrechte anfällt (siehe Rdn 217).

Dass es sich bei dem Leibgeding nur um die sprachliche bzw. räumliche Zusammenfassung mehrerer eigenständiger Rechte handelt, wird manchmal daran im Grundbuch deutlich erkennbar, dass ein Vermerk über die Rangverhältnisse der im Leibgeding zusammengefassten Rechte enthalten ist „*Das im Leibgeding enthaltene Wohnungsrecht hat Rang vor der Reallast*“.

Die im Leibgeding zusammengefassten Rechte müssen mithin nicht zwingend denselben Rang haben. Da die Rangfolge bei Eintragungen in derselben Abteilung des Grundbuchs grundsätzlich durch die Reihenfolge der lfd. Nr. vorgegeben ist, muss bei einem Leibgeding, das unter einer lfd. Nr. mehrere Rechte zusammenfasst, ausdrücklich die Rangfolge vermerkt werden, sofern ein Gleichrang der mit einem Leibgeding zusammengefassten Rechte nicht gewünscht ist.

V. (Auflassungs-)Vormerkung

Das in der Notarpraxis wahrscheinlich am häufigsten vorkommende „Abt. II-Recht“ ist die 61 Auflassungsvormerkung (auch „*Eigentumsübertragungsvormerkung*“ genannt).

- Die Auflassungsvormerkung sichert den Anspruch des Erwerbers gegenüber dem Veräußerer auf Übertragung des Eigentums an dem betreffenden Grundstück oder einer Teilfläche des Grundstücks oder einem Miteigentumsanteil.
  Neben der klassischen Auflassungsvormerkung des Erwerbers kommt in der Notarpraxis auch die sog. Rückauflassungsvormerkung häufig vor. Diese sichert ebenfalls den Anspruch auf Übertragung des Eigentums, allerdings mit dem Unterschied, dass der Rückauflassungsvormerkungsberechtigte seinerseits einmal Eigentümer des betreffenden Grundstücks war und dieses bei Eintritt bestimmter Umstände (z.B. Verstoß gegen eine Obliegenheit, Vorversterben, Insolvenz des Erwerbers etc.) zurückverlangen kann.
  Anders als bei den anderen in Abt. II einzutragenden Rechten handelt es sich bei der Auflassungsvormerkung um kein dingliches Recht, sondern um ein **Sicherungsmittel eigener Art.** Die Vormerkung ist in ihrer Wirksamkeit und ihrem Bestand davon abhängig, dass der Erwerber gegenüber dem Veräußerer einen wirksamen Anspruch auf Eigentumsübertragung hat.
- Anders als man es sich landläufig vorstellt oder es oft vereinfacht erklärt wird, stellt die Auflassungsvormerkung **keine Verfügungssperre** dar, d.h. die Eintragung der Auflassungsvormerkung bewirkt nicht, dass das Grundbuch hinsichtlich des belasteten Grundstücks „abgesperrt“ wird und keine weiteren Eintragungen möglich wären oder die Übertragung des Eigentums an einen Dritten ausgeschlossen wäre. Die spezifische Wirkung der Auflassungsvormerkung besteht vielmehr darin, dass sämtliche Eintragungen, die nach Eintragung der Auflassungsvormerkung vorgenommen worden sind, dem Berechtigten der Auflassungsvormerkung gegenüber unwirksam sind.
  - Der Auflassungsvormerkungsberechtigte kann also dann, wenn er Eigentümer geworden ist, die Löschung der ihm gegenüber unwirksamen Belastungen verlangen.
  - Auch kann der Auflassungsvormerkungsberechtigte verlangen, dass er überhaupt erst als Eigentümer in das Grundbuch eingetragen wird, falls zwischenzeitlich eine andere

Person im Grundbuch als Eigentümer eingetragen worden ist, d.h. der Auflassungsvormerkungsberechtigte kann von dieser dritten Person die Zustimmung zur Eintragung von seiner eigenen Person als Eigentümer verlangen.

- Neben der in der Notarpraxis mit Abstand am häufigsten vorkommenden Auflassungsvormerkung gibt es aber noch vielfältige andere (selten vorkommende) Vormerkungsarten. Eine Vormerkung kann nämlich zur Absicherung von jedem Anspruch auf Einräumung eines anderen dinglichen Rechts an einem Grundstück oder an einem das Grundstück belastenden Recht bestellt werden.
  - So kann beispielsweise eine Vormerkung zur Sicherung des Anspruchs auf Einräumung eines Wasserleitungsrechts oder eines Photovoltaikanlagenbetriebsrechts im Grundbuch eingetragen werden. Derartige Vormerkungen werden jeweils in der Abteilung (und Spalte) des Grundbuchs eingetragen, welche für das endgültige Recht bestimmt ist – mithin wird eine Vormerkung zur Absicherung eines Rechts auf Eintragung z.B. einer beschränkten persönlichen Dienstbarkeit in Abt. II und eine Vormerkung zur Sicherung eines Rechts auf Eintragung einer Grundschuld in Abt. III eingetragen; die Eintragung einer derartigen Vormerkung erfolgt dann aber nicht über die ganze Spalte wie bei der Auflassungsvormerkung, sondern nur „halbspaltig" (siehe Eintragung im Grundbuchblatt 2390, **Anlage 4a** in Abt. II unter lfd. Nr. 4, Anhang Rdn 26–32).
  - Sonstige Vormerkungen wie z.B. Löschungsvormerkungen werden jeweils in der für Veränderungen bestimmten Spalte der Abteilung (also Abt. II oder III) eingetragen, in der das von der Vormerkung betroffene Recht eingetragen ist.

VI. Vorkaufsrecht

62 Das dingliche Vorkaufsrecht ist das Recht des Vorkaufsberechtigten, ein Grundstück vom Grundstückseigentümer (= Vorkaufsverpflichteten) zu denselben Bedingungen zu erwerben, zu denen der betreffende Grundstückseigentümer es zuvor an einen Dritten formwirksam verkauft hat (§ 1094 BGB).

1. Vorkaufsrecht ≠ Ankaufsrecht

63 Entgegen der häufig verbreiteten Fehlvorstellung gibt das Vorkaufsrecht dem Vorkaufsberechtigten keine Sicherheit, dass er jemals das mit einem Vorkaufsrecht belastete Grundstück erwerben kann, da er keinen Einfluss darauf hat, ob der Vorkaufsverpflichtete das Grundstück jemals verkauft. Wechselt das Eigentum in anderer Weise als durch Kauf (z.B. durch Erbfall, im Wege der Vermächtniserfüllung oder im Rahmen einer Schenkung/Übergabe) stellt dies **keinen Vorkaufsfall** dar und das Vorkaufsrecht kann nicht ausgeübt werden.

Wünscht der Berechtigte, ein Grundstück in jedem Fall, in welchem das Eigentum (warum auch immer) auf eine andere Person übergeht, erwerben zu können, muss ein (im BGB nicht näher geregeltes) **Ankaufsrecht** vereinbart werden, welches dann durch eine „normale" Auflassungsvormerkung zu sichern ist.

2. Verschiedene Varianten eines dinglichen Vorkaufsrechts

64 Bei dem dinglichen Vorkaufsrecht gibt es **verschiedene Varianten**:

- Das dingliche Vorkaufsrecht kann entweder für **eine oder mehrere (natürliche oder juristische) Personen** (= „**subjektiv-persönliches Vorkaufsrecht**") oder für den jeweiligen Grundstückseigentümer („**subjektiv-dingliches Vorkaufsrecht**") bestellt werden. Das „subjektiv-persönliche" Vorkaufsrecht ist – sofern nichts anderes vereinbart ist – nicht übertragbar und nicht vererblich, jedoch kann es übertragbar und vererblich ausgestaltet werden.
- Das dingliche Vorkaufsrecht kann für den **ersten** das Vorkaufsrecht auslösenden Vorkaufsfall bestellt werden (mit der Folge, dass es erlischt, wenn es nicht ausgeübt worden ist), oder für **alle** Vorkaufsfälle (mit der Folge, dass es bestehen bleibt, auch wenn es bei der ersten Ausübungsmöglichkeit nicht ausgeübt worden ist).

- Damit der Vorkaufsberechtigte im Falle des Vorkaufsfalls entscheiden kann, ob er sein Vorkaufsrecht ausüben will oder nicht, muss ihm der Inhalt des zwischen Grundstückseigentümer und Drittem abgeschlossenen Kaufvertrages mitgeteilt werden. Die Ausübungsfrist beträgt – sofern nichts Abweichendes vereinbart ist – zwei Monate ab Mitteilung. Übt der Vorkaufsberechtigte sein Vorkaufsrecht aus, kommt zwischen dem Vorkaufsverpflichteten (= Grundstückseigentümer) und Vorkaufsberechtigten ein Kaufvertrag mit dem Inhalt zustande, wie er zwischen dem Verpflichteten und dem Dritten vereinbart worden ist. Heben Grundstückseigentümer und Drittkäufer einvernehmlich den Kaufvertrag nunmehr auf oder wird ein für diesen Fall vorgesehenes Rücktrittsrecht ausgeübt, ändert dies gleichwohl nichts an dem wirksamen Zustandekommen des Kaufvertrages zwischen dem Grundstückseigentümer und dem Vorkaufsberechtigten.
- Das dingliche Vorkaufsrecht hat ab Eintritt des Vorkaufsfalles die dingliche Wirkung einer Auflassungsvormerkung, d.h. alle Eintragungen im Grundbuch, welche **zeitlich nach Eintritt des Vorkaufsfalles** erfolgt sind, sind gegenüber dem Vorkaufsberechtigten schwebend unwirksam. Anders als bei der Auflassungsvormerkung sind beim dinglichen Vorkaufsrecht nicht alle Eintragungen, welche Rang nach dem Vorkaufsrecht haben, dem Vorkaufsberechtigten gegenüber schwebend unwirksam, sondern nur diejenigen, welche erst nach Eintritt des Vorkaufsfalles eingetragen worden sind.

> *Hinweis: „Das Vorkaufsrecht als Falle“* 65
>
> Das Vorkaufsrecht wirkt wie eine „Falle“: Hat sie einmal zugeschnappt, ist es passiert und man kann das Zuschnappen nicht mehr (ohne Zustimmung des Vorkaufsberechtigten) rückgängig machen. Ob die Falle allerdings jemals zuschnappen wird, mithin „die Beute in die Falle geht“, ist ungewiss.

VII. Miteigentümervereinbarung

Wenn das Grundstück mehreren Personen zu Miteigentum gehört, können diese Miteigentü- 66
mer untereinander eine dingliche Vereinbarung treffen. Derartige Vereinbarungen können entweder die Verwaltung oder Benutzung des Grundstücks betreffen (z.B. die Zuweisung der ausschließlichen Nutzung einzelner Räume oder einer abgeschlossenen Wohnung an einen Miteigentümer) oder das von Gesetzes wegen bestehende Recht, die Aufhebung der Gemeinschaft zu verlangen (§ 749 Abs. 1 BGB), ausschließen oder beschränken. Eine klassische im Grundbuch eingetragene Miteigentümervereinbarung lautet etwa wie folgt:

„Belastung jedes Anteils zugunsten der derzeitigen Miteigentümer: Ausschluss der Aufhebung der Gemeinschaft nach § 1010 BGB; gemäß Bewilligung vom (...) – UVZ-Nr. (...) Notar (...); eingetragen am (...), Huber“

VIII. Erbbaurecht

Wird ein Erbbaurecht an einem Grundstück bestellt, wird für das Erbbaurecht ein neues Erb- 67
baugrundbuchblatt angelegt. Gleichzeitig muss das Erbbaurecht aber auch an dem Grundstück, das mit dem Erbbaurecht belastet ist (Erbbaugrundstück) als Belastung in Abt. II eingetragen werden.

Ein Erbbaurecht kann nur bestellt werden, wenn es als Belastung des Erbbaugrundstücks an erster Rangstelle im Grundbuch eingetragen werden kann – d.h., dem Erbbaurecht dürfen weder in Abt. II noch in Abt. III irgendwelche Rechte im Rang vorgehen. Sind zum Zeitpunkt der Bestellung des Erbbaurechts bereits Rechte in Abt. II oder III an dem betreffenden Grundstück im Grundbuch eingetragen, benötigt man einen Rangrücktritt dieser Rechte gegenüber dem Erbbaurecht.

IX. Vermerke

1. Zwangsversteigerungsvermerk / Zwangsverwaltungsvermerk

68 Durch die Anordnung der Zwangsversteigerung gilt das betreffende Grundstück gegenüber dem die Zwangsversteigerung betreibenden Gläubiger als beschlagnahmt und unterliegt damit zugunsten dieses Gläubigers einem Veräußerungsverbot. Damit geht zwar keine Grundbuchsperre einher, d.h. der Grundstückseigentümer kann (theoretisch) weiterhin über sein Grundstück verfügen oder dieses sogar veräußern, jedoch hat ein Eigentümerwechsel, welcher nach Beschlagnahme (und Eintragung des Verfügungsverbots im Grundbuch) erfolgt, keinen Einfluss auf den Fortgang des Zwangsversteigerungsverfahrens. In der Konsequenz würde bei einer zwischenzeitlich erfolgten Eigentumsumschreibung der neue Eigentümer mit Zuschlagbeschluss das Eigentum an dem Grundstück wieder verlieren.

Ist im Grundbuch eines zu verkaufenden Grundstücks ein Zwangsversteigerungsvermerk eingetragen, müssen demzufolge zwingend die Gläubiger, die das Zwangsversteigerungsverfahren betreiben, in die Kaufvertragsabwicklung eingebunden werden, damit sichergestellt ist, dass das Versteigerungsverfahren eingestellt und der Vermerk gelöscht wird und der Käufer dauerhaft Eigentum an dem betreffenden Grundbesitz erwerben kann. Ähnliches gilt bei einem eingetragenen Zwangsverwaltungsvermerk.

2. Insolvenzverfahrensvermerk

69 Mit der Eröffnung des Insolvenzverfahrens geht das Verwaltungs- und Verfügungsrecht über das Vermögen des Insolvenzschuldners auf den Insolvenzverwalter über, d.h., obwohl der Insolvenzschuldner weiterhin Eigentümer des Grundbesitzes ist, ist er über den Grundbesitz nicht mehr verfügungsbefugt. Ist im Grundbuch ein Insolvenzvermerk eingetragen, muss folglich zwingend der Insolvenzverwalter an jeder Urkunde mitwirken, welche eine Verfügung über den betreffenden Grundbesitz (wie z.B. Verkauf, Bestellung einer Dienstbarkeit) darstellt. Der Insolvenzverwalter handelt dabei nicht als Vertreter des Insolvenzschuldners, sondern als Partei kraft Amtes, mithin in seiner Eigenschaft als Insolvenzverwalter über das Vermögen des Insolvenzschuldners. Wer Insolvenzverwalter ist, geht nicht aus dem Grundbuch hervor. Der Insolvenzverwalter muss seine Berechtigung durch Vorlage seiner Bestallungsurkunde nachweisen.

3. Testamentsvollstreckungsvermerk

70 Ist im Grundbuch ein Testamentsvollstreckungsvermerk eingetragen, gilt Ähnliches wie bei einem eingetragenen Insolvenzvermerk, da dann nicht der in Abt. I eingetragene Eigentümer, sondern nur der Testamentsvollstrecker verfügungsbefugt ist. Wer Testamentsvollstrecker ist, geht nicht aus dem Grundbuch hervor, vielmehr hat sich der Testamentsvollstrecker durch sein Testamentsvollstreckerzeugnis zu legitimieren.

Ein Testamentsvollstreckungsvermerk wird dann im Grundbuch eingetragen, wenn der frühere Eigentümer verstorben ist und er in seinem Testament Testamentsvollstreckung angeordnet hat. Durch die Anordnung der Testamentsvollstreckung wird dem Erben die Verfügungsbefugnis über den Nachlass genommen und auf den Testamentsvollstrecker übertragen. Dieser handelt (ähnlich wie der Insolvenzverwalter) als Partei kraft Amtes in seiner Eigenschaft als Testamentsvollstrecker über den Nachlass des Verstorbenen.

4. Nacherbenvermerk

71 Der Nacherbenvermerk setzt ähnlich wie der Testamentsvollstreckungsvermerk voraus, dass der frühere Eigentümer verstorben ist und in seinem Testament eine bestimmte Verfügung dergestalt getroffen hat, dass er den Erben nicht zum Vollerben, sondern nur zum Vorerben eingesetzt hat und eine oder mehrere andere Personen zum Nacherben. Hat der Erblasser eine derartige Vor-/Nacherbschaft angeordnet, unterliegt der Vorerbe Verfügungsbeschränkungen, wobei es hinsichtlich des Grundbesitzes zwei verschiedene „Stufen" von Verfügungsbeschränkungen gibt:

- Sofern **nichts weiter bestimmt** ist, unterliegt der Vorerbe hinsichtlich des im Nachlass befindlichen Grundbesitzes einer **umfassenden Verfügungsbeschränkung**, mit der Folge, dass der Vorerbe die Zustimmung des Nacherben zu jeglicher Verfügung über ein Grundstück oder über ein Recht an einem Grundstück bedarf, damit die Verfügung auch gegenüber dem Nacherben wirksam ist.
- Ist der **Vorerbe befreit** (dies ist dann auch so im Grundbuch eingetragen), bedarf der Vorerbe grundsätzlich nicht der Zustimmung des Nacherben, sondern nur dann, wenn er eine unentgeltliche oder teilentgeltliche Verfügung vornehmen möchte, die dem Nacherben gegenüber wirksam sein soll.

Das mit der Anordnung von Vor-/Nacherbschaft einhergehende Verfügungsverbot des Vorerben stellt jedoch wiederum keine Grundbuchsperre dar, d.h. auch die durch einen nichtbefreiten Vorerben erklärte Auflassung des Grundstücks an einen Dritten würde im Grundbuch vollzogen werden und der Dritte würde zunächst Eigentümer werden, jedoch ist dieser Eigentumserwerb gegenüber dem Nacherben bei Eintritt des Nacherbfalles unwirksam.

5. Vermerke nach dem BauGB (insbesondere Sanierungsgebiet, Umlegungsgebiet)

Weitere hin und wieder vorkommende Vermerke in Abt. II sind der sog. Sanierungsvermerk 72 („*Die Sanierung wird durchgeführt, gemäß Ersuchen der Stadt (…) vom (…); eingetragen am (…), Huber*“) oder der Umlegungsvermerk. Diese Vermerke haben ihren rechtlichen Ursprung im Baugesetzbuch (BauGB) und werden dann im Grundbuch eingetragen, wenn das betreffende Grundstück im Geltungsbereich eines förmlich festgesetzten Sanierungs- oder Umlegungsgebiets liegt. Bei diesen Vermerken handelt es sich – anders als bei den oben genannten – um eine echte Grundbuchsperre mit der Folge, dass das Grundbuchamt ohne Zustimmung der zuständigen Stelle keine Rechtsänderung in das Grundbuch eintragen darf.

6. Widersprüche

Steht das Grundbuch mit der wirklichen Rechtslage nicht im Einklang, kann gemäß § 899 73 BGB ein Widerspruch gegen die Richtigkeit des Grundbuchs eingetragen werden.

- Der Widerspruch bewirkt eine vorläufige Regelung zugunsten desjenigen, der aufgrund eines bereits bestehenden dinglichen Rechts einen Anspruch auf Berichtigung des Grundbuchs hat. Der Widerspruch hat eine Schutzfunktion, stellt jedoch keine Verfügungsbeschränkung und damit erst recht keine Grundbuchsperre dar.
- Die Wirkung des Widerspruchs besteht darin, dass er den öffentlichen Glauben des Grundbuchs (§ 892 BGB) als Grundlage für den gutgläubigen Erwerb zerstört (siehe Rdn 103).
- Der Widerspruch wird gemäß § 899 Abs. 2 BGB aufgrund einer einstweiligen Verfügung oder einer Bewilligung desjenigen, dessen Recht durch die Berichtigung des Grundbuchs betroffen ist, eingetragen (siehe Rdn 166 ff.).
- Besteht die Grundbuchunrichtigkeit, weil das Grundbuchamt bei der Eintragung gesetzliche Vorschriften verletzt hat, und ist zu befürchten, dass aufgrund der unrichtigen Eintragung gutgläubig Rechte erworben werden, ist gemäß § 53 GBO von Amts wegen ein Widerspruch in das Grundbuch einzutragen.

X. Fragen zu Teil C „Eintragungen in Abt. II“

1. Welche zwei verschiedenen Arten von Dienstbarkeiten gibt es und worin unterscheiden sich diese? 74
2. Bei welcher Art von Dienstbarkeiten gibt es Aktivvermerke bzw. Herrschvermerke? Was ist ein Aktivvermerk bzw. Herrschvermerk? Was ist die Folge bei Fehlen eines Aktivvermerks bzw. Herrschvermerks?
3. Worin unterscheidet sich die Reallast von der Dienstbarkeit? Was geht abstrakt mit einem größeren Risiko einher?

4. Durch welches Rechtsinstitut kann man die Verpflichtung des Eigentümers gegenüber der Stadt absichern, dass er auf seinem Grundstück eine Photovoltaikanlage errichtet und betreibt?
5. Was wird durch eine Photovoltaikanlagendienstbarkeit üblicherweise abgesichert?
6. Kann der Ausübungsbereich eines Nießbrauchrechts und/oder eines Wohnungsrechts auf einzelne Räume eines Gebäudes beschränkt werden?
7. Was haben Reallast und Grundpfandrechte gemeinsam und worin unterscheiden sie sich?
8. Was wird durch eine Auflassungsvormerkung gesichert?
9. Handelt es sich bei der Auflassungsvormerkung um eine Verfügungssperre? Wie wirkt die Auflassungsvormerkung?
10. Welche verschiedenen Arten eines dinglichen Vorkaufsrechts gibt es in Bezug auf die Person des Berechtigten?
11. Welche verschiedenen Arten eines dinglichen Vorkaufsrechts gibt es in Bezug auf die Häufigkeit der Ausübbarkeit und wie wirkt sich dieser Unterschied bei der Abwicklung von Kaufverträgen aus, wenn in Abt. II ein derartiges Vorkaufsrecht eingetragen ist?
12. Welche Vermerke kennen Sie, die in Abt. II eingetragen sein können und was bedeuten sie?
13. Sehen Sie das Grundbuchblatt 847 (Anlage 2, Anhang Rdn 8–18) ein. Welche Grundstücke sind derzeit wie in Abt. II belastet? Beschreiben Sie dabei auch das Rangverhältnis.

D. Überblick über die häufigsten Eintragungen in Abt. III und deren Bedeutung

I. Buchgrundschuld als häufigste Abt. III - Belastung

75 Die Grundschuld gewährt dem Grundschuldgläubiger (das ist i.d.R. die Bank) das Recht, in den Pfandgegenstand (= der Grundbesitz, der mit der Grundschuld belastet ist) die Zwangsvollstreckung zu betreiben, mithin insbesondere den Pfandgegenstand zwangsversteigern zu lassen und sich aus dem Versteigerungserlös bis maximal zum Grundschuldnennbetrag nebst Zinsen und Nebenleistungen zu befriedigen.

1. Grundschuld als Kreditsicherungsmittel

76 Durch die Grundschuld wird die Rückzahlung eines Kredites rechtlich abgesichert.

- Wenn die Bank einem Kunden einen Kredit z.B. zum Erwerb eines Hauses gewährt, schließen die Bank und der Kunde einen Darlehensvertrag, in welchem genau festgelegt ist, welchen Darlehenszins der Kunde für den gewährten Kredit zu bezahlen hat und in welchen monatlichen Raten der Kredit zurückzuzahlen ist.
- Aufgrund des Darlehensvertrages hat die Bank nach erfolgter Auszahlung des Kredits gegen den Kunden einen Anspruch auf Rückzahlung des Darlehens und könnte den Kunden bei Nichtzahlung auf Rückzahlung verklagen.
- Der Darlehensvertrag bietet der Bank jedoch keine Sicherheit dahingehend, dass ihr Kunde zum Zeitpunkt der geschuldeten Darlehensrückzahlung überhaupt noch über ausreichende liquide Mittel verfügt, um den Kredit zurückzuzahlen. Um die Bank gegen das Risiko, dass ihr Kunde später kein Vermögen mehr hat, abzusichern, lässt sich die Bank am Grundbesitz ihrer Kunden zu ihren Gunsten eine Grundschuld bestellen. Durch die Grundschuld hat die Bank „die Hand auf dem Objekt", da sie sich (wenn ihre Grundschuld an erster Rangstelle eingetragen ist) aus dem Wert des Pfandobjekts (= Grundbesitz) mittels Zwangsversteigerung befriedigen kann, während alle anderen Gläubiger des Kunden immer nur im Rang nach der Bank auf den betreffenden Grundbesitz zugreifen können. Hat der Kunde beispielsweise Schulden beim Finanzamt und lässt das Finanzamt demzufolge eine Zwangssicherungshypothek am Grundbesitz eintragen, so geht die zuvor zugunsten der Bank bereits eingetragene Grundschuld der Zwangssicherungshypothek im Rang vor, mit der Folge, dass bei einer vom Finanzamt betriebenen Zwangsversteigerung erst die Bank aus dem Versteigerungserlös vollständig (bis maximal zur einge-

tragenen Höhe der Grundschuld samt Zinsen und Nebenleistungen) abgefunden wird und das Finanzamt dann ggf. leer ausgeht.

- Häufig wird die Grundschuld gerade an dem Grundbesitz bestellt, zu dessen Finanzierung bei der Bank ein Kredit aufgenommen worden ist, aber das ist nicht zwingend so. Der Kredit, zu dessen Absicherung die Grundschuld bestellt wird, und die Grundschuld selbst haben rechtlich nichts miteinander zu tun, d.h. Kredit und Grundschuld sind rechtlich voneinander unabhängig. Dies mag auf den ersten Blick überraschen, hat aber bei näherer rechtlicher Betrachtung seinen Sinn. Weil Kredit und Grundschuld unabhängig voneinander sind, erlischt die Grundschuld nicht mit Rückzahlung des Kredits, sondern existiert rechtlich selbst dann in voller Höhe, wenn der gesamte Kredit zurückbezahlt ist. Natürlich darf die Bank gegen ihren Kunden aus der Grundschuld nicht vorgehen, wenn dieser seine Zins- und Tilgungsleistungen pünktlich erbringt bzw. alle Schulden vollständig getilgt hat. Dass die Bank in diesem „Normalfall" nicht aus der Grundschuld gegen den Eigentümer vorgehen darf, folgt aber nicht aus der Grundschuld oder dem Darlehensvertrag selbst, sondern aus der sog. Sicherungsabrede (auch Zweckabrede oder Zweckbestimmung oder Zweckbestimmungserklärung genannt).

2. Sicherungsabrede

Bei der Sicherungsabrede handelt es sich um eine Vereinbarung zwischen Bank und Siche- 77
rungsgeber (= i.d.R. der Kreditnehmer), in welcher genau festgelegt ist, welche Verbindlichkeiten durch die Grundschuld gesichert werden und welche Rechte der Sicherungsgeber hat, wenn er alle durch die Grundschuld gesicherten Verbindlichkeiten getilgt hat. Nach Tilgung aller Verbindlichkeiten hat der Sicherungsgeber regelmäßig das Recht entweder die Löschung der Grundschuld oder die Übertragung der Grundschuld (auf sich oder einen Dritten) oder den Verzicht auf die Grundschuld zu verlangen.

Weil die Grundschuld somit auch ohne gesicherte Verbindlichkeiten rechtlich fortbesteht, bleibt sie häufig auch dann im Grundbuch eingetragen, wenn der Eigentümer aktuell keine Schulden hat; benötigt er nämlich irgendwann in der Zukunft noch einmal einen Kredit von derselben Bank, kann die Grundschuld ohne Zusatzkosten (d.h. ohne erneute Notar- bzw. Grundbuchkosten) als Sicherheit verwendet werden.

3. Bestellungsurkunde

Die Buchgrundschuld wird (wie auch sämtliche sonstigen dinglichen Rechte) **durch dingliche** 78
Einigung im Sinne des § 873 BGB und Eintragung im Grundbuch bestellt (siehe Rdn 225 ff.).

- Materiell-rechtlich gibt es hierfür kein Formerfordernis (anders als bei Grundstücksübertragungen); lediglich die Bewilligungserklärung des Grundstückseigentümers bedarf der öffentlich-beglaubigten Form (siehe Rdn 173). Für die Bestellung einer Grundschuld würde somit an sich eine unterschriftsbeglaubigte Erklärung des Grundstückseigentümers genügen. In den allermeisten Fällen soll aber nicht einfach nur eine Buchgrundschuld bestellt werden, sondern der Grundstückseigentümer soll den Pfandgegenstand (= Grundstück) **der sofortigen Zwangsvollstreckung unterwerfen**, damit die Bank im Fall der Fälle aus der Grundschuldbestellungsurkunde direkt die Zwangsvollstreckung gegen den Grundstückseigentümer betreiben kann und diesen nicht erst noch auf Duldung der Zwangsvollstreckung verklagen muss. Die Zwangsvollstreckungsunterwerfungserklärung bedarf (anders als die eigentliche Grundschuldbestellung) der notariellen Beurkundung (§ 794 Abs. 1 Nr. 5 ZPO). Da Banken im absoluten Regelfall immer eine sofort vollstreckbare Grundschuld haben wollen, muss die Grundschuldbestellungsurkunde folglich beurkundet werden. Ob eine Grundschuld mit oder ohne Zwangsvollstreckungsklausel bestellt worden ist, kann man direkt aus dem Grundbucheintrag erkennen, da die sofortige Vollstreckbarkeit im Grundbuch mit den Worten „*vollstreckbar gemäß § 800 ZPO*" vermerkt wird.

- Darüber hinaus enthalten die (beurkundeten) Grundschuldbestellungsurkunden neben der eigentlichen Grundschuldbestellung i.d.R. noch ein sog. **abstraktes Schuldanerkenntnis mit sofortiger Zwangsvollstreckungsunterwerfung**. Dieses gibt dem Gläubiger die Möglichkeit im Fall der Fälle nicht nur in den Grundbesitz die Zwangsvollstreckung betreiben zu können, sondern auch in das sonstige Vermögen desjenigen, der das abstrakte Schuldanerkenntnis abgegeben hat (z.B. durch Gehaltspfändung, Pfändung von Bankguthaben, Versicherungsleistungen etc.).

4. Abtretung, Löschung, Pfandfreigabe

79 Da Grundschulden (anders als Hypotheken) nicht eine konkrete Verbindlichkeit sichern und damit in ihrer rechtlichen Existenz von den zu sichernden Verbindlichkeiten unabhängig sind (die Verbindung wird ja nur mittelbar über die Sicherungsabrede hergestellt), können Grundschulden ähnlich wie „aufladbare Batterien" immer wieder zur Absicherung von neuen Krediten herangezogen werden, ohne dass die Eintragung im Grundbuch geändert werden müsste.

a) Abtretung

80 Soll durch die Grundschuld allerdings ein Kredit bei einer anderen Bank abgesichert werden, ist es nötig, dass die Grundschuld an die andere Bank abgetreten wird. Bei der Abtretung handelt es sich um einen Vertrag zwischen dem bisherigen Gläubiger (= alte Bank) und dem neuen Gläubiger (= neue Bank). Die Abtretung einer Buchgrundschuld wird erst mit Eintragung im Grundbuch wirksam, wobei grundbuchverfahrensrechtlich nur die Erklärung des abtretenden Gläubigers (= alte Bank) der öffentlich-beglaubigten Form bedarf. Die Zustimmung des Eigentümers ist zur Abtretung nicht erforderlich.

Da Banken in der Regel immer den vollstreckbaren Titel „griffbereit in der Schublade" haben wollen, wird im Rahmen der Abtretung der Grundschuld die vollstreckbare Ausfertigung der Grundschuldbestellungsurkunde oft (bzw. immer öfter) an den Notar, der diese beurkundet hat, zurückgeschickt, verbunden mit dem Antrag die Vollstreckungsklausel, die noch auf den alten Gläubiger lautet, auf den neuen Gläubiger umzuschreiben (sog. Umschreibung der Vollstreckungsklausel).

b) Löschung

81 Zur Löschung der Grundschuld bedarf es materiell-rechtlich der (formlosen) Aufgabeerklärung des Grundschuldgläubigers gemäß § 875 Abs. 1 BGB sowie gemäß § 1183 BGB i.V.m. § 1192 Abs. 1 BGB der formlosen Eigentümerzustimmung sowie der Eintragung der Löschung im Grundbuch.

Grundbuchverfahrensrechtlich bedarf es der Löschungsbewilligung i.S.d. § 19 GBO des aktuellen Grundschuldgläubigers in der Form des § 29 GBO sowie der Eigentümerzustimmung gemäß § 27 GBO, jeweils in der Form des § 29 GBO.

c) Pfandfreigabe

82 Die Entlassung eines Grundstücks aus der Mithaft, insbesondere eine ausdrücklich als Pfandfreigabe (auch Pfandentlassung genannt) bezeichnete Erklärung stellt materiell-rechtlich eine Verzichtserklärung i.S.d. § 1168 (i.V.m. § 1192 Abs. 1 BGB) dar. Gemäß § 1175 Abs. 1 S. 2 BGB hat die Verzichtserklärung des Gläubigers zur Folge, dass die Hypothek bzw. Grundschuld an dem Grundstück, welches aus der Mithaft entlassen worden ist, erlischt. Da es sich bei der Pfandfreigabe um keine Aufhebungserklärung i.S.d. § 1183 BGB handelt, bedarf es auch nicht der Eigentümerzustimmung und zwar weder materiell-rechtlich i.S.d. § 1183 BGB noch grundbuchverfahrensrechtlich i.S.d. § 27 GBO.

II. Briefgrundschuld

83 Eine Briefgrundschuld wird ähnlich wie eine Buchgrundschuld durch Einigung und Eintragung des Grundschuldgläubigers im Grundbuch erstmalig bestellt; zusätzlich bedarf es jedoch

der Ausstellung eines Grundschuldbriefs durch das Grundbuchamt und der **Übergabe dieses Grundschuldbriefs an den Gläubiger**.

Der **Vorteil der Briefgrundschuld** besteht darin, dass eine Abtretung der Briefgrundschuld ohne Eintragung des neuen Grundschuldgläubigers im Grundbuch möglich ist und der aktuelle Grundschuldgläubiger anonym gehalten werden kann.

Für die **Abtretung** einer Briefgrundschuld genügt nämlich die dingliche Einigung in Schriftform und die Übergabe des Grundschuldbriefs (§§ 1154 Abs. 1 S. 1, 1192 Abs. 1 BGB). Die Eintragung der Abtretung im Grundbuch ist nicht erforderlich. Im Umkehrschluss bedeutet dies, dass mit wirksamer Abtretung der Briefgrundschuld das Grundbuch hinsichtlich des dort vermerkten Grundschuldgläubigers unrichtig geworden ist. Die Eintragung des neuen Grundschuldgläubigers ist möglich, aber nicht zwingend nötig und wird in der Regel nicht vorgenommen, da andernfalls die Vorteile der Briefgrundschuld, nämlich dass sie kostengünstig (ohne Grundbucheintrag) abgetreten werden kann, und dass der Grundschuldgläubiger, an den abgetreten wird, geheim gehalten werden kann, wieder zunichte gemacht würden.

Die **Legitimationsgrundlage**, an welche auch die Wirkung des gutgläubigen Erwerbs anknüpft, sind bei der Briefgrundschuld der Besitz des Grundschuldbriefs und eine ununterbrochene Kette öffentlich-beglaubigter Abtretungserklärungen, welche auf den im Grundbuch eingetragenen Grundschuldgläubiger zurückführt.

III. Hypothek

Die Hypothek unterscheidet sich von der Buchgrundschuld dadurch, dass sie gerade nicht unabhängig von dem zu sichernden Kredit ist, sondern zwingend auf eine ganz konkrete Verbindlichkeit bezogen ist. Im juristischen Fachjargon sagt man dazu: Die Hypothek ist akzessorisch bzw. die Hypothek ist ein akzessorisches Sicherungsmittel. 84

Existiert die Verbindlichkeit nicht oder wurde sie getilgt, existiert auch die Hypothek nicht (mehr) bzw. steht jedenfalls nicht mehr dem Gläubiger zu. Die Hypothek kann man demzufolge mit einer „Einwegbatterie“ vergleichen, die nach ihrem einmaligen Gebrauch nicht (für andere Kredite) wieder verwendbar ist. Da die Hypothek immer an eine konkrete Verbindlichkeit „angedockt“ ist, kann die Hypothek (anders als die Grundschuld) auch nicht isoliert abgetreten werden. Abgetreten werden kann lediglich die Verbindlichkeit, welche durch die Hypothek abgesichert wird, mit der Folge, dass auch die Hypothek auf den neuen Gläubiger übergeht (§§ 1153 Abs. 1, 1192 Abs. 1 BGB).

Gerade weil Hypotheken nur einmal verwendbar sind, haben sie in der Rechtspraxis jedenfalls im Bankenverkehr weitgehend ihre Bedeutung verloren. Anders stellt sich die Sachlage jedoch dann dar, wenn Gläubiger nicht eine Bank ist, sondern eine natürliche Person. Hier wird in der Rechtspraxis häufig auf die Hypothek zurückgegriffen, weil diese aufgrund ihrer „Akzessorietät“ weniger gefährlich ist als die Grundschuld.

IV. Fragen zu Teil D „Eintragungen in Abt. III“

1. Sehen Sie Abt. III von Grundbuchblatt 847 (**Anlage 2**, Anhang Rdn 8 ff.) ein. Um welche Art von Grundpfandrechten handelt(e) es sich jeweils? 85
2. Sehen Sie Abt. III von Grundbuchblatt 847 (**Anlage 2,** Anhang Rdn 11 ff.) ein. Wie ist der Umstand zu erklären, dass die ursprünglichen Beträge jeweils unterstrichen sind und darunter ein anderer Betrag genannt ist?
3. Wer ist jeweils aktuell Gläubiger bzw. wer war Gläubiger der im Grundbuchblatt 847 (**Anlage 2**, Anhang Rdn 8 ff.) eingetragenen bzw. ehemals eingetragenen Grundpfandrechte?
4. Ist es möglich, dass eine der im Grundbuchblatt 847 (**Anlage 2,** Anhang Rdn 8 ff.) in Abt. III eingetragenen Grundschulden zwischenzeitlich wirksam an einen anderen Grundschuldgläubiger abgetreten war, ohne dass dies aus dem Grundbuch erkennbar ist?
5. An welchen Grundstücken lasten bzw. lasteten die Grundschulden an der Blattstelle 847 (**Anlage 2,** Anhang Rdn 8 ff.) jeweils?

6. Wie viele Grundpfandrechte bestanden am 1.7.2013 an der Grundbuchblattstelle 847 (**Anlage 2**, Anhang Rdn 8 ff.) und zu wessen Gunsten?
7. Listen Sie die aktuell an der Grundbuchblattstelle 847 (**Anlage 2,** Anhang Rdn 8 ff.) bestehenden Grundschulden in ihrer Rangfolge auf.
8. Bei welchen an der Grundbuchblattstelle 847 (**Anlage 2,** Anhang Rdn 8 ff.) eingetragenen Grundpfandrechten handelt bzw. handelte es sich um Gesamtgrundpfandrechte?
9. Welche Veränderungen hat die im Grundbuchblatt 847 (**Anlage 2,** Anhang Rdn 8 ff.) unter lfd. Nr. 3 eingetragene Grundschuld in Bezug auf die Mithaftstellen erfahren?
10. Listen Sie zu folgenden Grundstücken an der Grundbuchblattstelle 847 (**Anlage 2,** Anhang Rdn 8 ff.) die in Abt. II und Abt. III enthaltenen Belastungen in der Reihenfolge ihrer Rangfolge auf:
    a) zu Flst. 38,
    b) zu Flst. 360.

E. Bedeutung und Funktionen des Grundbuchs

I. Bedeutung des Grundbuchs

86 Das Grundbuch ist ein öffentliches Buch über die Rechtsverhältnisse an Immobilien.

Durch die Eintragung im Grundbuch (an einer bestimmten Blattstelle unter einer eigenen laufenden Nummer im Bestandsverzeichnis) wird das in der Natur vorhandene Grundstück zum Grundstück im Rechtssinn. Korrespondierend hierzu setzt das Sachenrecht des Bürgerlichen Gesetzbuchs (BGB) voraus, dass die Grundstücke im Grundbuch gebucht sind und die an den einzelnen Grundstücken bestehenden privaten Rechte durch das Grundbuch nachgewiesen werden (**Grundbuchsystem**).

Ausnahmen von der Eintragung von Grundstücken im Grundbuch bestehen nur für Grundstücke von Bund, Ländern, Gemeinden und bestimmten anderen öffentlichen Körperschaften.

II. Funktionen des Grundbuchs

87 Die Funktionen des Grundbuchs lassen sich wie folgt umschreiben.

1. Buchungs- und Übertragungsfunktion

88 Grundsätzlich bedarf jeder Erwerb eines Grundstücks sowie jede Begründung, Übertragung, Aufhebung oder sonstige Veränderung eines Rechts an einem Grundstück der Eintragung im Grundbuch.

Für die Übertragung eines Grundstücks reicht es also nicht aus, dass sich Verkäufer und Käufer oder Schenker und Beschenkter (dinglich) darüber einig sind, dass das Eigentum an dem Grundstück vom Verkäufer bzw. Schenker auf den Käufer bzw. Beschenkten übergehen soll. Vielmehr wird die Eigentumsübertragung erst dann wirksam, wenn der Grundbuchrechtspfleger die Übertragung des Eigentums im Grundbuch einträgt. Die Eintragung des **Eigentumswechsels im Grundbuch** ist somit notwendige Voraussetzung des Übertragungsaktes selbst, d.h., ohne die Eintragung im Grundbuch tritt die Rechtsänderung nicht ein – im Fachjargon sagt man hierzu: Die Eintragung im Grundbuch ist „**konstitutiv**“.

Den genauen Zeitpunkt des Eigentumswechsels können die Beteiligten folglich bei Immobilien (anders als den Zeitpunkt des Besitzüberganges) nicht steuern, da es vom Zufall abhängt, an welchem Tag der Rechtspfleger den Eigentumswechsel im Grundbuch einträgt.

89 *Hinweis*

Das Gegenstück zur konstitutiven Eintragung ist die deklaratorische Eintragung. Eine Eintragung in einem Register ist dann deklaratorisch, wenn sie nicht selbst Bestandteil des Veränderungsaktes ist, sondern lediglich nachvollzieht, mithin dokumentiert, was sich zuvor bereits geändert hat. Eine Grundbuchberichtigung ist demzufolge eine deklaratorische

Eintragung. Abgesehen von der Grundbuchberichtigung sind Eintragungen im Grundbuchverfahren grundsätzlich konstitutiv.

Dass das Eigentum an Grundstücken erst mit der Eintragung des Erwerbers als Eigentümer im Grundbuch wechselt, ergibt sich aus **§ 873 BGB**. Aus dieser Vorschrift folgt darüber hinaus, dass auch die Bestellung von dinglichen Rechten („*Belastung eines Grundstücks mit einem Recht*") erst mit Eintragung des betreffenden Rechts im Grundbuch wirksam wird. 90

§ 873 BGB: Erwerb durch Einigung und Eintragung 91

(1) **Zur Übertragung des Eigentums an einem Grundstück**, zur Belastung eines Grundstücks mit einem Recht sowie zur Übertragung oder Belastung eines solchen Rechts ist **die Einigung des Berechtigten und des anderen Teils** über den Eintritt der Rechtsänderung und **die Eintragung der Rechtsänderung in das Grundbuch** erforderlich, soweit nicht das Gesetz ein anderes vorschreibt.

(2) (....)

Die Eintragung im Grundbuch ist grundsätzlich nicht nur für den Erwerbs-/Übertragungsvorgang (welcher in § 873 BGB geregelt ist) zwingende Wirksamkeitsvoraussetzung, sondern auch für 92

- die **Aufhebung eines Rechts** (§ 875 Abs. 1 BGB) und
- die **Inhaltsänderung eines Rechts** (§ 877 BGB).

§ 875 BGB: Aufhebung eines Rechts 93

(1) [1]Zur **Aufhebung eines Rechts** an einem Grundstück ist, soweit nicht das Gesetz ein anderes vorschreibt, die **Erklärung des Berechtigten**, dass er das Recht aufgebe, und **die Löschung des Rechts im Grundbuch** erforderlich. [2]Die Erklärung ist dem Grundbuchamt oder demjenigen gegenüber abzugeben, zu dessen Gunsten sie erfolgt.

(2) (...)

§ 877 BGB: Rechtsänderungen

Die Vorschriften der §§ **873**, 874, 876 finden auch auf **Änderungen des Inhalts eines Rechts** an einem Grundstück Anwendung.

2. Beweisfunktion

Das Grundbuch hat die Aufgabe, dem Immobilienverkehr eine sichere Grundlage zu geben. Hauptzweck der Grundbucheinrichtung ist es, auf zuverlässiger Grundlage bestimmte und sichere Rechtsverhältnisse für unbewegliche Sachen zu schaffen und zu erhalten. 94

a) Vermutung der Richtigkeit

Demzufolge haben die im Grundbuch eingetragenen Eigentumsverhältnisse und die eingetragenen Rechte die **Vermutung der Richtigkeit** für sich. Das Grundbuch bietet somit dem Rechtsverkehr eine sichere Erkenntnisquelle, die eine zuverlässige Beurteilung des dinglichen Rechtszustandes ermöglicht. 95

Allerdings entspricht der Inhalt des Grundbuchs nicht immer den tatsächlich bestehenden Verhältnissen. In diesem Fall bedarf es einer **Berichtigung des Grundbuchs** (= *deklaratorische Eintragung*). Hierzu ist es erforderlich, dass entweder derjenige, der die Berichtigung begehrt, mittels öffentlicher bzw. öffentlich beglaubigter Dokumente den von ihm behaupteten „wahren" Rechtszustand nachweist, oder diejenigen, die von der begehrten Grundbuchberichtigung „negativ" betroffen sind, die Berichtigung bewilligen, also (in öffentlicher bzw. öffentlich-beglaubigter Form) ihr Einverständnis erklären.

b) Wie kommt es in Ausnahmefällen zur Grundbuchunrichtigkeit?

aa) Eintritt von Rechtsänderungen außerhalb des Grundbuchs

Die meisten Fälle, in welchen das Grundbuch nicht der wahren Rechtslage entspricht, sind dem Umstand geschuldet, dass es aus bestimmten Gründen zu einer Rechtsänderung „außerhalb des Grundbuchs" gekommen ist. Bei den „normalen" Fällen der Grundstücksübertra- 96 gung oder Bestellung, Änderung, Aufhebung, Übertragung von Rechten an Grundstücken ist dies grundsätzlich nicht der Fall, da die Eintragung im Grundbuch gerade Voraussetzung für den Eintritt der Rechtsänderung ist (siehe oben Rdn 88).

Nachfolgend sind die häufigsten Fälle, in welchen es zu einer Rechtsänderung außerhalb des Grundbuchs kommt, aufgeführt

(1) Eintritt des Todesfalles

97 Stirbt der Eigentümer eines Grundstücks oder der Inhaber eines (vererblichen) Rechts an einem Grundstück (z.B. Grundschuld), geht das Eigentum an dem Grundstück bzw. das dingliche Recht in der Sekunde des Todes auf den/die Erben über, auch wenn der Verstorbene weiterhin im Grundbuch als Eigentümer bzw. Rechtsinhaber ausgewiesen ist. Das Grundbuch ist mit Eintritt des Todesfalles unrichtig geworden und muss berichtigt werden, wobei die Erben ihre Erbenstellung mittels öffentlicher Urkunden (d.h. mittels Erbscheins oder notariellen Testaments samt Eröffnungsniederschrift) nachweisen müssen.

Auch bei nicht vererblichen Rechten ist das Grundbuch mit Eintritt des Todesfalles unrichtig geworden, jedoch erfolgt hier die Berichtigung nicht dadurch, dass die Erben als Rechtsinhaber eingetragen werden; vielmehr sind nicht vererbliche Rechte im Grundbuch zu löschen, wozu die Vorlage der Sterbeurkunde i.d.R. genügt.

(2) Veränderungen der Mitglieder einer Erbgengemeinschaft oder Veränderungen im Gesellschafterbestand bei einer GbR, Begründung von Gütergemeinschaft

98
- Bei einer Erbengemeinschaft ist es möglich, dass einzelne Miterben ihren Erbteil auf andere Miterben oder Dritte übertragen. Da eine Erbengemeinschaft im Grundbuch immer unter dem Namen aller Miterben („*in Erbengemeinschaft*“) eingetragen ist, wird das Grundbuch mit Wirksamwerden **der Erbteilsübertragung** unrichtig und ist demzufolge zu berichtigen.
- Ist eine GbR (= BGB-Gesellschaft) Eigentümerin eines Grundstücks, wird seit dem 1.1.2024 die GbR unter Bezugnahme auf ihren Eintrag im Gesellschaftsregister eingetragen. Da die Gesellschafter seit 1.1.2024 nicht mehr im Grundbuch eingetragen werden, muss ein Gesellschafterwechsel nicht mehr im Grundbuch berichtigend eingetragen werden und kann auch nicht mehr eingetragen werden. Demgegenüber mussten nach den bis zum 31.12.2023 geltenden gesetzlichen Vorgaben neben der Gesellschaft auch alle Gesellschafter mit ihrem jeweiligen Namen im Grundbuch eingetragen werden („*XY-GbR bestehend aus den Gesellschaftern (...)*“). **Veränderungen im Gesellschafterbestand** führten demzufolge zur Unrichtigkeit des Grundbuchs und machten eine Grundbuchberichtigung erforderlich[3] (siehe hierzu auch Rdn 17).
- Auch der Abschluss eines Ehevertrages kann zur Grundbuchunrichtigkeit führen, nämlich dann, wenn die Ehegatten bislang als (Allein- oder Mit-)Eigentümer von Grundbesitz im Grundbuch eingetragen waren und durch Ehevertrag den Güterstand der **Gütergemeinschaft begründen**, da dies dazu führt, dass die Ehegatten nicht mehr Allein- oder Miteigentümer des Grundbesitzes sind, sondern der Grundbesitz ihnen zum Gesamtgut der Gütergemeinschaft gehört – außer der betreffende Grundbesitz wurde ausdrücklich zum Vorbehaltsgut erklärt.

(3) Gesellschaftsrechtliche Umwandlungsvorgänge

99 Gesellschaften können in vielfältiger Weise miteinander fusionieren, so kann die A-GmbH auf die B-GmbH verschmolzen werden, oder ein Teil des Vermögens der A-GmbH kann auf die C-GmbH abgespaltet werden oder die A-GmbH kann einen Teil ihres Vermögens auf ihre Tochtergesellschaft, die D-GmbH, ausgliedern usw. In all diesen Fällen überträgt die A-GmbH entweder ihr ganzes Vermögen oder einen Teil ihres Vermögens auf eine andere Ge-

3 Zur Berichtigung des Grundbuchs nach Veränderungen im Mitgliederbestand einer Erbengemeinschaft bedarf es der steuerlichen Unbedenklichkeitsbescheinigung vom Finanzamt – Grunderwerbsteuerstelle.

sellschaft, die B-GmbH, C-GmbH oder D-GmbH. Wenn die A-GmbH auch Eigentümerin von Grundstücken ist, bedeutet dies, dass mit **Wirksamwerden der gesellschaftsrechtlichen Umwandlungsmaßnahme (Verschmelzung, Abspaltung, Ausgliederung)** das Eigentum an den betreffenden Grundstücken von der übertragenden A-GmbH auf die übernehmende Gesellschaft übergeht. Dieser Eigentumswechsel vollzieht sich ebenfalls unabhängig von der Eintragung im Grundbuch. Mit Wirksamwerden der Umwandlungsmaßnahme ist das Grundbuch unrichtig geworden, da dort ja noch die A-GmbH als Eigentümerin eingetragen ist und es bedarf einer Grundbuchberichtigung.[4] Das Gleiche gilt für die dinglichen Rechte, als deren Berechtigte die A-GmbH im Grundbuch eingetragen ist.

(4) Abtretung von Briefgrundschulden

Die Abtretung von Briefgrundschulden erfolgt ebenfalls außerhalb des Grundbuchs. Bei **100** Briefgrundschulden wird anders als bei Buchgrundschulden vom Grundbuchamt ein Grundschuldbrief ausgestellt (siehe oben Rdn 83). Der Sinn und Zweck einer Briefgrundschuld besteht darin, dass diese leichter (und auch kostengünstiger) abgetreten werden kann als eine Buchgrundschuld, da es zur Abtretung einer Briefgrundschuld genügt, wenn sich die Beteiligten über die Abtretung der Briefgrundschuld einig sind und der Grundschuldbrief übergeben wird.[5] Die Eintragung der Grundschuldabtretung im Grundbuch ist **anders als bei Buchgrundschulden** keine Wirksamkeitsvoraussetzung. Demzufolge wird das Grundbuch mit Abtretung der Briefgrundschuld unrichtig, da dort weiterhin der ursprüngliche Grundschuldgläubiger als Berechtigter der Briefgrundschuld ausgewiesen ist.

(5) Erlöschen von dinglichen Rechten

Auch ist es möglich, dass dingliche Rechte erlöschen, obwohl sie weiterhin im Grundbuch ein- **101** getragen sind. Das ist insbesondere dann der Fall, wenn das dingliche Recht von vornherein nur **befristet** oder **auflösend bedingt** bestellt worden ist. Ist die Zeit abgelaufen oder die Bedingung eingetreten, erlischt das dingliche Recht, obwohl es weiterhin im Grundbuch eingetragen ist.

Demgegenüber bedarf die Aufhebung eines Rechts stets zwingend der Eintragung im Grundbuch, d.h. allein durch die Verzichtserklärung des Berechtigten erlischt das betreffende Recht nicht; das Recht erlischt vielmehr erst dann, wenn das Erlöschen (= Rötung) im Grundbuch eingetragen ist.

bb) Unwirksame Rechtsänderungsakte

Ein weiterer (sehr seltener) Umstand, der zur Unrichtigkeit des Grundbuchs führen kann, ist **102** der, dass der Akt der Rechtsübertragung oder Rechtsbegründung unwirksam ist.

So ist es theoretisch möglich, dass die Übertragung des Eigentums vom Verkäufer auf den Käufer unwirksam war, weil z.B. der Verkäufer unerkannt geschäftsunfähig war, oder weil die Eigentumsübertragung nachträglich wirksam angefochten worden ist, oder weil sich die dingliche Einigung auf ein anderes Grundstück bezieht.

Der Grundbuchvollzug heilt diese Mängel nicht, d.h. allein der Umstand, dass das Grundbuchamt die Eigentumsumschreibung im Grundbuch vollzogen hat, bedeutet nicht, dass diese wirksam war und damit zu Recht erfolgt ist.

3. Gutglaubenswirkung

Wie oben unter Rdn 94 dargelegt, kommt dem Grundbuch zwar eine Beweisfunktion zu, je- **103** doch kann es in Ausnahmefällen dazu kommen, dass das Grundbuch nicht den wahren

4 Zur Berichtigung des Grundbuchs bedarf es neben der Grundbuchbewilligungserklärung der A-GmbH (oder des Unrichtigkeitsnachweises in öffentlicher Form) der steuerlichen Unbedenklichkeitsbescheinigung vom Finanzamt – Grunderwerbsteuerstelle.

5 Gemäß § 1154 Abs. 1 S. 1 i.V.m. § 1192 Abs. 1 BGB bedarf die Abtretungserklärung der Schriftform. Näheres zur Abtretung von Grundschulden siehe *Gutfried*, Grundschulden § 2 Rn 118.

Rechtszustand wiedergibt, mithin unrichtig ist. Damit das Grundbuch seiner zentralen Aufgabe – eine sichere Erkenntnisquelle über den dinglichen Rechtszustand zu liefern – umfassend gerecht werden kann, muss das **Vertrauen des Rechtsverkehrs in die Richtigkeit des Grundbuchs geschützt** werden. Diesen Gutglaubensschutz ermöglichen die im materiellen Sachenrecht des BGB enthaltenen Vorschriften über den sog. **gutgläubigen Erwerb**. Zentrale Vorschrift ist hierbei **§ 892 BGB**.

104 **§ 892 BGB: Öffentlicher Glaube des Grundbuchs**

(1) [1]Zugunsten desjenigen, welcher ein Recht an einem Grundstück *oder* ein Recht an einem solchen Recht **durch Rechtsgeschäft** erwirbt, **gilt der Inhalt des Grundbuchs als richtig,** es sei denn, dass ein **Widerspruch** gegen die Richtigkeit eingetragen oder die **Unrichtigkeit dem Erwerber bekannt** ist. [2]Ist der Berechtigte in der **Verfügung** über ein im Grundbuch eingetragenes Recht zugunsten einer bestimmten Person **beschränkt**, so ist die Beschränkung dem Erwerber gegenüber nur wirksam, wenn sie aus dem **Grundbuch ersichtlich** oder dem **Erwerber bekannt** ist.

(2) Ist zu dem Erwerb des Rechts die Eintragung erforderlich, so ist für **die Kenntnis des Erwerbers** die **Zeit der Stellung des Antrags** auf Eintragung oder, wenn die nach § 873 erforderliche Einigung erst später zustande kommt, die Zeit der Einigung maßgebend.

a) Gutgläubiger Eigentumserwerb

aa) Erwerb vom Nicht-Eigentümer

105 Der **gutgläubige Eigentumserwerb** bedeutet, dass der Erwerber (also z.B. Grundstückskäufer) auch dann das Eigentum an einem Grundstück wirksam erwerben kann, wenn der Veräußerer gar nicht Eigentümer war, vorausgesetzt folgende Bedingungen sind *kumulativ* erfüllt:

- der Veräußerer ist (fehlerhaft) **als Eigentümer** des betreffenden Grundstücks im Grundbuch eingetragen *und*
- es ist **kein Widerspruch** gegen die Eigentümerstellung des Veräußerers im Grundbuch eingetragen *und*
- dem Erwerber ist die Unrichtigkeit des Grundbuchs **nicht bekannt** (*wobei die Gutgläubigkeit grundsätzlich nicht bis zur Vollendung des Rechtserwerbs fortbestehen muss, sondern es genügt, wenn der Erwerber zum Zeitpunkt der Stellung des Antrags auf Eintragung noch gutgläubig war – § 892 Abs. 2 BGB*).

Dank der im deutschen Sachenrecht vorgesehenen Möglichkeit eines gutgläubigen Eigentumserwerbs muss in Deutschland kein Grundstückskäufer die Erwerbsurkunden seines Verkäufers oder der weiteren Rechtsvorgänger dahingehend prüfen, ob diese Vorurkunden ggf. Anhaltspunkte dafür liefern, dass der Verkäufer überhaupt nicht der wahre Eigentümer ist. Die Möglichkeit eines gutgläubigen Erwerbs stellt eine enorme **Vereinfachung von Grundstücksabwicklungen** dar und führt damit zu einem enormen **Gewinn an Rechtssicherheit**. Dies ist nicht in allen Ländern dieser Welt so.

bb) Erwerb vom nichtverfügungsbefugten Eigentümer

106 Auch muss sich der Grundstückserwerber in Deutschland grundsätzlich keine Gedanken darüber machen, ob derjenige, von dem er ein Grundstück erwirbt, möglicherweise **Verfügungsbeschränkungen** unterliegt, die dazu führen, dass der Veräußerer – obwohl er Eigentümer ist – kein wirksames Eigentum übertragen kann. Die beiden häufigsten in der Notarpraxis vorkommenden Verfügungsbeschränkungen sind folgende:

(1) Anordnung von Testamentsvollstreckung (Testamentsvollstreckungsvermerk)

107 Wenn der Erblasser in seinem Testament hinsichtlich seines Nachlasses Testamentsvollstreckung angeordnet hat, bedeutet dies, dass der Erbe bzw. die Erben nicht über die Nachlassgegenstände verfügen können, sondern nur der Testamentsvollstrecker. Dementsprechend werden in Abt. I des Grundbuchs zwar die Erben als Eigentümer eingetragen, jedoch wird in Abt. II die Verfügungsbeschränkung als sog. **Testamentsvollstreckungsvermerk** eingetragen.

Dadurch wird der Rechtsverkehr gewarnt, dass die Erben gerade nicht ohne Zustimmung des Testamentsvollstreckers über das Grundstück verfügen können (siehe Rdn 70).

(2) Eröffnung des Insolvenzverfahrens (Insolvenzvermerk)

108 Ähnlich verhält es sich mit dem sog. **Insolvenzvermerk**, welcher ebenfalls in Abt. II des Grundbuchs eingetragen wird. Wird über das Vermögen eines Schuldners das Insolvenzverfahren eröffnet, verliert der Schuldner mit Verfahrenseröffnung die Befugnis über die ihm (weiterhin) gehörenden Gegenstände zu verfügen. Die Verfügungsbefugnis geht mit Eröffnung des Insolvenzverfahrens auf den Insolvenzverwalter über (siehe Rdn 69).

Unterfällt nun ein Grundstück der Testamentsvollstreckung oder dem Insolvenzbeschlag, wurde jedoch (noch) kein Testamentsvollstreckungsvermerk bzw. Insolvenzvermerk im Grundbuch eingetragen, kann der (an sich nicht verfügungsbefugte) Eigentümer gleichwohl wirksam das Eigentum auf einen gutgläubigen Dritten übertragen (**§ 892 Abs. 1 S. 2 BGB**).

b) Gutgläubiger lastenfreier Erwerb

109 Die Gutglaubenswirkung des Grundbuchs erschöpft sich nicht darin, den Eigentumserwerb vom Nichteigentümer bzw. vom nicht verfügungsberechtigten Eigentümer zu ermöglichen, sondern sie schützt den Erwerber auch vor unbekannten Grundstücksbelastungen.

Sind im Grundbuch in Abt. II und Abt. III keine Grundstücksbelastungen eingetragen, wird der gutgläubige Grundstückserwerber Eigentümer eines lastenfreien Grundstücks – dies selbst dann, wenn das Grundstück in Wirklichkeit z.B. mit einer Grundschuld belastet ist, welche nur versehentlich gelöscht worden ist.

Das gilt jedoch wiederum nur dann, wenn der Erwerber keine Kenntnis von der wahren Rechtslage hatte, also **gutgläubig** war, und **kein Widerspruch** im Grundbuch eingetragen war. Im Ergebnis bedeutet dies, dass eine nur versehentlich gelöschte Grundschuld zunächst trotz versehentlich erfolgter Löschung fortbesteht, jedoch in dem Moment, in welchem der Erwerber gutgläubig lastenfrei das Eigentum an dem Grundstück erwirbt, erlischt.

c) Gutgläubiger Erwerb von dinglichen Rechten (bei Begründung eines dinglichen Rechts)

110 Die Gutglaubenswirkung erstreckt sich darüber hinaus auch auf den Erwerb von dinglichen Rechten.

Bestellt der im Grundbuch eingetragene Eigentümer, der in Wirklichkeit entweder gar nicht Eigentümer ist oder jedenfalls nicht verfügungsbefugt ist, an seinem Grundstück ein dingliches Recht (z.B. eine Grundschuld oder ein Nießbrauchrecht oder eine Dienstbarkeit), so wird auch der gutgläubige Erwerber eines derartigen dinglichen Rechts in seinem Vertrauen auf die Richtigkeit und Vollständigkeit des Grundbuchs geschützt. Im Ergebnis erwirbt also der Dritte wirksam eine Grundschuld, ein Nießbrauchrecht oder eine Dienstbarkeit.

d) Was ist nicht von der Gutglaubenswirkung umfasst?

111 Nicht von der Gutglaubenswirkung umfasst ist demgegenüber die im Grundbuch angegebene Grundstücksgröße und die Lagebezeichnung (Gebäude- und Freifläche bzw. Hausnummer).

III. Übergeordnete Prinzipien des Sachenrechts

112 Das Immobiliarsachenrecht des BGB (§§ 873 ff. BGB) und das Grundbuchrecht (kodifiziert in der GBO) gehen Hand in Hand und sind eng miteinander verzahnt. Zum besseren Verständnis des Grundbuchrechts werden im Folgenden die übergeordneten Prinzipien des Sachenrechts kurz dargestellt.

1. Absolutheit der dinglichen Rechte

113 Absolutheit der dinglichen Rechte bedeutet, dass die **im Grundbuch eingetragenen Rechte gegenüber jedermann** wirken und von jedermann zu beachten sind.

So kann der Eigentümer einer Sache von jedermann die Herausgabe seines Eigentums verlangen und verlangen, dass Störungen, die sein Eigentum beeinträchtigen, unterlassen werden.

> *Beispiel:*
>
> Zieht der Mieter nach Ablauf der Mietzeit nicht aus, kann der Grundstückseigentümer Räumung und Herausgabe der Immobilie verlangen und zwar nicht nur von demjenigen, mit dem er einen Mietvertrag abgeschlossen hat, sondern auch von jedem Dritten (z.B. dem Lebensgefährten des Mieters oder etwaigen Untermietern, die nicht ausziehen wollen).

Der Absolutheitsgrundsatz gilt nicht nur für das Eigentumsrecht, sondern **für alle dinglichen Rechte**, mithin insbesondere auch für Grunddienstbarkeiten.

> *Beispiel:*
>
> Ist im Grundbuch an einem Grundstück ein Geh- und Fahrtrecht als Grunddienstbarkeit zugunsten des Nachbargrundstücks eingetragen, kann der jeweilige Eigentümer des berechtigten (= herrschenden) Grundstücks von dem jeweiligen Eigentümer des belasteten (= dienenden) Grundstücks die ungestörte Ausübung der Grunddienstbarkeit (= Begehung und Befahrung des dienenden Grundstücks) verlangen – und zwar unabhängig davon, ob der aktuelle Eigentümer des dienenden Grundstücks die Grunddienstbarkeit bestellt hat oder irgendein Voreigentümer.

114 Im Gegensatz zu diesem **Absolutheitsgrundsatz im Sachenrecht** gilt im Schuldrecht (= z.B. Kaufvertragsrecht, Mietrecht, Schenkungsrecht, Werkvertragsrecht) das **Prinzip der Relativität der Schuldverhältnisse**. Dieses Prinzip besagt, dass nur die Vertragsparteien an die vertraglich vereinbarten Pflichten gebunden sind und diese Pflichten nicht automatisch auf Dritte übergehen.

> *Beispiel:*
>
> Würden also zwei Nachbar-Eigentümer ein Geh- und Fahrtrecht nicht als Grunddienstbarkeit (= dingliches Recht), sondern lediglich (schuldrechtlich) vertraglich vereinbaren, wäre bei einem Eigentumswechsel des dienenden Grundstücks der neue Eigentümer an diese Verpflichtung grundsätzlich nicht gebunden.

2. Typenzwang des Sachenrechts („numerus clausus")

115 Der sog. **Typenzwang des Sachenrechts** (auch „numerus clausus" genannt) besagt, dass die Anzahl der dinglichen Rechte sowie deren inhaltliche Ausgestaltung abschließend gesetzlich vorgegeben ist, mithin keine neuen dinglichen Rechte von den Beteiligten erfunden bzw. vereinbart werden können.

Demgegenüber gilt im **Schuldrecht der Grundsatz der Vertragsfreiheit**, d.h. die Beteiligten können grundsätzlich jede beliebige vertragliche Vereinbarung treffen (vorbehaltlich der Sittenwidrigkeit bzw. gesetzlicher Verbote).

Der abschließende Katalog dinglicher Rechte mit **inhaltlicher Typenfixierung** dient der **Rechtssicherheit**. Nur auf diese Weise ist es möglich, die Grundbucheinträge kurz und übersichtlich zu halten, da die schlagwortartige Bezeichnung des bestellten Rechts aufgrund der gesetzlich vorgegebenen Typenfixierung regelmäßig ausreichenden Aufschluss über den Inhalt des betreffenden Rechts gibt.

Ausfluss dieser Typenfixierung ist auch die in § 874 S. 1 BGB enthaltene (grundbuchverfahrensrechtliche) Regelung, wonach es für die Eintragung im Grundbuch ausreichend ist, wenn das einzutragende Recht schlagwortartig bezeichnet wird (z.B. „Geh- und Fahrtrecht", „Kanalrecht", „Wasserleitungsrecht", „Abstandsflächenübernahme") und im Übrigen auf die Eintragungsbewilligung Bezug genommen wird.

§ 874 BGB: Bezugnahme auf die Eintragungsbewilligung 116

[1]Bei der Eintragung eines Rechts, mit dem ein Grundstück belastet wird, kann zur näheren Bezeichnung des Inhalts des Rechts auf die Eintragungsbewilligung Bezug genommen werden, soweit nicht das Gesetz ein anderes vorschreibt. (…)

3. Bestimmtheitsgrundsatz

Aufgrund der absoluten Wirkung dinglicher Rechte gegenüber jedermann, müssen **Inhalt und Umfang** dieser Rechte sowie die **jeweiligen Berechtigten** für jedermann **zweifelsfrei bestimmt** sein. Ausfluss des Bestimmtheitsgrundsatzes ist im Grundbuchverfahrensrecht insbesondere **§ 28 S. 1 GBO**, wonach das betreffende Grundstück in grundbuchmäßiger Form hinreichend zu bestimmen ist – also nicht etwa nur anhand geographischer Beschreibungen bzw. postalischer Adresse. 117

§ 28 GBO: Bezeichnung des Grundstücks und der Geldbeträge 118

[1]In der Eintragungsbewilligung oder, wenn eine solche nicht erforderlich ist, in dem Eintragungsantrag ist das Grundstück übereinstimmend mit dem Grundbuch oder durch Hinweis auf das Grundbuchblatt zu bezeichnen. (…)

Auch die in **§ 47 Abs. 1 GBO** enthaltene Bestimmung, wonach bei Eintragung eines gemeinschaftlichen Rechts das relevante Gemeinschaftsverhältnis angegeben werden muss, ist Ausfluss des Bestimmtheitsgrundsatzes (siehe Rdn 171). 119

4. Trennungs- und Abstraktionsprinzip

Das wohl bekannteste (und unter Jura-Studenten berüchtigtste) Prinzip des Sachenrechts dürfte das Abstraktionsprinzip sein – berüchtigt deshalb, weil ein Verstoß gegen dieses Prinzip bei der Bearbeitung von Klausuren als „Todsünde“ gilt und einen massiven Punktabzug mit sich bringt bzw. sogar zum Nichtbestehen von Klausuren führen kann. 120

Das Trennungs- und Abstraktionsprinzip besagt, dass das **schuldrechtliche** und das **dingliche Rechtsgeschäft** voneinander **entkoppelt** und somit in ihrer Wirksamkeit voneinander **unabhängig** sind.

a) Trennungsprinzip als Ausgangspunkt des Abstraktionsprinzips

Ausgangspunkt des Abstraktionsprinzips ist die Aufspaltung eines normalen Kaufgeschäfts in drei einzelne Rechtsgeschäfte (= **Trennungsprinzip**), und zwar 121

- in ein **schuldrechtliches** Rechtsgeschäft, nämlich den eigentlichen Kaufvertrag, und
- in zwei **dingliche Rechtsgeschäfte,** nämlich
  - das dingliche Rechtsgeschäft betreffend die Übereignung des gekauften Gegenstandes und
  - das dingliche Rechtsgeschäft betreffend die Übertragung des Geldes.

Das schuldrechtliche Rechtsgeschäft wird im juristischen Fachjargon auch **Kausalgeschäft** und das dingliche Rechtsgeschäft auch **Verfügungsgeschäft** genannt.

Der Kaufvertrag ist im BGB in den §§ 433 ff. BGB (= 2. Buch des BGB – „Recht der Schuldverhältnisse“) und das Verfügungsgeschäft betreffend Immobilien ist in §§ 873 BGB ff. (= 3. Buch des BGB – „Sachenrecht“) geregelt.

In der Vertragsurkunde werden allerdings diese drei Rechtsgeschäfte regelmäßig zusammengefasst.

b) Wesen des Abstraktionsprinzips

Das Abstraktionsprinzip besagt nun, dass die **dinglichen Rechtsgeschäfte** (= Verfügungsgeschäfte) in ihrer Wirksamkeit von dem zugrundeliegenden **schuldrechtlichen Rechtsgeschäft unabhängig** sind. 122

Es ist also juristisch möglich, dass

- der Kaufvertrag (= schuldrechtliches Rechtsgeschäft) unwirksam,
- das dingliche Vollzugsgeschäft (= Übertragung des Eigentums an der Immobilie) aber wirksam ist.

Daraus folgt in der Konsequenz, dass für die Frage, ob jemand wirksam Eigentum an einem Grundstück erworben hat, **allein auf das Verfügungsgeschäft** (= Auflassung) abzustellen ist und sämtliche schuldrechtlichen Vereinbarungen des zugrundeliegenden Kaufvertrages irrelevant sind – ungeachtet des Umstandes, dass die schuldrechtlichen und dinglichen Erklärungen in einer Notarurkunde zusammengefasst sind.

Aus dem Umstand, dass der Käufer trotz Unwirksamkeit des Kaufvertrages das Eigentum an dem Grundstück des Verkäufers erwerben kann und der Verkäufer daran folglich sein Eigentum verliert, folgt nicht, dass dieser Zustand für immer so bleibt, vielmehr hat der Verkäufer bei Unwirksamkeit des Kaufvertrages gegenüber dem Käufer einen Anspruch auf Rückübertragung des Eigentums – solange dieser Anspruch jedoch nicht erfüllt worden ist, ist der Käufer Eigentümer des Grundstücks.

c) Formelles und materielles Konsensprinzip im Grundbuchverfahren

123 Aus dem Abstraktionsprinzip folgt, dass die **schuldrechtlichen Vereinbarungen** zwischen den Parteien für das Grundbuchamt im Rahmen der Eigentumsumschreibung von vornherein keine Rolle spielen können, sondern allenfalls die Vereinbarungen zum Verfügungsgeschäft (= Einigung der Parteien über die dingliche Rechtsänderung).

Ob zwischen den Beteiligten eine wirksame dingliche Einigung über die Rechtsänderung vorliegt, **prüft das Grundbuchamt jedoch nur**

- bei der Eigentumsübertragung sowie
- bei der Bestellung, Änderung und Übertragung eines Erbbaurechts,

nicht aber bei der Bestellung, Änderung, Übertragung, Aufhebung sonstiger dinglicher Rechte.

Der Grund für diese eingeschränkte Prüfungspflicht (und auch eingeschränktes Prüfungsrecht) des Grundbuchamtes liegt darin, dass **§ 19 GBO** für das Grundbuchverfahren das sog. **formelle Konsensprinzip** festschreibt, welches in § 20 GBO lediglich für die Auflassung und die Bestellung, Änderung und Übertragung von Erbbaurechten durchbrochen wird.

Im Anwendungsbereich des **§ 20 GBO** gilt demgegenüber das **materielle Konsensprinzip**, d.h., das Grundbuchamt hat zu prüfen, ob ein wirksames Verfügungsgeschäft vorliegt.

124 **§ 19 GBO: Bewilligungsgrundsatz**

Eine Eintragung erfolgt, wenn derjenige sie **bewilligt,** dessen Recht von ihr **betroffen** wird.

§ 20 GBO: Einigungsgrundsatz

Im Falle der **Auflassung eines Grundstücks** sowie im Falle der Bestellung, Änderung des Inhalts oder Übertragung **eines Erbbaurechts** darf die Eintragung nur erfolgen, wenn die erforderliche **Einigung des Berechtigten und des anderen Teils** erklärt ist.

125 Außerhalb des Anwendungsbereichs von § 20 GBO (d.h. für alle anderen Änderungen als in Bezug auf das Eigentum bzw. Erbbaurecht) hat das Grundbuchamt nicht zu prüfen, ob eine wirksame dingliche Einigung der Beteiligten betreffend die Verfügung (z.B. Bestellung einer Grundschuld oder Bestellung einer Dienstbarkeit) vorliegt. Das Grundbuchamt hat **lediglich** in verfahrensrechtlicher Hinsicht **zu prüfen**, ob eine **wirksame Eintragungsbewilligung** (= grundbuchverfahrensrechtliche Erklärung) vorliegt. Liegt eine wirksame Eintragungsbewilligung vor, hat das Grundbuchamt die beantragte Änderung im Grundbuch einzutragen, ohne zu prüfen, ob überhaupt eine wirksame dingliche Einigung über die betreffende Rechtsänderung i.S.d. § 873 BGB vorliegt.

Sollte es an einer wirksamen dinglichen Einigung fehlen, würde allein durch den Umstand, dass die Rechtsänderung im Grundbuch eingetragen wird, die betreffende Rechtsänderung nicht eintreten, da gemäß § 873 BGB Einigung und Eintragung vorliegen müssen; vielmehr würde das **Grundbuch** durch die vorgenommene Rechtsänderung **unrichtig** und müsste berichtigt werden (siehe hierzu Rdn 102, 183 ff.).

Dem formellen Konsensprinzip ist es zu verdanken, dass in der **Notarpraxis** bei der Bestellung von dinglichen Rechten, insbesondere bei der Grundschuldbestellung, **lediglich der Eigentümer erscheint**, der das dingliche Recht zugunsten eines Dritten bestellt, während der Gläubiger, zu dessen Gunsten das Recht bestellt wird (mithin insbesondere die Bank), nicht Urkundenbeteiligter ist. 126

Da in der Notarpraxis bei der Bestellung von Grundpfandrechten so gut wie immer nur der Eigentümer und nicht auch der Gläubiger (= i.d.R. Bank) Urkundenbeteiligter ist, mag man leicht dem Irrglauben aufsitzen, dass es sich bei der Grundschuldbestellung um ein „einseitiges Rechtsgeschäft" handeln könnte. Dies ist nicht der Fall. Die **Grundschuldbestellung** (wie auch jede sonstige Form der Bestellung, Änderung oder Übertragung eines dinglichen Rechts) ist stets ein **Vertrag und damit ein zweiseitiges Rechtsgeschäft**.[6]

Für eine wirksame Grundschuldbestellung bedarf es also stets auch einer rechtsgeschäftlichen Erklärung seitens **der Bank**, welche entweder konkludent (also stillschweigend) durch die Entgegennahme der Ausfertigungsurkunde oder bereits vorab durch Übersendung des Grundschuldauftrages erfolgt. Auch wenn die „Annahmeerklärung" der Bank formfrei erfolgen kann, muss sie gleichwohl überhaupt erfolgen, da es andernfalls an einer Einigung und damit an einer wirksamen Grundschuldbestellung fehlen würde. 127

Müsste das Grundbuchamt nun wie bei der Eigentumsumschreibung auch bei der Grundschuldbestellung prüfen, ob eine wirksame dingliche Einigung vorliegt, müsste bei jeder Grundschuldbestellung ein Vertreter der Bank mitwirken, was eine massive Verkomplizierung darstellen würde.

Dem formellen Konsensprinzip ist es zu verdanken, dass eine materielle Prüfung nicht nötig ist und damit das Grundbuchverfahren vereinfacht und auch beschleunigt wird. Bei der in **§ 19 GBO** geregelten **Eintragungsbewilligung** handelt es sich um eine **verfahrensrechtliche Erklärung**, die in ihrer Wirksamkeit sowohl von dem schuldrechtlichen Verpflichtungs- als auch dem dinglichen Verfügungsgeschäft unabhängig und damit quasi „doppelt abstrakt" ist.

5. Prioritätsgrundsatz

a) Zivilrechtliches Rangverhältnis von Rechten (§ 879 BGB) und seine Bedeutung

aa) Der Rang von Rechten

Im BGB ist der Prioritätsgrundsatz in § 879 BGB verankert.[7] Nach dieser Vorschrift bestimmt sich die Rangordnung 128

- von Rechten, die in **derselben Abteilung** des Grundbuchs einzutragen sind, nach der **räumlichen Reihenfolge** der Eintragung und
- von Rechten in **verschieden Abteilungen** nach dem **Eintragungsdatum**.

§ 879 BGB: Rangverhältnis mehrerer Rechte 129

(1) [1]Das Rangverhältnis unter mehreren Rechten, mit denen ein Grundstück belastet ist, bestimmt sich, wenn die **Rechte in derselben Abteilung** des Grundbuchs eingetragen sind, nach der **Reihenfolge der Eintragungen**. [2]Sind die Rechte in **verschiedenen Abteilungen** eingetragen, so hat das unter Angabe eines **früheren Tages** eingetragene Recht den **Vorrang**; Rechte, die unter Angabe **desselben Tages** eingetragen sind, haben **gleichen Rang**.

(…)

Sind also in Abt. III des Grundbuchs mehrere Grundschulden eingetragen worden, so geht grundsätzlich die früher (gemeint ist hier die lfd. Nr. der Eintragung) eingetragene Grundschuld den später bzw. nachfolgend eingetragenen Grundschulden im Rang vor, sofern keine 130

6 Siehe *Gutfried*, Grundschulden § 2 Rn 35 ff.
7 Siehe *Gutfried*, Grundschulden § 2 Rn 52 ff.

abweichende Rangbestimmung getroffen und im Grundbuch eingetragen ist („**Locus-Prinzip**").

Werden also beispielsweise an demselben Tag zwei Grundschulden in Abt. III eingetragen, eine unter lfd. Nr. 1 und eine unter lfd. Nr. 2, so ist die Grundschuld, welche unter der lfd. Nr. 1 eingetragen worden ist, vorrangig gegenüber derjenigen unter lfd. Nr. 2, sofern keine abweichende Rangbestimmung getroffen wurde.

Würden demgegenüber am gleichen Tag eine Grundschuld in Abt. III und eine Dienstbarkeit in Abt. II (ohne Rangbestimmung) eingetragen werden, so hätten diese Gleichrang, da beim „Rangvergleich" von Rechten in verschiedenen Abteilungen nicht die Reihenfolge der Eintragung, sondern das Datum der Eintragung entscheidend ist und alle Eintragungen, die an demselben Tag erfolgt sind, grundsätzlich Gleichrang haben („**Tempus-Prinzip**").

bb) Die Bedeutung des Ranges in der Zwangsvollstreckung

131 Der Rang eines Rechts ist von fundamentaler Bedeutung im Rahmen der Zwangsvollstreckung, denn mit dem im Rahmen der Zwangsvollstreckung erzielten Erlös wird zunächst **vollständig der erstrangige Grundschuldgläubiger** abgefunden. Nur wenn nach dessen vollständiger Befriedigung noch ein Resterlös übrig ist, wird dieser an den zweitrangigen (und ggf. drittrangigen) Grundschuldgläubiger verteilt.

Dingliche Rechte,

- welche im **Rang vor dem Recht** stehen, aus welchem die Zwangsvollstreckung betrieben wird, bleiben **auch nach der Zwangsversteigerung bestehen** (man sagt: „**Sie fallen ins geringste Gebot**"), während alle dinglichen Rechte,
- welche **Rang nach dem Recht** haben, aus welchem die Zwangsvollstreckung betrieben wird, grundsätzlich mit dem Zuschlag erlöschen – auch wenn der Erlös zu ihrer Befriedigung nicht ausreicht.

132 Daraus folgt, dass **wichtige Dienstbarkeiten**, namentlich Geh- und Fahrtrechte sowie Leitungsrechte grundsätzlich **Rang vor sämtlichen Grundschulden** erhalten müssen.

Demgegenüber haben das **Wohnungsrecht bzw. Nießbrauchrecht**, welches sich die Eltern bei Übergabe der Immobilie an ihr Kind regelmäßig vorbehalten, **häufig (aber nicht immer) Rang nach Grundschulden**.

- War die Grundschuld zum Zeitpunkt der Übergabe bereits im Grundbuch (in Abt. III) eingetragen, **folgt aus dem Prioritätsgrundsatz**, dass das später im Zuge der Eigentumsumschreibung zugunsten der Eltern in Abt. II eingetragene Wohnungs- bzw. Nießbrauchrecht **Rang nach den Grundschulden** hat. Eine Rangrücktrittserklärung der Bank, wonach diese mit ihrer Grundschuld hinter das neu bestellte Wohnungs- bzw. Nießbrauchrecht zurücktritt, wird nur in seltenen Fällen zu erreichen sein.
- Wird umgekehrt die **Grundschuld erst später**, also zu einem Zeitpunkt bestellt, zu welchem die Immobilie bereits an das Kind unter Einräumung eines Wohnungsrechts bzw. Nießbrauchrechts übergeben worden ist, folgt aus dem Prioritätsgrundsatz an sich, dass die Grundschuld nachrangig wäre. Mit einem Rang der Grundschuld nach einem Wohnungsrecht bzw. Nießbrauchrecht sind die Banken aber in den meisten Fällen nicht einverstanden, weil das **Wohnungs- bzw. Nießbrauchrecht den Beleihungswert der Immobilie massiv reduziert**.
  Müsste die Bank im Sicherungsfall aus der Grundschuld die Zwangsvollstreckung betreiben, fallen nämlich alle vorrangigen Rechte in das geringste Gebot, d.h. diese Rechte bleiben trotz Zuschlag in der Zwangsversteigerung bestehen und sind vom Erwerber weiter zu dulden, d.h. der Erwerber kann die Immobile selbst nicht nutzen, solange das Wohnungsrecht bzw. Nießbrauchrecht besteht. Die Belastung einer Immobilie mit einem derartigen Recht mindert deren Wert erheblich, da der Ersteher nur viel weniger als den normalen Verkehrswert zu zahlen bereit ist, sodass der in der Zwangsversteigerung erzielbare Erlös deutlich geringer ausfällt.
  Wie stark der Wert der Immobilie durch ein Wohnungs- bzw. Nießrauchrecht gemindert wird, hängt somit davon ab, wie zeitnah mit einem Erlöschen des Rechts (i.d.R. durch Ab-

leben des Berechtigten) zu rechnen ist. Bei hochbetagten Berechtigten wird die Bank somit ein geringeres Problem mit dem Vorrang des Rechts haben als bei jüngeren.

- Haben sich die Eltern in der Übergabeurkunde neben einem Wohnungs- bzw. Nießbrauchrecht auch **ein Rückforderungsrecht vorbehalten**, welches durch eine (Rück-)Auflassungsvormerkung im Grundbuch abgesichert ist, muss die **Grundschuld** praktisch zwingend **Rang vor der Auflassungsvormerkung** erhalten, da die Bank andernfalls Gefahr laufen würde, dass sie bei Eintritt des Rückforderungsfalles ihre Grundschuld „verliert" (siehe Rdn 61). Rechte, welche im Rang nach einer Auflassungsvormerkung eingetragen sind, sind nämlich „**schwebend unwirksam**" – ein Zustand, den kaum ein Berechtigter eines dinglichen Rechts akzeptieren würde.

cc) Rangänderung § 880 BGB

Wenn eine Grundschuld erst zu einem Zeitpunkt bestellt wird, zu welchem das Wohnungsrecht bzw. das Nießbrauchrecht bereits im Grundbuch eingetragen ist, und die Grundschuld (wie im Regelfall) diesen gegenüber vorrangig sein soll, müssen die Wohnungs- bzw. Nießbrauchberechtigten eine Rangrücktrittsvereinbarung mit dem betreffenden Grundschuldgläubiger treffen.[8] Aufgrund des formellen Konsensprinzips (siehe Rdn 123 und 156) wird nur die **Rangrücktrittserklärung** des Zurücktretenden **beglaubigt** (oder beurkundet), nicht aber auch die Erklärung der Bank, obwohl es sich bei der Rangrücktrittsvereinbarung um einen **Vertrag zwischen dem Gläubiger (= Bank) und dem zurücktretenden Berechtigten** (= Wohnungsberechtigter, Nießbrauchberechtigter) handelt. Handelt es sich bei dem zurücktretenden Recht um ein Grundpfandrecht, ist zusätzlich die Zustimmung des Eigentümers erforderlich. 133

§ 880 BGB: Rangänderung 134

(1) Das Rangverhältnis kann **nachträglich** geändert werden.

(2) [1]Zu der Rangänderung ist die **Einigung** des **zurücktretenden** und des **vortretenden** Berechtigten *und* die **Eintragung** der Änderung in das Grundbuch erforderlich; die Vorschriften des § 873 Abs. 2 und des § 878 finden Anwendung. [2]Soll eine Hypothek, eine Grundschuld oder eine Rentenschuld zurücktreten, so ist **außerdem die Zustimmung des Eigentümers** erforderlich. [3]Die Zustimmung ist dem Grundbuchamt oder einem der Beteiligten gegenüber zu erklären; sie ist unwiderruflich.

(...)

b) Grundbuchverfahrensrechtliche Absicherung des Prioritätsgrundsatzes §§ 17, 45 GBO

Grundbuchverfahrensrechtlich ist der Prioritätsgrundsatz in **§ 17 GBO** verankert, wonach die beim Grundbuchamt eingereichten Anträge, welche dasselbe Recht betreffen, grundsätzlich nur in der **zeitlichen Reihenfolge des Antragseingangs** bearbeitet werden dürfen. 135

§ 17 GBO: Behandlung mehrerer Anträge 136

Werden mehrere Eintragungen beantragt, durch die **dasselbe Recht** betroffen wird, so darf die später beantragte Eintragung **nicht vor der Erledigung des früher** gestellten Antrags erfolgen.

Sind in **derselben Abteilung** des Grundbuchs mehrere Eintragungen vorzunehmen, erhalten sie die Reihenfolge, die der Eintragungsreihenfolge entspricht. Wurden sie gleichzeitig beantragt, ist zu vermerken, dass sie Gleichrang haben („*Gleichrang mit Abt. II/III lfd. Nr. (...)*"). 137

Werden in **verschiedenen Abteilungen** des Grundbuchs Eintragungen am selben Tag vorgenommen, obwohl sie nicht gleichzeitig beantragt wurden, ist ein entsprechender Rangvermerk einzutragen („*Rang vor/nach Abt. II/III lfd. Nr. (...)*").

8 Siehe hierzu *Gutfried*, § 2 Rn 55.

Die entsprechenden Regelungen hierzu finden sich in § 45 GBO.

§ 45 GBO: Reihenfolge der Eintragungen; Rangvermerk

(1) Sind in **einer Abteilung** des Grundbuchs mehrere Eintragungen zu bewirken, so erhalten sie die Reihenfolge, welche der Zeitfolge der Anträge entspricht; sind die Anträge gleichzeitig gestellt, so ist im Grundbuch zu vermerken, dass die Eintragungen gleichen Rang haben.

(2) Werden mehrere Eintragungen, die nicht gleichzeitig beantragt sind, in **verschiedenen Abteilungen** unter Angabe desselben Tages bewirkt, so ist im Grundbuch zu vermerken, dass die später beantragte Eintragung der früher beantragten im Rang nachsteht.

(3) Diese Vorschriften sind insoweit nicht anzuwenden, als ein Rangverhältnis nicht besteht oder das Rangverhältnis von den Antragstellern abweichend bestimmt ist.

IV. Fragen und Antworten zu Teil E „Bedeutung und Funktion des Grundbuchs"

138

1. Benennen Sie die drei zentralen Funktionen des Grundbuchs und erläutern Sie diese kurz.
2. Wann erwirbt der Käufer das Eigentum an dem von ihm gekauften Grundstück? Mit Abschluss des Kaufvertrages? Mit Bezahlung des Kaufpreises? Je nachdem, was als wirtschaftlicher Übergang im Vertrag geregelt ist?
3. Nennen Sie 5 Fälle, in welchen das Eigentum übertragen oder ein sonstiges Recht übertragen bzw. aufgehoben wird, ohne dass es hierzu einer Eintragung im Grundbuch bedarf.
4. Sehen Sie die Erste Abteilung von Grundbuchblatt 847 (**Anlage 2**, Anhang Rdn 11 ff.) ein und erklären Sie, bei welchen Eintragungen es sich jeweils um konstitutive Eintragungen und bei welchen es sich jeweils um deklaratorische Eintragungen handelt.
5. Wenn ein Miterbe seinen Miterbenanteil am Nachlass des Erblassers auf eine dritte Person überträgt und sich im Nachlass Grundbesitz befindet, wann ändern sich die Eigentumsverhältnisse in Bezug auf den Grundbesitz? Mit (unbedingter) Vereinbarung der Erbteilübertragung? Mit Wirkung zum wirtschaftlichen Übergang? Mit Änderung des im Grundbuch eingetragenen Miterbens in der Ersten Abteilung?
6. Sehen Sie erneut das Grundbuchblatt 847 (= **Anlage 2**, Anhang Rdn 11 ff.) ein. Herr Johann Eckert war zunächst nur Miteigentümer zur Hälfte und wurde am 19.11.2008 als Alleinerbe von der vorverstorbenen Frau Elfriede Eckert auch hinsichtlich des weiteren Miteigentumsanteils als Eigentümer im Grundbuch eingetragen. Herr Eckert hat sodann, wie sich anhand der in Abt. II lfd. Nr. 3 und 4 am 23.11.2009 eingetragenen Auflassungsvormerkungen und anhand der am 4.5.2010 in Abt. II erfolgten Löschungsvermerke und der im Bestandsverzeichnis in Spalte 7 und 8 erfolgten Abschreibungseintragungen ablesen lässt, die Flst. 325/2 und 325/3 an die Ehegatten Müller und an die Ehegatten Hoffmann verkauft. Die restlichen Grundstücke hat er zunächst für sich behalten.
   Unterstellen Sie, dass im Jahr 2011 ein weiteres Testament von Frau Elfriede Eckert aufgetaucht ist, welches diese erst kurz vor ihrem Ableben verfasst hatte und in welchem sie anstatt ihres Ehemannes ihre beste Freundin, Frau Duldig, zur Alleinerbin eingesetzt hat. Es stellt sich heraus, dass die Ehegatten Müller zum Zeitpunkt des Eigentumserwerbs – anders als Herr Johann Eckert – von dem zweiten Testament wussten, dies jedoch für sich behalten haben. Die Ehegatten Hoffmann hatten demgegenüber von dem zweiten Testament keine Ahnung.
   a) Hat Herr Johann Eckert den hälftigen Miteigentumsanteil von Frau Elfriede Eckert an den Grundstücken wirksam erworben? Wenn ja – wann? Mit Ableben von Elfriede Eckert? Mit Eröffnung des ersten Testaments? Mit Eintragung im Grundbuch?
   b) Haben die Ehegatten Müller und Hoffmann jeweils wirksam das Eigentum an dem betreffenden Grundstück erworben?
   c) Hat Herr Johann Eckert die Grundstücke wirksam aufgrund Notarurkunde vom 9.9.2012 (Überlassungsurkunde) an seinen Sohn Michael Eckert übertragen, der von dem zweiten Testament ebenfalls nichts wusste?
   d) Was sollte Frau Duldig schnellstmöglich veranlassen? Unterstellen Sie hierbei, dass Sie sich zeitlich im Dezember 2012 befinden.

7. Über das Vermögen von Herrn Schuldig wurde das Insolvenzverfahren eröffnet. Herr Schuldig ist im Grundbuch als Eigentümer zahlreicher Grundstücke eingetragen. Darüber hinaus ist Herr Schuldig selbst Gläubiger einer Buchgrundschuld, welche am Grundstück seiner Ex-Frau eingetragen ist.
   a) Kann Herr Schuldig trotz Eröffnung des Insolvenzerfahrens wirksam Grundstücke an Dritte veräußern? Wenn ja, unter welcher Voraussetzung? Wenn nein, warum nicht?
   b) Kann Herr Schuldig trotz Eröffnung des Insolvenzverfahrens wirksam zugunsten seiner Bank eine Grundschuld bestellen?
   c) Kann Herr Schuldig trotz Eröffnung des Insolvenzverfahrens wirksam die am Grundbesitz seiner Ehefrau zu seinen Gunsten eingetragene Grundschuld an seine Bank abtreten?
   d) Würde sich an der Beantwortung der Frage c) etwas ändern, wenn die Ehefrau zwischenzeitlich verstorben wäre und hinsichtlich ihres Nachlasses Testamentsvollstreckung angeordnet worden wäre und dies im Grundbuch eingetragen wäre?
   e) Wie würde sich die Rechtslage zu c) darstellen, wenn es nicht um die Abtretung, sondern um die Löschung der Grundschuld gegangen wäre?
8. Nennen Sie die übergeordneten Prinzipien des Sachenrechts und erläutern Sie diese kurz.
9. Welche Rangfolge erhalten Rechte, die am selben Tag
   a) in derselben Abteilung
   b) in verschiedenen Abteilungen

   ohne weitere Vermerke eingetragen werden.
10. Wofür ist das Rangverhältnis von Rechten wichtig?

F. Grundzüge des Grundbuchverfahrens

I. Grundbuchamt

Das Grundbuchverfahren ist Teil der **freiwilligen Gerichtsbarkeit**, die den **Amtsgerichten** zugewiesen ist (§ 23a Abs. 2 Nr. 8, Abs. 1 Nr. 2 GVG). 139

Die Einrichtung und Führung der Grundbücher obliegt den Amtsgerichten; bei dem Grundbuchamt handelt es sich um eine Abteilung des Amtsgerichts. Das Grundbuchamt ist gemäß § 1 Abs. 1 S. 2 GBO für die in **seinem Bezirk liegenden Grundstücke** sachlich zuständig. Gerichtsintern (d.h. funktional) sind die **Rechtspfleger** für die Erledigung aller Grundbuchsachen gemäß § 3 Nr. 1h RpflG zuständig.

Die Notwendigkeit der Führung eines Grundbuchs folgt aus dem Sachenrecht des Bürgerlichen Gesetzbuches (= 3. Buch des BGB). Die dort enthaltenen Vorschriften setzen voraus, dass ein Grundstück im Grundbuch gebucht ist, und knüpfen an den jeweiligen Grundbucheintrag bestimmte Rechtsfolgen. Das formelle Grundbuchrecht ist enthalten in der Grundbuchordnung (**GBO**) und der Verordnung zur Durchführung der Grundbuchordnung (**GBV**).

II. Antragsgrundsatz

Eintragungen im Grundbuch erfolgen grundsätzlich nur auf Antrag (§ 13 Abs. 1 GBO). 140

§ 13 GBO: Antragsgrundsatz 141

(1) [1]Eine Eintragung soll, soweit nicht das Gesetz etwas anderes vorschreibt, **nur auf Antrag** erfolgen. [2]**Antragsberechtigt** ist jeder, dessen Recht von der Eintragung **betroffen** wird *oder* **zu dessen Gunsten die Eintragung** erfolgen soll.

(2) [1]Der **genaue Zeitpunkt**, in dem ein Antrag beim Grundbuchamt eingeht, soll auf dem Antrag vermerkt werden. [2]Der Antrag ist beim Grundbuchamt eingegangen, wenn er einer zur Entgegennahme zuständigen Person vorgelegt ist. [3]Wird er zur Niederschrift einer solchen Person gestellt, so ist er mit Abschluss der Niederschrift eingegangen.

(3) (…)

1. Antragsberechtigung

a) Antrag des Betroffenen und/oder Begünstigten

142 Antragsberechtigt ist jeder, dessen Recht von der Eintragung (negativ) **betroffen** wird, oder zu **dessen Gunsten** die Eintragung erfolgen soll. Der Antragsteller muss also unmittelbar durch die Eintragung der dinglichen Rechtsänderung (im rechtlichen Sinne) etwas gewinnen oder verlieren; bloße wirtschaftliche Vor-/Nachteile genügen nicht.

- Bei einer **Veräußerung** ist der Veräußerer, d.h. bei einer Schenkung der Schenker und bei einem Kauf der Verkäufer, der Betroffene. Begünstigter einer Veräußerung ist der Erwerber, also bei einer Schenkung der Beschenkte und bei einem Kauf der Käufer.
- Bei einer **Grundschuldbestellung** ist der Eigentümer, der die Grundschuld bestellt, Betroffener und der Grundschuldgläubiger (i.d.R. die Bank) Begünstigter.
- Bei einer **Grundschuldabtretung** ist Betroffener derjenige, der die Grundschuld abtritt („Zedent" genannt), und Begünstigter derjenige, an den die Grundschuld abtreten wird („Zessionar" genannt).
- Bei der **Aufhebung**, z.B. Löschung einer Grundschuld, ist der Grundschuldinhaber Betroffener und der Eigentümer Begünstigter.
- Bei der **Änderung eines Ranges** zwischen zwei Grundschulden ist der Grundschuldgläubiger, der zurücktritt, Betroffener und der Grundschuldgläubiger, der im Rang vortritt, Begünstigter. Ferner ist in Fällen, in welchen ein Grundpfandrechts- oder Rentenrechtsgläubiger im Rang zurücktritt (egal, ob es sich bei dem vortretenden Recht ebenfalls um eine Grundschuld oder ein sonstiges Recht handelt) auch der Grundstückseigentümer betroffen und damit antragsberechtigt (letzteres folgt mittelbar aus § 880 Abs. 1 S. 2 BGB, da in diesen Fällen materiell-rechtlich die Zustimmung des Grundstückseigentümers erforderlich ist).

Da sowohl der Begünstigte als auch der Betroffene befugt sind, den Antrag zu stellen**, genügt** es grundsätzlich, wenn der **Antrag von einem** gestellt wird. In der Praxis wird der Antrag meist von beiden gestellt, insbesondere hat der Begünstigte ein Interesse daran, dass er neben dem Betroffenen selbst einen Antrag stellt, um sich grundbuchverfahrensrechtlich gegen eine mögliche Antragsrücknahme seitens des Betroffenen (siehe Rdn 150) abzusichern.

b) Antrag des Urkundsnotars § 15 Abs. 2 GBO

143 Gemäß § 15 Abs. 2 GBO gilt der Urkundsnotar als ermächtigt, im Namen eines Antragsberechtigten die Eintragung zu beantragen.

144 **§ 15 GBO: Vollmachtsvermutung des Notars**

> (1) (…)
>
> (2) Ist die zu einer Eintragung erforderliche Erklärung von einem Notar **beurkundet oder beglaubigt**, so gilt dieser als ermächtigt, im Namen eines Antragsberechtigten die Eintragung zu beantragen.
>
> (3) (…)

145 Nach dieser Vorschrift **wird vermutet**, dass der **Notar**, der die unmittelbaren Eintragungsunterlagen beurkundet oder beglaubigt hat, eine entsprechende **Vollzugsvollmacht** für die Antragsberechtigten hat, d.h. der Notar hat kein eigenes Antragsrecht, sondern leitet seine Befugnis von den eigentlichen Antragsberechtigten ab, ohne eine entsprechende Vollzugsvollmacht vorlegen zu müssen.

2. Wesen und Wirkung des Antrags

a) Verfahrensinitiierung durch den Antrag

146 Der Antrag gibt dem Grundbuchamt den **Startschuss** dafür, dass es tätig werden darf und auch muss. Bei dem Antrag handelt es sich um eine **reine Verfahrenserklärung**, nicht hingegen um eine rechtsgeschäftliche Willenserklärung i.S.d. § 130 BGB. Ohne Antrag darf das Grundbuchamt grundsätzlich nicht tätig werden; wenn das Grundbuchamt ohne Antrag tätig

wird, bleibt die Wirksamkeit der vorgenommenen Rechtsänderung hiervon jedoch unberührt, sofern die erforderlichen materiellen Erklärungen vorliegen.

Der Antrag gibt nicht nur den Startschuss, sondern er gibt auch die **Marschroute** vor, d.h., das Grundbuchamt darf von dem gestellten Antrag inhaltlich nicht abweichen.

b) Bedingungsfeindlichkeit des Antrags

Gemäß § 16 Abs. 1 GBO darf die Erledigung des Antrags **nicht an einen Vorbehalt** geknüpft werden. Abweichend hiervon gestattet § 16 Abs. 2 GBO dem Antragsteller mehrere Anträge in der Weise miteinander zu verknüpfen, dass diese nur gemeinsam vollzogen werden dürfen. 147

> **§ 16 GBO: Antrag unter Vorbehalt** 148
>
> (1) Einem Eintragungsantrag, **dessen Erledigung an einen Vorbehalt** geknüpft wird, soll **nicht** stattgegeben werden.
>
> (2) Werden mehrere Eintragungen beantragt, so kann von dem Antragsteller bestimmt werden, dass die **eine Eintragung nicht ohne die andere erfolgen** soll.

Übertragen beispielsweise die Eltern ihre Immobilie an ihren Sohn unter Nießbrauchvorbehalt, werden im Rahmen des Grundbuchvollzuges zwei verschiedene Anträge gestellt, nämlich zum einen der Antrag auf Eigentumsumschreibung und zum anderen der Antrag auf Eintragung des Nießbrauchrechts. Da die Eltern das Eigentum nur dann an ihren Sohn übertragen wollen, wenn das vertraglich vereinbarte Nießbrauchrecht an der vereinbarten Rangstelle eingetragen wird, empfiehlt es sich, die Anträge auf Eigentumsumschreibung und auf Nießbrauchbestellung i.S.v. **§ 16 Abs. 2 GBO zu verbinden**. 149

c) Form des Antrags und seiner Rücknahme

Der schlichte **Eintragungsantrag (§ 13 GBO)** bedarf – anders als die Grundbuchbewilligung – grundsätzlich **keiner besonderen Form**, kann also auch privatschriftlich gestellt und beim Grundbuchamt eingereicht werden. 150

Etwas anderes gilt gemäß § 30 GBO nur dann, wenn durch den Antrag zugleich eine zu der Eintragung erforderliche Erklärung ersetzt werden soll – in diesem Ausnahmefall bedarf der Antrag der öffentlichen bzw. öffentlich-beglaubigten Form i.S.d. § 29 GBO.

In der Grundbuchpraxis liegen gleichwohl die meisten Anträge in öffentlicher bzw. öffentlich-beglaubigter Form i.S.d. § 29 GBO vor, da sie in derselben Urkunde wie die formbedürftige Bewilligung und die materiell-rechtlichen Erklärungen enthalten sind bzw. vom Notar selbst gestellt werden.

Demgegenüber bedarf gemäß § 31 GBO die **Rücknahme eines Antrags**, mithin auch die Rücknahme eines privatschriftlichen Antrags, **stets der Form des § 29 GBO** – außer es handelt sich um die Rücknahme eines bloßen Grundbuchberichtigungsantrags.

d) Materielle Wirkungen des Antrags

Obwohl es sich bei dem Eintragungsantrag um eine **reine Verfahrenshandlung** handelt, kommt ihm seinerseits eine gewisse **materielle Wirkung** zu. 151

- Zum einen wird aufgrund des Prioritätsprinzips über die Reihenfolge der Antragstellung gemäß § 17 GBO die Reihenfolge der Einträge (§ 45 GBO) und damit das **Rangverhältnis der Rechte** (§ 879 BGB) vorgegeben.
- Zum anderen bestimmt etwa § 878 BGB, dass **nachträgliche Verfügungsbeschränkungen unbeachtlich** sind, wenn – neben weiteren Erfordernissen – der Antrag auf Eintragung bei dem Grundbuchamt gestellt worden ist (siehe Rdn 106 ff.).
- In ähnlicher Weise ordnet § 892 BGB an, dass der Erwerber im Rahmen des **gutgläubigen Erwerbs** grundsätzlich bis zum Zeitpunkt der Antragstellung gutgläubig sein muss – oder anders formuliert: Wird der Erwerber nach Antragstellung bösgläubig, ist dies unschädlich (siehe Rdn 105).

Da der Zeitpunkt der Antragstellung (= Eingang beim Grundbuchamt) von zentraler Bedeutung für das Rangverhältnis konkurrierender Rechte und den Zeitpunkt des Vorhandenseins der Verfügungsbefugnis und der Gutgläubigkeit ist, versteht es sich von selbst, dass die Grundbuchanträge zeitnah nach der Beurkundung beim Grundbuchamt eingehen sollten, da jede verzögerte Bearbeitung nicht nur den Ärger der Mandanten in Bezug auf lange Vollzugsdauer nach sich zieht, sondern darüber hinaus weitere gravierende juristische Folgen haben kann.

3. Ausnahmen vom Antragsgrundsatz

152 Ausnahmen vom Antragsgrundsatz gibt es nur in den gesetzlich bestimmten Fällen. Hierzu zählen insbesondere:

a) Eintragung einer Vormerkung von Amts wegen (§ 18 Abs. 2 GBO)

153 Aufgrund des in § 17 GBO verankerten Prioritätsprinzips darf die später beantragte Eintragung nicht vor der Erledigung des früher gestellten Antrags erfolgen.

Nun kann es aber passieren, dass die früher beantragte Eintragung **vorübergehend** nicht vorgenommen werden kann, weil etwa noch weitere Nachweise beizubringen sind, deren Fehlen das Grundbuchamt mit **Zwischenverfügung** beanstandet hat. Das strenge Prioritätsprinzip hat nun zur Folge, dass alle später beantragten Eintragungen in Bezug auf dasselbe Recht „warten" müssten, bis die früher beantragte Eintragung erledigt ist – was sich schlimmstenfalls über Jahre hinziehen könnte.

Zur Vermeidung einer derartigen Grundbuchblockade erlaubt § 18 Abs. 2 GBO die Erledigung des später gestellten Antrags, wenn zugunsten des früher gestellten Antrags von Amts wegen eine Vormerkung oder ein Widerspruch eingetragen wird. Diese **Vormerkung** übernimmt damit die **Funktion eines Platzhalters** – sie hält dem früher gestellten unerledigten Eintragungsantrag den richtigen Platz, mithin den richtigen Rang, frei.

Die Eintragung dieser Vormerkung erfolgt ohne Antrag von Amts wegen – der von den Parteien gestellte Antrag betrifft ja gerade nicht die Vormerkung.

154 **§ 18 GBO: Eintragungshindernis; Zurückweisung oder Zwischenverfügung**

> (1) (...)
>
> (2) [1]Wird **vor der Erledigung** des Antrags eine **andere Eintragung** beantragt, durch die dasselbe Recht betroffen wird, so ist **zugunsten des früher gestellten Antrags von Amts wegen eine Vormerkung oder ein Widerspruch** einzutragen; die Eintragung gilt im Sinne des § 17 als Erledigung dieses Antrags. [2]Die Vormerkung oder der Widerspruch wird von Amts wegen gelöscht, wenn der früher gestellte Antrag zurückgewiesen wird.

b) Eintragung aufgrund behördlichen Ersuchens (§ 38 GBO)

155 In den Fällen, in denen nach gesetzlicher Vorschrift eine Behörde befugt ist, das Grundbuchamt um eine Eintragung zu ersuchen, erfolgt die Eintragung aufgrund des Ersuchens der Behörde anstatt aufgrund Antrag und Bewilligung.

Diese ist insbesondere in folgenden Konstellationen der Fall:

- Gemäß § 32 Abs. 1 Insolvenzordnung (InsO) ist die **Eröffnung des Insolvenzverfahrens** in das Grundbuch einzutragen.
- Gemäß § 19 Abs. 1 Zwangsversteigerungsgesetz (ZVG) hat das Vollstreckungsgericht im Rahmen der **Anordnung der Zwangsversteigerung** zugleich das Grundbuchamt um Eintragung dieser Anordnung in das Grundbuch zu ersuchen.

III. Bewilligungsgrundsatz (formelles Konsensprinzip)

1. Wesen des formellen Konsensprinzips

156 Das sog. formelle Konsensprinzip ist das **Herzstück des deutschen Grundbuchverfahrens.** Um das Wesen und die Wirkungsweise des formellen Konsensprinzips besser zu verstehen,

lohnt es sich darüber nachzudenken, welche anderen Regelungsmöglichkeiten es gegeben hätte und was deren Folgen wären.

a) Materielles Konsensprinzip als Gegenstück

Das **Gegenstück zum formellen Konsensprinzip** ist das **materielle Konsensprinzip**. Bei strikter Geltung des materiellen Konsensprinzips würde sich der Prüfungsumfang des Grundbuchamtes auf sämtliche Umstände erstrecken, welche für die wirksame Begründung, Übertragung, Inhaltsänderung bzw. Aufgabe eines Rechtes erforderlich sind, und damit müssten all diese Umstände dem Grundbuchamt in „grundbuchtauglicher Form" (d.h. in öffentlicher bzw. öffentlich-beglaubigter Form) nachgewiesen werden. 157

- Demzufolge würde es bei Geltung des materiellen Konsensprinzips für die **Bestellung einer Grundschuld** nicht ausreichen, dass der Eigentümer beim Notar die Grundschuldbestellungsurkunde unterzeichnet, vielmehr müsste jedes Mal auch ein Vertreter der Bank erscheinen und auch die „Annahmeerklärung" der Bank vor dem Notar abgeben, da es sich bei der Grundschuldbestellung (wie bei jeder Begründung eines Rechts) nicht lediglich um eine einseitige Erklärung des Grundschuldbestellers (= Eigentümers) handelt, sondern vielmehr um einen Vertrag (siehe Rdn 126 f.) zwischen Eigentümer und Grundschuldgläubiger (= Bank).
  In der Rechtspraxis erscheint der Gläubiger (= Bank) im Zusammenhang mit einer Grundschuldbestellung aber praktisch nie beim Notar – vielmehr gibt die Bank ihre Grundschuldvertragserklärung entweder vorab durch Übersendung des Grundschuldauftrags samt ausgefülltem und unterzeichnetem Formular ausdrücklich ab oder im Nachgang (i.d.R. nur konkludent und damit formlos) dadurch ab, dass sie die Ausfertigung oder beglaubigte Abschrift[9] der Grundschuldbestellungsurkunde widerspruchslos entgegennimmt bzw. sie dem Eigentümer (bzw. Notar) den Grundschuldbestellungsauftrag zuleitet. Diese (sehr praktische!) Vorgehensweise ist Ausfluss des formellen Konsensprinzips – bei Geltung des materiellen Konsensprinzips wäre die Bestellung einer Grundschuld deutlich aufwendiger, da auch die Erklärung der Bank beurkundet bzw. beglaubigt werden müsste.
- In gleicher Weise würde es bei Geltung des materiellen Konsensprinzips für die **Bestellung einer Dienstbarkeit,** z.B. Leitungsrecht für einen Stromversorger oder Wegerecht für ein Nachbargrundstück, nicht genügen, dass der Eigentümer (des zu belastenden Grundstücks) die entsprechende Erklärung vor dem Notar abgibt, sondern es müsste auch der Berechtigte, also die berechtigte natürliche / juristische Person bzw. der berechtigte Grundstückseigentümer beim Notar seine Erklärung beglaubigen lassen.

Dass dem Grundbuchamt **nur die Erklärung des „negative" betroffenen Vertragspartners**, nicht aber auch die Erklärung des „begünstigten" Vertragspartners vorgelegt werden muss, ist dem formellen Konsensprinzip zu verdanken.

Das formelle Konsensprinzip gilt aber nicht uneingeschränkt im Grundbuchverfahren. Für die **Übertragung des Grundstückseigentums (= Auflassung)** gilt nämlich das **materielle Konsensprinzip (§ 20 GBO)**, d.h. für die Umschreibung des Eigentums im Grundbuch genügt es gerade nicht, wenn lediglich der übertragende Eigentümer die Vornahme dieser Rechtsänderung „bewilligt", vielmehr muss auch die dingliche Einigung über die Eigentumsübertragung (§§ 873, 925 BGB) nachgewiesen werden. Darüber hinaus gilt das materielle Konsensprinzip auch für die Bestellung, Inhaltsänderung und Übertragung eines Erbbaurechts. 158

9 Der Zugang einer „nur" beglaubigten Abschrift der Grundschuldbestellungsurkunde anstelle der Ausfertigung ist seit dem 29.12.2025 ausreichend, da mit Wirkung zu diesem Tag in § 130 folgender Absatz 2 eingefügt worden ist: „*Eine Willenserklärung, die notariell beurkundet oder öffentlich beglaubigt wurde, wird auch wirksam, wenn dem Erklärungsempfänger eine öffentlich beglaubigte Abschrift der Urschrift zugeht.*"

159 **§ 20 GBO: Einigungsgrundsatz („materielles Konsensprinzip")**

Im Falle der **Auflassung eines Grundstücks** sowie im Falle der Bestellung, Änderung des Inhalts oder Übertragung **eines Erbbaurechts** darf die Eintragung *nur erfolgen*, wenn **die erforderliche Einigung des Berechtigten und des anderen Teils erklärt ist**.

b) Formelles Konsensprinzip

aa) Verfahrensbeschleunigung

160 Das formelle Konsensprinzip dient der **Beschleunigung des Grundbuchverfahrens**. Es basiert auf dem Erfahrungssatz, dass der von einer Rechtsänderung (d.h. Begründung, Übertragung, Inhaltsänderung oder Aufhebung eines Rechts) Begünstigte diese Rechtsänderung selbstverständlich annimmt, während umgekehrt der negativ Betroffene die Rechtsänderung nur dann beim Grundbuchamt „bewilligt", wenn er mit der zu seinen Lasten erfolgten Rechtsänderung einverstanden ist.

Diese **Formalisierung** des Grundbuchverfahrens bringt es mit sich, dass das **Grundbuchamt nicht prüfen muss**, ob mit der Eintragung der Rechtsänderung ins Grundbuch (also z.B. Eintragung der Grundschuld) auch tatsächlich wirksam eine Grundschuld zugunsten des betreffenden Grundschuldgläubigers entsteht. Für das Grundbuchverfahren kommt es somit grundsätzlich nicht auf die wirkliche, d.h. „materielle" Rechtslage, an, sondern nur darauf, ob der Betroffene die Vornahme der Rechtsänderung zu seinen Lasten wirksam „bewilligt" hat.

Dreh- und Angelpunkt des formellen Konsensprinzips ist somit die **Bewilligung des Betroffenen**. Die gesetzliche Regelung hierzu findet sich in **§ 19 GBO**, wonach die Eintragung (schon dann!) erfolgt, wenn sie derjenige bewilligt, dessen Recht von ihr betroffen wird.

161 **§ 19 GBO: Bewilligungsgrundsatz („formelles Konsensprinzip")**

Eine Eintragung erfolgt, wenn **derjenige** sie **bewilligt**, dessen Recht von ihr **betroffen** wird.

162 Die beiden Vorschriften § 19 GBO und § 20 GBO stehen somit in einem **„Regel-Ausnahme"-Verhältnis**. Nach dem in **§ 19 GBO niedergelegten Regelfall** (formelles Konsensprinzip) genügt die Bewilligungserklärung des von der Rechtsänderung (negativ) Betroffenen als Legitimationsnachweis für das Grundbuchamt, um die beantragte Änderung vorzunehmen und es sind keine weiteren Nachweise erforderlich – außer es liegt der von **§ 20 GBO erfasste Ausnahmefall**, nämlich Änderung des Eigentums bzw. Bestellung/Inhaltsänderung/Übertragung eines Erbbaurechts (= materielles Konsensprinzip), vor.

bb) Möglichkeit der Grundbuchunrichtigkeit aufgrund eingeschränkten Prüfungsumfanges

163 Da das Grundbuchamt im Anwendungsbereich des formellen Konsensprinzips nicht die materielle Rechtslage zu prüfen hat, sondern nur das Vorliegen einer wirksamen Bewilligung des Betroffenen, kann es vorkommen, dass das Grundbuchamt eine Rechtsänderung im Grundbuch einträgt, die – mangels Vorliegens einer wirksamen dinglichen Einigung – überhaupt nicht eingetreten ist. In diesem Fall wird das Grundbuch mit Vornahme der Eintragung unrichtig und muss berichtigt werden (siehe Rdn 102 ff.). Der Umstand, dass das Grundbuchamt die Rechtsänderung eingetragen hat, heilt also nicht das Fehlen einer wirksamen dinglichen Einigung (siehe Rdn 225 ff.).

164 *Beispiel:*

Wollte beispielsweise die Bank A die ihr zustehende Grundschuld an die Bank B abtreten, hat die Bank A aber in ihrer Abtretungsbewilligungsurkunde versehentlich die Bank C als Abtretungsempfänger aufgeführt und wurde demzufolge vom Grundbuchrechtspfleger die Bank C als neuer Grundschuldgläubiger eingetragen, ist das Grundbuch nunmehr unrichtig, da es zwischen der Bank A und der Bank C keine dingliche Einigung über die Abtretung der betreffenden Grundschuld gibt.

2. Bewilligung i.S.d. § 19 GBO

Gemäß § 19 GBO genügt zur Vornahme einer Eintragung, Veränderung, Belastung oder Löschung eines Rechts grundsätzlich der Nachweis der einseitigen Bewilligung des von der Eintragung negativ Betroffenen. 165

Bei der Bewilligung handelt es sich – ähnlich wie bei dem Eintragungsantrag i.S.d. § 13 GBO – um eine **Verfahrenshandlung** ohne rechtsgeschäftlichen Charakter.

Von dem Eintragungsantrag unterscheidet sie sich dadurch, dass sie die eigentliche **Verfahrenslegitimierung** enthält, während der Eintragungsantrag (der ja auch vom Begünstigten gestellt werden kann!) lediglich das Grundbuchverfahren als solches in Gang setzt und das Grundbuchamt zur Vornahme der Prüfung berechtigt und verpflichtet.

a) Bewilligungsberechtigung

aa) Betroffen i.S.d. § 19 GBO (Bewilligungsmacht)

Betroffen i.S.d. § 19 GBO ist derjenige, dessen Rechtstellung durch die vorzunehmende Eintragung **rechtlich** (nicht nur wirtschaftlich) unmittelbar oder mittelbar beeinträchtigt wird oder zumindest rechtlich nachteilig berührt werden kann. 166

- Der Kreis der Personen, von denen die Bewilligung erforderlich ist, ist **einerseits** viel **enger** als der Kreis der Personen, welche antragsberechtigt i.S.d. § 13 GBO sind, da die Bewilligung nur von den „Betroffenen", nicht aber auch von den „Begünstigten" abzugeben ist. Zur Frage, wer jeweils von einer Rechtsänderung betroffen ist (siehe Rdn 142).
- **Andererseits** ist die Bewilligung **auch** von solchen Personen erforderlich, welche **nicht antragsberechtigt** sind, da antragsberechtigt nur die von der Rechtsänderung unmittelbar Betroffenen sind, während die Bewilligung grundsätzlich (d.h. vorbehaltlich abweichender gesetzlicher Regelungen) auch von solchen Personen benötigt wird, deren Rechtstellung **nur mittelbar** durch die Eintragung beeinträchtigt oder zumindest rechtlich nachteilig berührt werden kann.

Bei der **Löschung einer Grundschuld** ist der Grundschuldgläubiger (= Bank) unmittelbar Betroffener, sodass dessen **Bewilligung** in jedem Fall erforderlich ist. 167

- Den **Löschungsantrag** kann neben der Bank auch der Eigentümer als Begünstigter stellen.
- Der Grundstückseigentümer ist aber nicht nur Begünstigter, sondern zugleich auch mittelbar Betroffener, da es für ihn aufgrund des Rangverhältnisses der zu löschenden Grundschuld zu anderen nachrangigen Rechten rechtlich vorteilhaft sein kann, dass die betreffende Grundschuld nicht gelöscht, sondern entweder an ihn selbst oder an einen Dritten übertragen wird.[10] Auch besteht bei Grundpfandrechten immer die Möglichkeit, dass diese sich (außerhalb des Grundbuchs) in ein Eigentümergrundpfandrecht gewandelt haben, mithin überhaupt nicht mehr dem im Grundbuch eingetragenen Grundschuldgläubiger gehören. Dass es zur Löschung von Grundpfandrechten grundsätzlich auch **grundbuchverfahrensrechtlich** der **Löschungszustimmung des Eigentümers** bedarf, ist in **§ 27 GBO** ausdrücklich niedergelegt.
- § 27 GBO ist das grundbuchverfahrensrechtliche Pendant zu der **materiell-rechtlichen Vorschrift des § 1183 BGB i.V.m. § 1192 Abs. 1 BGB**, wonach es auch zivilrechtlich zur Aufhebung der Grundschuld der **Eigentümerzustimmung** bedarf – d.h. wurde die Löschung ohne diese materiell-rechtliche Erklärung vorgenommen, ist die Aufhebung unwirksam, da dann nicht nur ein Verstoß gegen das Grundbuchverfahrensrecht, sondern auch gegen das BGB vorliegt.

§ 27 GBO: Löschung von Grundpfandrechten 168

[1]Eine Hypothek, eine Grundschuld oder eine Rentenschuld darf nur mit Zustimmung des Eigentümers des Grundstücks gelöscht werden. [2]Für eine Löschung zur Berichtigung des Grundbuchs ist die Zustimmung nicht erforderlich, wenn die Unrichtigkeit nachgewiesen wird.

10 Siehe hierzu *Gutfried*, Grundschulden § 2 Rn 174 ff.

§ 1183 BGB: Aufhebung der Hypothek

Zur Aufhebung der Hypothek durch Rechtsgeschäft ist die **Zustimmung des Eigentümers** erforderlich. Die Zustimmung ist dem Grundbuchamt oder dem Gläubiger gegenüber zu erklären; sie ist unwiderruflich.

bb) Bewilligungsbefugnis

169 Grundsätzlich sind die vorstehend in lit. aa) genannten unmittelbar und mittelbar Betroffenen befugt die Bewilligung abzugeben. Etwas anderes gilt nur dann, wenn die (un-)mittelbar Betroffenen ausnahmsweise **nicht über ihr Recht verfügungsbefugt sind** (siehe Rdn 69–71 und 106–108). Dies betrifft insbesondere die Fälle der Insolvenzeröffnung, Nachlassverwaltung oder Testamentsvollstreckung.

- Ist z.B. über das Vermögen des Grundschuldgläubigers oder Grundstückeigentümers das Insolvenzverfahren eröffnet, muss die Löschungsbewilligung bzw. Eigentümerzustimmungserklärung vom Insolvenzverwalter des Grundschuldgläubigers bzw. Insolvenzverwalter des Grundstückeigentümers abgegeben werden.
- Ist der Berechtigte einer Grundschuld verstorben und wurde über seinen Nachlass Testamentsvollstreckung angeordnet, muss die Löschungsbewilligung vom Testamentsvollstrecker erteilt werden. Bei angeordneter Nachlassverwaltung ist die Bewilligungserklärung vom Nachlassverwalter abzugeben.

b) Inhalt und Form der Bewilligung

aa) Inhalt der Bewilligung

170 Aus dem Bestimmtheitsgrundsatz, der das Sachenrecht und damit auch das Grundbuchverfahrensrecht beherrscht, folgt, dass aus der Bewilligung eindeutig hervorgehen muss, (i) **welche Immobilie** betroffen ist, (ii) **welche Eintragung** (iii) **mit welchem Inhalt** vorgenommen werden soll und (iv) **wer Berechtigter** ist bzw. wie das **Verhältnis mehrerer Berechtigter** ausgestaltet ist.

171
- Gemäß **§ 28 S. 1 GBO** ist in der Eintragungsbewilligung das Grundstück übereinstimmend mit dem Grundbuch oder durch Hinweis auf das Grundbuchblatt zu bezeichnen.
- Bezieht sich die Bewilligung auf die Begründung eines Rechts (z.B. Bestellung einer Grundschuld, Dienstbarkeit, eines Wohnungsrechts oder Nießbrauchrechts) muss das zu bestellende Recht eindeutig angegeben werden, es muss aus dem Kreis der im BGB kodifizierten dinglichen Rechte stammen („**numerus-clausus Prinzip**“ – siehe Rdn 115) und seine inhaltliche Ausgestaltung muss auch den durch den **Typenzwang** (siehe Rdn 115) vorgegebenen Rahmen waren.
  - So ist es etwa nicht möglich ein Nießbrauchrecht nur an einzelnen Räumen zu bestellen – dies ist nur beim Wohnungsrecht möglich. Ein Nießbrauchrecht kann nur am ganzen Grundstück oder an einer Teilfläche eines Grundstücks (vertikale Teilung, keine horizontale Teilung!) bestellt werden.[11]
  - Bei Grundpfandrechten muss der Betrag aufgrund des sachenrechtlichen Typenzwanges in EUR oder in einer Währung eines Mitgliedstaates der Europäischen Union oder in Schweizer Franken oder US-Dollar angegeben werden.
- In gleicher Weise wie der Antrag darf auch die Bewilligung selbst an **keine Bedingung, Befristung oder sonstigen Vorbehalt** geknüpft sein. Demgegenüber kann das zu bestellende Recht seinerseits durchaus befristet oder bedingt bestellt werden – dies ist in der Rechtspraxis sogar häufig der Fall:
  - Wohnungsrechte werden beispielsweise häufig **auflösend bedingt auf den Wegzug** vom Anwesen bestellt;[12]
  - Rückauflassungsvormerkungen, welche den potenziellen Rückübertragungsanspruch absichern, sind regelmäßig **auflösend befristet auf das Ableben** des Berechtigten;[13]

11 Siehe hierzu *Neie*, Überlassungsvertrag § 2 Rn 16.
12 Siehe hierzu *Neie*, Überlassungsvertrag § 2 Rn 40 ff.
13 Siehe hierzu *Neie*, Überlassungsvertrag § 2 Rn 120 ff.

- Manchmal wird ein Nießbrauchrecht unter der **aufschiebenden Bedingung** bestellt, dass ein vorrangiges, zugunsten einer anderen Person bestelltes Nießbrauchrecht erloschen ist.

Tritt die auflösende Bedingung oder Befristung ein, **erlischt das Recht von selbst**, auch wenn es weiterhin im Grundbuch eingetragen ist. Sofern der Eintritt der auflösenden Befristung bzw. Bedingung nicht durch öffentliche Urkunden nachgewiesen werden kann (was nur bei der „Ablebens-Befristung" mittels Sterbeurkunde möglich ist), bedarf es für die Löschung des Rechts **grundbuchverfahrensrechtlich** (nicht materiell-rechtlich!) gleichwohl einer **Löschungsbewilligung**.

■ Falls ein Recht für **mehrere gemeinschaftlich** eingetragen werden soll, muss die Eintragung gemäß § 47 Abs. 1 GBO in der Weise erfolgen, dass
  - entweder die Anteile der Berechtigten in **Bruchteilen** (§§ 741 ff. BGB Bruchteilsgemeinschaft) angegeben werden (z.B. Miteigentum je zur Hälfte) oder
  - das für die **Gemeinschaft maßgebende Rechtsverhältnis** (z.B. Gütergemeinschaft gemäß §§ 1415 ff. BGB, Erbengemeinschaft gemäß §§ 2032 ff. BGB, Gesamtgläubiger gemäß § 428 BGB, Mitgläubiger gemäß § 432 BGB) bezeichnet wird.
  - Bis zum 1.1.2024 mussten bei Eintragung einer **Gesellschaft bürgerlichen Rechts** gemäß § 47 Abs. 2 S. 1 GBO a.F. auch deren Gesellschafter im Grundbuch eingetragen werden.

Historischer Exkurs zur Teilrechtsfähigkeit der GbR 172

Seit Anerkennung der Teilrechtsfähigkeit der Gesellschaft bürgerlichen Rechts (GbR) durch ein Urteil des Bundesgerichtshofs in 2001 ist die GbR selbst als Berechtigte (d.h. als Eigentümerin oder Berechtigte eines Rechts) im Grundbuch einzutragen.

Vor Anerkennung der Teilrechtsfähigkeit der GbR war die allgemeine Rechtsauffassung, dass die Gesellschafter in ihrer gesamthänderischen Verbundenheit (ähnlich wie die Erben einer Erbengemeinschaft oder die Ehegatten im Güterstand der Gütergemeinschaft) als Rechtsinhaber einzutragen seien und deren Verbindung zur Gesellschaft bürgerlichen Rechts das Gemeinschaftsverhältnis angibt.

Basierend auf dieser alten (inzwischen überholten Auffassung) findet sich bei älteren Grundbucheinträgen (Eintragungen vor November 2001) noch die Formulierung „*A und B als Gesellschafter der XY GbR*", während nunmehr die Gesellschaft selbst im Grundbuch eingetragen wird und demzufolge der Eintragungsvermerk schlicht „*XY GbR*" lautet.

Da es für die GbR bis zum 1.1.2024 kein Gesellschaftsregister gab, aus welchem hervorgeht, wer die GbR vertritt, wäre bis dahin die Publizitätswirkung des Grundbuchs in Bezug auf die GbR erheblich eingeschränkt gewesen, wenn nicht auch die Gesellschafter im Grundbuch einzutragen wären, da unklar wäre, wer die Bewilligung für die GbR abgeben kann.

Über dieses Dilemma (welches es erst seit Anerkennung der Teilrechtsfähigkeit der GbR gab) half § 47 Abs. 2 S. 1 GBO a.F. hinweg, wonach bei der GbR auch sämtliche Gesellschafter im Grundbuch einzutragen waren. Der Eintragungsvermerk für eine GbR lautete daher seit Einführung von § 47 Abs. 2 S. 1 GBO im Jahr 2009 bis zum 1.1.2024: „*(…)-GbR bestehend aus den Gesellschaftern A und B*".

Mit Wirkung zum 1.1.2024 hat sich das vorgenannte Dilemma dahingehend erledigt, dass es nunmehr auch für die GbR ein Gesellschaftsregister gibt und somit seit dem 1.1.2024 schlicht die GbR (mit Sitz und Registernummer) im Grundbuch eingetragen wird (siehe Rdn 17).

bb) Form der Bewilligung

173 Gemäß § 29 Abs. 1 GBO darf das Grundbuchamt eine Eintragung nur vornehmen, wenn die Eintragungsbewilligung durch **öffentliche oder öffentlich-beglaubigte Urkunden nachgewiesen** ist.[14]

174 **§ 29 GBO: Nachweis der Eintragungsunterlagen**

(1) [1]Eine Eintragung soll nur vorgenommen werden, wenn die **Eintragungsbewilligung** oder die sonstigen zu der Eintragung erforderlichen Erklärungen durch **öffentliche oder öffentlich beglaubigte Urkunden nachgewiesen** werden. [2]Andere Voraussetzungen der Eintragung bedürfen, soweit sie nicht bei dem Grundbuchamt offenkundig sind, des Nachweises durch öffentliche Urkunden.

(2) (...)

(3) [1]Erklärungen oder Ersuchen einer Behörde, aufgrund deren eine Eintragung vorgenommen werden soll, sind zu unterschreiben und mit Siegel oder Stempel zu versehen. [2]Anstelle der Siegelung kann maschinell ein Abdruck des Dienstsiegels eingedruckt oder aufgedruckt werden.

175 Aus dieser Vorschrift folgt zum einen die **Pflicht des Antragstellers alle Eintragungsunterlagen beizubringen**, d.h. das Grundbuchamt ist weder verpflichtet selbst Ermittlungen anzustellen noch hierzu berechtigt.

Zum anderen folgt aus § 29 Abs. 1 S. 1 GBO, dass die Eintragungsbewilligung mittels **öffentlicher oder öffentlich-beglaubigter Urkunden nachzuweisen** ist. Aus § 29 Abs. 1 S. 2 GBO folgt darüber hinaus die Beschränkung der zulässigen Beweismittel im Grundbuchverfahren auf öffentliche Urkunden.

Die Eintragungsbewilligung muss demzufolge entweder in einer notariellen Urkunde (beurkundet oder beglaubigt) enthalten sein oder von einer „siegelführenden“ Behörde im Rahmen ihrer Amtsbefugnisse abgegeben werden. Da die Sparkasse selbst siegelführend ist, bedarf die Löschungsbewilligung einer zugunsten der Sparkasse bestellten Grundschuld keiner notariellen Beglaubigung. Gleiches gilt für die Löschung von Rechten, welche zugunsten einer kommunalen Gebietskörperschaft (Gemeinde, Landkreis, Bezirk), eines Bundeslandes, der Bundesrepublik Deutschland oder einer sonstigen öffentlichen Anstalt oder Körperschaft bestellt sind.

c) Ausnahmen vom Bewilligungsgrundsatz

176 Der Bewilligungsgrundsatz gilt nicht uneingeschränkt. Vielmehr enthalten sowohl die Grundbuchordnung als auch andere Gesetze (namentlich die Zivilprozessordnung) Vorschriften, welche für bestimmte Fälle entweder eine Ausnahme vom Bewilligungsgrundsatz oder einen Bewilligungsersatz vorsehen.

aa) Bewilligung bei subjektiv-dinglichen Rechten

177 In der Notarpraxis sehr häufig greift die in **§ 21 GBO** enthaltene Ausnahme betreffend die Bewilligung bei subjektiv-dinglichen Rechten. Subjekt-dingliche Rechte sind solche, die zugunsten des jeweiligen Eigentümers eines anderen Grundstücks bestellt sind (Grunddienstbarkeiten), also z.B. ein Geh- und Fahrtrecht oder ein Kanalleitungsrecht zugunsten des Nachbargrundstücks.

- Gemäß § 875 Abs. 1 S. 1 BGB bedarf es zur **Aufgabe eines dinglichen Rechts** der Aufgabeerklärung des Berechtigten (d.h. des Eigentümers des herrschenden Grundstücks) und der Löschung im Grundbuch (siehe Rdn 81). Die Zustimmung des Eigentümers des dienenden Grundstücks ist somit weder materiell-rechtlich noch grundbuchverfahrensrechtlich erforderlich.

14 Mit Wirkung zum 1.10.2026 wird § 29 GBO um folgenden Absatz 4 ergänzt: „*(4) Der Form des Absatzes 1 genügt auch **der beglaubigte Ausdruck** oder **die beglaubigte Abschrift eines elektronischen Dokuments**, das den Voraussetzungen des § 137 Absatz 1 entspricht. Der Form des Absatzes 3 Satz 1 genügt auch der **beglaubigte Ausdruck** oder **die beglaubigte Abschrift eines elektronischen Dokuments**, das den Voraussetzungen des § 137 Absatz 2 entspricht.*“

- Neben der (materiell-rechtlichen) Zustimmung des Eigentümers des herrschenden Grundstücks bedarf es jedoch materiell-rechtlich zum Verzicht auf ein Recht grundsätzlich auch der Zustimmung von **solchen Personen, welchen ihrerseits ein Recht an dem herrschenden Grundstück zusteht**.

Beispiel: 178

Ist das herrschende Grundstück (zu dessen Gunsten ein Geh- und Fahrtrecht am Nachbargrundstück eingetragen ist) seinerseits mit einem Nießbrauchrecht oder einer Grundschuld belastet, genügt es zur Aufgabe eines Geh- und Fahrtrechts nicht, wenn nur der herrschende Eigentümer die Löschungserklärung (§ 875 Abs. 1 S. 1 BGB) abgibt, sondern es bedarf darüber hinaus grundsätzlich auch der Löschungszustimmung des Nießbrauchberechtigten bzw. des Grundschuldgläubigers. Etwas anderes würde nur dann gelten, wenn deren Recht durch die Aufhebung nicht berührt würde, was bei der Löschung eines Geh- und Fahrtrechts oder Kanalleitungsrechts i.d.R. nicht der Fall ist, da diese Dienstbarkeit gerade zur Erschließung des herrschenden Grundstücks nötig und damit sowohl für das Grundstück selbst als auch für die daran lastenden Rechte von entscheidender Bedeutung ist.

Dass in der **Notarpraxis** bei der Löschung von Grunddienstbarkeiten selten bzw. praktisch 179
nie die Löschungszustimmung der dinglich Berechtigten, welchen ein Recht am herrschenden Grundstück zusteht, eingeholt wird bzw. oft schon überhaupt nicht das Grundbuch des herrschenden Eigentümers eingesehen wird, um zu prüfen, ob dieses in Abt. II oder III belastet ist, ist der **grundbuchverfahrensrechtlichen Vorschrift des § 21 GBO zu verdanken**, die für das Grundbuchverfahren auf den **Nachweis der Zustimmung der Drittberechtigten verzichtet**. Nach dieser Vorschrift bedarf es grundbuchverfahrensrechtlich der Zustimmung von Drittberechtigten nur, wenn das zu löschende Recht auf dem Grundbuchblatt des herrschenden Grundstücks vermerkt ist (sog. Aktivvermerk bzw. Herrschvermerk im Bestandsverzeichnis des berechtigten Grundstücks).

- Zentrale Bedeutung des **Aktiv- bzw. Herrschvermerks** für das Grundbuchverfahren ist somit, dass diese Rechte viel aufwendiger zu löschen sind, da auch grundbuchverfahrensrechtlich die **Zustimmungserklärung** all derjenigen Rechtsinhaber erforderlich ist, welche in Abt. II und/oder Abt. III des Grundbuchblatts, in welchem der Herrschvermerk eingetragen ist, und deren Recht durch die Löschung berührt werden kann, in **öffentlich-beglaubigter Form erforderlich** ist und dem Grundbuchamt das Vorliegen der Zustimmungserklärung in öffentlich-beglaubigter Form nachgewiesen werden muss.
- **Materiell-rechtlich** ist für die Aufhebung von Grunddienstbarkeiten stets neben der materiell-rechtlichen Löschungserklärung (§ 875 BGB) des herrschenden Eigentümers auch die Löschungszustimmungserklärung (§ 876 S. 2 BGB) der dinglich Berechtigten des herrschenden Grundstücks erforderlich, wenn deren Recht durch die Aufhebung der Grunddienstbarkeit beeinträchtigt werden kann. Ohne Aktivvermerk des aufzuhebenden Rechts sind jedoch diese Zustimmungserklärungen dem Grundbuchamt nicht nachzuweisen und damit nicht erforderlich, um die Löschung der Grunddienstbarkeit im Grundbuch zu erreichen. Wird die Grunddienstbarkeit ohne erforderliche Zustimmung im Grundbuch gelöscht, erlischt damit die Grunddienstbarkeit rechtlich (noch) nicht, vielmehr wird das Grundbuch unrichtig.

§ 21 GBO: Bewilligung bei subjektiv-dinglichen Rechten 180

Steht ein Recht, das durch die Eintragung betroffen wird, dem jeweiligen Eigentümer eines Grundstücks zu, so bedarf es der **Bewilligung der Personen**, deren Zustimmung nach § 876 Satz 2 des Bürgerlichen Gesetzbuchs zur Aufhebung des Rechtes erforderlich ist, **nur dann, wenn das Recht auf dem Blatt des Grundstücks vermerkt ist**.

§ 876 BGB: Aufhebung eines belasteten Rechts

[1](...) [2]Steht das aufzuhebende Recht dem **jeweiligen Eigentümer eines anderen Grundstücks** zu, so ist, wenn dieses Grundstück mit dem **Recht eines Dritten belastet** ist, die **Zustimmung des Dritten erforderlich**, es sei denn, dass dessen Recht durch die Aufhebung nicht berührt wird. [3](...)

bb) Löschung von Rechten auf Lebenszeit und Löschung zeitlich beschränkter Rechte

181 Bei Rechten, die auf die Lebenszeit des Berechtigten bestellt sind (z.B. Wohnungsrecht oder Nießbrauchrecht), liegt es nahe, dass man diese Rechte nach dem Tod des Berechtigten mit der Sterbeurkunde und damit ohne Bewilligung des (verstorbenen) Berechtigten bzw. dessen Rechtsnachfolgers (= Erben) löschen kann.

Werden durch derartige Rechte auch Leistungen abgesichert, bei welchen es zu Rückständen kommen kann – was häufig der Fall ist, z.B. bei einem Wohnungsrecht wegen der Tragung von Nebenkosten –, hat das betreffende Recht (also z.B. das Wohnungsrecht) trotz zwischenzeitlich erfolgtem Ableben des Berechtigten weiterhin eine rechtliche Bedeutung. Vor diesem Hintergrund bedürfte es zur Löschung derartiger Rechte an sich der Löschungsbewilligung des Erben und damit auch des Nachweises über die Erbfolge.

- Von diesem Bewilligungserfordernis befreit nun wiederum § 23 Abs. 1 GBO, wonach die Bewilligung des Erben nicht erforderlich ist, wenn seit dem Ableben ein Jahr verstrichen ist und der Erbe der Löschung bei dem Grundbuchamt nicht widersprochen hat.
- Gemäß § 23 Abs. 2 GBO bedarf es zur Löschung von Rechten auf Lebenszeit von vornherein keiner Löschungsbewilligung, wenn bei Bestellung des Rechts eine sog. Löschungserleichterung eingetragen wurde, mithin im Grundbuch eingetragen ist, dass zur Löschung des Rechts der Nachweis des Todes des Berechtigten genügen soll („*Löschung gegen Todesnachweis*“). Findet sich diese Formulierung im Grundbuch, kann das auf Lebenszeit einer Person befristetes Recht auch vor Ablauf der Jahresfrist gegen Vorlage der Sterbeurkunde im Grundbuch gelöscht werden.
- § 24 GBO überträgt die Befreiung vom Erfordernis der Löschungsbewilligung auf solche Fälle, in welchen das Recht nicht aufgrund Ablebens, sondern mit dem Erreichen eines bestimmten Lebensalters des Berechtigten oder mit dem Eintritt eines sonstigen bestimmten Zeitpunkts oder Ereignisses (z.B. Heirat) erlischt.

182 **§ 23 GBO: Löschung von Rechten auf Lebenszeit**

(1) [1]Ein Recht, das auf die **Lebenszeit des Berechtigten beschränkt** ist, darf **nach dessen Tod**, falls **Rückstände von Leistungen nicht ausgeschlossen** sind, **nur mit Bewilligung des Rechtsnachfolgers** gelöscht werden, **wenn** die Löschung *vor dem Ablauf eines Jahres* nach dem Tod des Berechtigten erfolgen soll **oder** wenn der Rechtsnachfolger der Löschung bei dem Grundbuchamt *widersprochen* hat; der Widerspruch ist von Amts wegen in das Grundbuch einzutragen. [2]Ist der Berechtigte für tot erklärt, so beginnt die einjährige Frist mit dem Erlaß des die Todeserklärung aussprechenden Urteils.

(2) Der im Absatz 1 vorgesehenen **Bewilligung des Rechtsnachfolgers bedarf es nicht**, wenn im **Grundbuch eingetragen** ist, daß zur *Löschung des Rechtes der Nachweis des Todes des Berechtigten genügen soll.*

§ 24 GBO: Löschung zeitlich beschränkter Rechte

Die Vorschriften des § 23 sind entsprechend anzuwenden, wenn das Recht mit der **Erreichung eines bestimmten Lebensalters des Berechtigten** oder mit dem Eintritt eines **sonstigen bestimmten Zeitpunkts oder Ereignisses** erlischt.

cc) Berichtigung des Grundbuchs aufgrund Unrichtigkeitsnachweises

183 Eine weitere sehr praxisrelevante Ausnahme vom Bewilligungsgrundsatz ist in § 22 GBO enthalten, wonach es zur Berichtigung des Grundbuchs der Bewilligung nach § 19 GBO nicht bedarf, wenn die Unrichtigkeit nachgewiesen wird.

§ 22 GBO: Berichtigung des Grundbuchs 184

(1) [1]Zur Berichtigung des Grundbuchs bedarf es der Bewilligung nach § 19 **nicht**, wenn die **Unrichtigkeit nachgewiesen** wird. [2]Dies gilt insbesondere für die Eintragung oder Löschung einer Verfügungsbeschränkung.

(2) Die Berichtigung des Grundbuchs durch Eintragung eines Eigentümers oder eines Erbbauberechtigten darf, sofern nicht der Fall des § 14 vorliegt oder die Unrichtigkeit nachgewiesen wird, nur mit Zustimmung des Eigentümers oder des Erbbauberechtigten erfolgen.

(1) Grundbuchunrichtigkeit und Berichtigungsanspruch

Bevor der Blick darauf gerichtet wird, wie das Grundbuch berichtigt werden kann, soll an dieser Stelle zum besseren Verständnis der Grundbuchdogmatik erneut der Frage nachgegangen werden, wie es eigentlich passieren kann, dass das Grundbuch unrichtig wird (siehe Rdn 96). Das Grundbuch ist unrichtig, wenn der dort verzeichnete Buchstand nicht dem tatsächlichen Rechtszustand entspricht. Dieses Auseinanderfallen von Grundbuch und Rechtswirklichkeit kann (ausnahmsweise) bereits anfänglich bestehen oder (häufiger) erst später eintreten. 185

- Angesichts des Umstandes, dass die Eintragung im Grundbuch Voraussetzung für die wirksame Begründung, Übertragung oder Aufhebung eines Rechts ist, gehen grundsätzlich der Grundbucheintrag und der tatsächliche Rechtszustand „Hand in Hand." Ein **anfängliches Auseinanderfallen** kommt daher nur dann in Betracht, wenn die dingliche Einigung i.S.d. § 873 BGB unerkannt unwirksam war z.B. aufgrund fehlender Geschäftsfähigkeit eines Beteiligten (§§ 104 ff. BGB), wegen Verstoßes gegen die guten Sitten (§ 138 BGB) oder gegen ein gesetzliches Verbot (§ 134 BGB), wegen Vorliegens eines unzulässigen Insichgeschäfts (§ 181 BGB) oder wegen erfolgter Anfechtung (§§ 119 ff. BGB) etc.
- Zu einem **nachträglichen Auseinanderfallen** von „Buchwelt" und „realer Welt" kann es dann kommen, wenn sich der Eigentums- bzw. sonstige Rechtswechsel ausnahmsweise außerhalb des Grundbuchs vollzieht (z.B. aufgrund Erbfolge, Erbteilsübertragung, Begründung von Gütergemeinschaft, gesellschaftsrechtlicher Umwandlung, Ableben des Inhabers eines Rechts).
- Wenn das Grundbuch unrichtig ist, hat derjenige, zu dessen Lasten das Grundbuch unrichtig ist, gegenüber demjenigen, zu dessen Gunsten das Grundbuch unrichtig ist und dessen Recht folglich durch die Berichtigung betroffen ist, einen Anspruch darauf, dass der „Buchberechtigte" seine Zustimmung zur Berichtigung des Grundbuchs abgibt. Dieser zivilrechtliche Berichtigungsanspruch ist in § 894 BGB geregelt.

§ 894 BGB: Berichtigung des Grundbuchs 186

Steht der **Inhalt des Grundbuchs** in Ansehung **eines Rechts an dem Grundstück**, eines Rechts an einem solchen Recht oder einer Verfügungsbeschränkung der in § 892 Abs. 1 bezeichneten Art mit der wirklichen Rechtslage nicht im Einklang, so kann **derjenige, dessen Recht** nicht oder nicht richtig eingetragen oder durch die Eintragung einer nicht bestehenden Belastung oder Beschränkung **beeinträchtigt ist, die Zustimmung zu der Berichtigung des Grundbuchs** von **demjenigen verlangen, dessen Recht** durch die Berichtigung betroffen wird.

(2) Berichtigung aufgrund Unrichtigkeitsnachweises oder Berichtigungsbewilligung

Ist das Grundbuch nun unrichtig (siehe oben) gibt es grundsätzlich zwei verschiedene Möglichkeiten, um die Berichtigung des Grundbuchs grundbuchverfahrensrechtlich zu erreichen. 187

- Die Berichtigung des Grundbuchs ist aufgrund **Bewilligung (§ 19 GBO)** des Betroffenen möglich. Wie eben aufgezeigt, ist der Betroffene verpflichtet der Grundbuchberichtigung zuzustimmen (§ 894 BGB). 188

  Die Berichtigungsbewilligung unterscheidet sich von der normalen Eintragungsbewilligung dadurch, dass die Berichtigungsbewilligung nicht darauf abzielt, eine Rechtsänderung konstitutiv herbeizuführen, sondern darauf, eine bereits außerhalb des Grundbuchs eingetretene Rechtsänderung deklaratorisch nachzuzeichnen bzw. einen anfänglich unrichtigen Grundbucheintrag zu berichtigen. Aus diesem Grund muss die Berichtigungsbewilligung eine schlüssige Darlegung der bestehenden Unrichtigkeit und der beantragten Berichtigung enthalten.

Beispiel:

A ist Alleineigentümer eines Grundstücks und begründet mit seiner Ehefrau den Güterstand der Gütergemeinschaft, ohne das betreffende Grundstück zum Vorbehaltsgut zu erklären. Mit wirksamem Abschluss des Ehevertrages wird das Grundbuch unrichtig, da der Grundbesitz nunmehr in das Gesamtgut der Ehegatten fällt. Das Grundbuch ist zu berichtigen, was aufgrund einer Bewilligungserklärung des bisher im Grundbuch als Alleineigentümer eingetragenen A möglich ist. Allerdings bedarf es aufgrund der Sondervorschrift des § 22 Abs. 2 GBO darüber hinaus auch der Zustimmungserklärung der Ehefrau in öffentlich-beglaubigter Form. Wäre A demgegenüber Inhaber einer Grundschuld und würde diese aufgrund des Ehevertrages ins Gesamtgut der Ehegatten fallen, wäre die Berichtigungsbewilligung von A ausreichend und es bedürfte darüber hinaus nicht noch der Zustimmungserklärung der Ehefrau.

- Gemäß § **22 GBO** bedarf es zur Grundbuchberichtigung der Berichtigungsbewilligung nicht, wenn die **Grundbuchunrichtigkeit nachgewiesen** werden kann, wobei der Unrichtigkeitsnachweis nur in der Form des § 29 GBO, also mittels öffentlicher oder öffentlich-beglaubigter Urkunden geführt werden kann.
  - Im oben genannten Beispiel (Begründung von Gütergemeinschaft mittels Ehevertrages) könnte somit auch die Ehefrau unter Vorlage einer Ausfertigung bzw. beglaubigten Abschrift des Ehevertrages die Berichtigung des Grundbuchs erreichen, ohne dass der Ehemann mitwirken müsste. Auch die Zustimmung der Ehefrau wäre nicht erforderlich, egal ob A als Eigentümer von einem Grundstück oder als Gläubiger einer Grundschuld im Grundbuch eingetragen ist.
  - Ein häufiger Fall der Grundbuchberichtigung aufgrund Unrichtigkeitsnachweises betrifft die Berichtigung der Eigentümerstellung nach Eintritt eines Erbfalles. In der Sekunde des Todes des verstorbenen Eigentümers geht die Eigentümerstellung auf dessen Erben über (auch wenn zunächst noch unklar ist, wer das ist). Das Grundbuch ist damit in der Sekunde des Todes unrichtig geworden und muss berichtigt werden, wobei § 35 GBO ausdrücklich anordnet, dass der Nachweis der Erbfolge
    - entweder durch einen Erbschein oder
    - durch öffentliches Testament bzw. Erbvertrag samt Eröffnungsniederschrift

    geführt werden kann.

189 *Hinweis*

Betrifft die Grundbuchberichtigung die Eigentümerstellung, bedarf es stets – unabhängig davon, ob die Berichtigung mittels Berichtigungsbewilligung oder mittels Unrichtigkeitsnachweises erfolgt – der steuerlichen Unbedenklichkeitsbescheinigung („UB") betreffend die Grunderwerbsteuer.

(3) Exkurs: Bloße Richtigstellung

190 Von der Berichtigung im oben beschriebenen Sinne, welche den Nachweis der Unrichtigkeit mittels öffentlicher oder öffentlich-beglaubigter Urkunden erfordert, ist die bloße Richtigstellung zu unterscheiden.

Eine bloße Richtigstellung liegt vor, wenn nicht ein Rechtsverhältnis falsch ausgewiesen ist, sondern lediglich eine im Grundbuch verlautbarte Tatsache unrichtig wiedergegeben ist, wie z.B. Namensänderung infolge Heirat oder Umfirmierung, Berichtigung des Grundbuchbeschriebs bzw. der Flächenangabe. Derartige Richtigstellungen sind an sich vom Grundbuchamt von Amts wegen vorzunehmen und unterliegen auch nicht den strengen Nachweiserfordernissen des § 29 GBO. Der in der Praxis gleichwohl häufig gestellte Antrag auf Berichtigung ist daher rechtsdogmatisch streng genommen lediglich eine Anregung an das Grundbuchamt, die Berichtigung von Amts wegen vorzunehmen.

IV. Voreintragungsgrundsatz

Ein weiterer zentraler Grundsatz des Grundbuchverfahrens ist der Voreintragungsgrundsatz. 191

1. Regelfall: Erfordernis der Voreintragung § 39 Abs. 1 GBO

Eine Eintragung im Grundbuch darf grundsätzlich nur dann erfolgen, wenn die Person, deren Recht betroffen wird, als Berechtigte im Grundbuch eingetragen ist. Demzufolge kann beispielsweise ein Erbe an dem geerbten Grundbesitz eine Grundschuld erst dann bestellen bzw. im Grundbuch eintragen lassen, wenn zuvor bzw. im gleichen Schritt das Grundbuch dahingehend berichtigt wird, dass der Erbe nunmehr Eigentümer des geerbten Grundbesitzes ist. Es genügt also nicht, dass der Erbe nur seine Erbenstellung in öffentlicher bzw. öffentlich-beglaubigter Form nachweist, sondern es muss zwingend das Grundbuch berichtigt werden, selbst wenn ein zeitnaher Verkauf beabsichtigt ist und die (ggf. kostenpflichtige)[15] Grundbuchberichtigung nur von kurzer Dauer ist. 192

§ 39 GBO: Voreintragung des Betroffenen 193

(1) Eine Eintragung soll nur erfolgen, wenn die Person, deren Recht durch sie betroffen wird, **als der Berechtigte eingetragen** ist.

(2) Bei einer Hypothek, Grundschuld oder Rentenschuld, über die ein Brief erteilt ist, steht es der Eintragung des Gläubigers gleich, wenn dieser sich im Besitz des Briefes befindet und sein Gläubigerrecht nach § 1155 des Bürgerlichen Gesetzbuchs nachweist.

2. Ausnahmen vom Erfordernis der Voreintragung

Die wichtigste Ausnahme vom Voreintragungsgrundsatz ist in § 40 Abs. 1 GBO enthalten. Demzufolge ist die Voreintragung des Erben insbesondere dann nicht erforderlich, wenn lediglich die **Übertragung** oder **Aufhebung** eines Rechts eingetragen werden soll. 194

- Der Erbe des verstorbenen Eigentümers kann demzufolge ohne seine Zwischeneintragung die Immobilie auf einen Dritten übertragen – sei es im Wege der Schenkung oder des Verkaufs. Belastungen in Abt. II oder III, mithin eine Grundschuld kann der Erbe jedoch erst nach einer erfolgten Grundbuchberichtigung eintragen lassen, da es sich hierbei nicht um die Übertragung oder Aufhebung, sondern vielmehr um die Begründung eines Rechts handelt.

> *Hinweis*
>
> Da beim Verkauf einer Immobilie meist vor der Umschreibung des Eigentums auf den Käufer eine Auflassungsvormerkung zugunsten des Käufers und/oder eine Finanzierungsgrundschuld zugunsten der Bank des Käufers eingetragen werden muss, ist beim Verkauf (anders als bei Schenkungen) grundsätzlich eine vorherige Grundbuchberichtigung erforderlich, d.h. der Erbe muss als Eigentümer eingetragen werden.
>
> In entsprechender Anwendung von § 40 Abs. 1 GBO kann jedoch unter Umständen von der Voreintragung des/der Erben nach dem verstorbenen Grundstückseigentümer abgesehen werden, wenn auf Grundlage einer transmortalen Vollmacht die Eintragung einer Finanzierungsgrundschuld bewilligt wird. Ob dies möglich ist, ist derzeit noch nicht rechtssicher geklärt und wird von den einzelnen Grundbuchämtern unterschiedlich gehandhabt, sodass man gut beraten ist, vor Beurkundung mit dem zuständigen Grundbuchamt abzuklären, ob dieses auf die Voreintragung in derartigen Konstellationen verzichtet.

- Der **Erbe** eines bisherigen Abt. II-/ Abt. III-Berechtigten kann dieses Abt. II-/III-Recht ohne vorherige Grundbuchberichtigung **aufheben,** mithin löschen lassen oder – sofern es sich um ein übertragbares Recht handelt – auch auf einen Dritten **übertragen**.
- Darüber hinaus ist in § 40 Abs. 1 GBO eine Ausnahme vom Voreintragungsgrundsatz für die Fälle vorgesehen, in welchen der Eintragungsantrag durch die **Bewilligung des Erb-**

15 Die Grundbuchberichtigung nach Eintritt des Erbfalles ist nur dann kostenfrei, wenn sie innerhalb von 2 Jahren nach Eintritt des Erbfalles erfolgt.

lassers oder **eines Nachlasspflegers** oder durch einen gegen den Erblasser oder den Nachlasspfleger vollstreckbaren Titel begründet wird.

- Gemäß § 40 Abs. 2 Alt. 1 GBO bedarf es einer Eintragung des Erben auch dann nicht, wenn die Eintragung aufgrund der **Bewilligung eines Testamentsvollstreckers** erfolgt.
- Eine in der Praxis ebenfalls sehr relevante Ausnahme bzw. Abwandlung des Voreintragungsgrundsatzes betrifft **Briefgrundpfandrechte** (§ 39 Abs. 2 GBO).
  Das Charakteristische von Briefgrundpfandrechten (Briefgrundschulden oder Briefhypotheken) besteht darin, dass diese – anders als Buchgrundpfandrechte – „außerhalb des Grundbuchs" durch Übergabe des Grundpfandrechtsbriefs übertragen werden können, somit also die Eintragung der Abtretung des Grundpfandrechts im Grundbuch keine Voraussetzung für die Wirksamkeit der Abtretung ist. Da Briefgrundpfandrechte anders als alle anderen Abt. II-/III-Rechte und anders als das Eigentum geradezu typischerweise außerhalb des Grundbuchs übertragen werden, wäre es widersprüchlich, wenn der Voreintragungsgrundsatz hier uneingeschränkt Geltung beanspruchen würde. Um einen derartigen Widerspruch zu vermeiden, bestimmt § 39 Abs. 2 GBO, dass es bei Briefgrundpfandrechten der Eintragung des Gläubigers gleichsteht (= Fiktion), wenn dieser sich
  - im Besitz des Briefes befindet **und**
  - sein Gläubigerrecht durch öffentlich-beglaubigte Abtretungserklärungen (§ 1155 BGB) nachweist.
- In der Notarpraxis wird bei sog. Kettenauflassungen häufig auf die Zwischeneintragung des Ersterwerbers verzichtet. Von einer Kettenauflassung spricht man, wenn zwei Eigentumsübertragungen unmittelbar hintereinander erfolgen, wenn also z.B. A die Immobilie auf B und B die Immobilie sogleich auf C überträgt. Zur Vermeidung von doppelt anfallenden Grundbuchgebühren wird hier häufig auf die Zwischeneintragung von B als Eigentümer verzichtet. Diese Verzichtsmöglichkeit stellt streng genommen keine Ausnahme vom Voreintragungsgrundsatz dar, da bei der Kettenauflassung der Ersterwerber zur Weitveräußerung ermächtigt ist und damit die Eintragungsbewilligung betreffend die Eintragung des Zweiterwerbers im Ergebnis auf den im Grundbuch eingetragenen Erstveräußerer zurückgeführt werden kann.

V. Materielles Konsensprinzip

195 In Rdn 157 wurde das materielle Konsensprinzip als Gegenpol zum formellen Konsensprinzip bereits kurz angesprochen. Das formelle Konsensprinzip mit seinem „abgespeckten Prüfungsumfang" stellt den absoluten Regelfall im Grundbuchverfahrensrecht dar. Demzufolge muss das Grundbuchamt nicht prüfen, ob die beantragte Rechtsänderung mit Grundbuchvollzug tatsächlich eintritt, sondern es genügt grundsätzlich eine entsprechende Eintragungsbewilligung.

Betrifft die beim Grundbuchamt beantragte Rechtsänderung jedoch die Übertragung von Eigentum (auch Miteigentum oder Wohnungs-/Teileigentum) im Wege der Auflassung oder die Bestellung, Änderung, Übertragung eines Erbbaurechts, darf das Grundbuchamt diese beantragte Rechtsänderung gemäß § 20 GBO nur dann vornehmen, wenn die erforderliche Einigung i.S.d. § 873 BGB des Berechtigten und des anderen Teils erklärt ist, was von dem Grundbuchamt zu prüfen und dem Grundbuchamt somit in der Form des § 29 GBO nachzuweisen ist.

1. Eigentumswechsel mittels Auflassung und ohne Auflassung

196

- Im Regelfall wird das Eigentum an Grundstücken **durch Auflassung und Eintragung** übertragen. Dies gilt insbesondere für folgende Fälle:
  - Übertragung von Grundbesitz mittels Kaufs, Schenkung, Tausch;
  - Übertragung von Grundbesitz im Wege der Erbauseinandersetzung oder Vermächtniserfüllung oder der Auseinandersetzung einer ehelichen Gütergemeinschaft;
  - Einbringung von Grundbesitz in eine Gesellschaft.

- **Keine Auflassung** ist demgegenüber nötig, wenn das Eigentum außerhalb des Grundbuchs wechselt (und damit das Grundbuch unrichtig geworden ist). Dies gilt insbesondere für folgende Fälle:
  - Eigentumswechsel aufgrund Erbfalls;
  - Eigentumswechsel aufgrund gesellschaftsrechtlicher Umwandlungsvorgänge nach dem Umwandlungsgesetz (UmwG);
  - Eigentumswechsel aufgrund Begründung des Güterstandes der Gütergemeinschaft;
  - Eigentumswechsel aufgrund Übertragung von Erbteilen;
  - Eigentumswechsel in Anwachsungsfällen (Ausscheiden des vorletzten Gesellschafters aus einer Personengesellschaft mit der Folge des liquidationslosen Erlöschens der betreffenden Gesellschaft);
  - Eigentumswechsel aufgrund Zuschlags in der Zwangsversteigerung.

2. Nachweis der Auflassung ↔ Vorlagesperre für Grundbuchvollzug im Notaralltag

Das materielle Konsensprinzip (§ 20 GBO) besagt nun, dass neben der Vorlage der Bewilligungserklärung des eingetragenen Eigentümers auch die Auflassung dem Grundbuchamt in der Form des § 29 GBO nachgewiesen werden muss, damit das Grundbuchamt tätig wird. Wird dem Grundbuchamt mit dem Eintragungsantrag nur die Bewilligung zur Eigentumsumschreibung vorgelegt, darf es den beantragten Eigentumswechsel nicht vornehmen; gleiches gilt selbstverständlich im umgekehrten Fall, wenn dem Grundbuchamt zwar die Auflassung nicht aber die Eintragungsbewilligung vorgelegt wird (sofern in der materiell-rechtlichen Auflassungserklärung nicht bereits konkludent die verfahrensrechtliche Bewilligung enthalten ist). 197

Mit dem Wissen, unter welchen Voraussetzungen das Grundbuchamt tätig wird, verstehen Sie nun auch den rechtlichen Hintergrund betreffend die zwei bzw. drei verschiedenen „Modelle", die es in der Notarpraxis bezüglich der Sperre der sofortigen Eigentumsumschreibung bei der Abwicklung von Kaufverträgen gibt.

Bei nahezu allen Kaufverträgen ist vorgesehen, dass der Verkäufer sein Eigentum an dem Grundbesitz erst verlieren soll, mithin die Eigentumsumschreibung im Grundbuch erst vorgenommen werden soll, wenn der Kaufpreis bezahlt ist.

a) Ausgesetzte Auflassung

Prinzipiell stets möglich ist es, dass im Kaufvertrag selbst überhaupt noch keine Auflassung erklärt wird, sondern diese erst nach erfolgter Kaufpreiszahlung erklärt wird. Der Nachteil dieser Vorgehensweise ist jedoch, dass die Beteiligten dann zweimal zum Notar gehen müssen und dies mit erheblichen Mehrkosten verbunden ist. Darüber hinaus wäre der Käufer seinerseits nicht davor geschützt, dass der Verkäufer nach Erhalt des Kaufpreises untätig bleibt. Über letzteres Problem könnte eine in dem Kaufvertrag enthaltene Vollmacht des Verkäufers an den Käufer zur Auflassungserklärung hinweghelfen, welche nur vor dem beurkundenden Notar ausgeübt werden darf, wobei der Notar angewiesen wird, die Beurkundung nur dann vorzunehmen, wenn der Kaufpreis bezahlt ist. 198

b) Kopier- bzw. Anlagelösung

Eine andere Möglichkeit besteht darin, dass die Auflassung zwar bereits in der Kaufvertragsurkunde erklärt wird, diese jedoch in den bis zur Kaufpreiszahlung erteilten beglaubigten Abschriften und Ausfertigungen nicht enthalten ist; technisch wird dies entweder dadurch bewerkstelligt, dass die im normalen Urkundentext enthaltene Auflassung beim Ausfertigen abgedeckt und damit „rauskopiert" wird oder die Auflassung – zur kopiertechnischen Vereinfachung – in eine Anlage der Kaufvertragsurkunde ausgelagert wird und diese Anlage zunächst nicht mit ausgefertigt wird (sog. „**Kopierlösung**" oder „**Anlagenlösung**"). Wenn die erteilten Ausfertigungen bzw. erstellten beglaubigten Abschriften keine Auflassung enthalten, darf das Grundbuchamt wegen des in § 20 GBO enthaltenen materiellen Konsensprinzips die 199

Eigentumsumschreibung nicht vornehmen. Gleiches gilt, wenn dem Grundbuchamt lediglich eine einfache Abschrift der vollständigen Kaufvertragsurkunde samt Auflassung vorgelegt wird, weil es dann an dem erforderlichen Nachweis i.S.d. § 29 GBO fehlt – die Auflassung ist nämlich durch öffentliche oder öffentlich-beglaubigte Urkunde nachzuweisen.

c) Bewilligungslösung

200 Während in der Vergangenheit die vorstehend beschriebene Kopier- bzw. Anlagelösung am weit verbreitetsten war, stützt sich derzeit die Mehrzahl der Notare in Bayern inzwischen wohl auf die sog. **Bewilligungslösung**, da diese in der praktischen Handhabung einfacher bzw. weniger fehleranfällig ist. Bei diesem Modell darf die Auflassung auch vor Kaufpreiszahlung in Ausfertigungen bzw. beglaubigten Abschriften enthalten sein, da in der Kaufvertragsurkunde selbst ausdrücklich keine Eintragungsbewilligung enthalten ist, sondern lediglich eine Vollmacht an den Notar diese Eintragungsbewilligung abzugeben mit der Anweisung, diese Bewilligung erst nach Kaufpreiszahlung abzugeben. Anders als in Bezug auf die Auflassung ist in Bezug auf die Bewilligung die Vollmachtserteilung an den Notar möglich, da es sich bei der Eintragungsbewilligung lediglich um eine verfahrensrechtliche Erklärung handelt. Wird nach dieser sog. Bewilligungslösung verfahren, muss die Grundbuchvorlage, mit welcher die Eigentumsumschreibung beantragt wird, ausdrücklich auch die vom **Notar unterzeichnete und gesiegelte Eintragungsbewilligung** enthalten. Ob der schlichte Grundbuchantrag i.S.d. § 13 GBO bereits in der Urkunde enthalten ist oder nicht, spielt an sich keine Rolle und wird daher unterschiedlich gehandhabt.

VI. Vorlage des Grundpfandrechtsbriefs

201 Wie bereits unter Rdn 75 ff., 83 kurz angesprochen gibt es „Buchgrundpfandrechte“ und „Briefgrundpfandrechte“. In der Rechtspraxis kommen weit überwiegend Buchgrundpfandrechte und zwar in der Form der Buchgrundschuld vor. Der zentrale Unterschied zwischen diesen beiden Formen ist – wie der Name es bereits vermuten lässt – das Vorhandensein eines Grundpfandrechtsbriefs (Grundschuldbrief oder Hypothekenbrief) oder der Ausschluss der Erteilung eines Grundpfandrechtsbriefs. Die Funktion des Grundpfandrechtsbriefs besteht darin, dass diese Briefgrundpfandrechte „außerhalb des Grundbuchs“ durch dingliche Einigung und Briefübergabe (§ 1154 Abs. 1 BGB) – also ohne Eintragung der Abtretung im Grundbuch – übertragen werden können (siehe Rdn 83).

Da Briefgrundpfandrechte typischerweise außerhalb des Grundbuchs „zirkulieren“, wäre es widersprüchlich, wenn man für die Eintragungsbewilligung betreffend das Briefgrundpfandrecht die Bewilligung des im Grundbuch eingetragenen Grundpfandrechtsgläubigers genügen lassen würde, da es ja nicht unwahrscheinlich ist, dass der im Grundbuch noch eingetragene Grundschuldgläubiger die Grundschuld bereits an einen Dritten abgetreten hat (siehe auch Rdn 194). Vor diesem Hintergrund ordnet § 41 Abs. 1 S. 1 GBO (i.V.m. § 42 S. 1 GBO) an, dass eine Eintragung bei einer Briefhypothek bzw. Briefgrundschuld nur vorgenommen werden soll, wenn der Hypotheken- bzw. Grundschuldbrief dem Grundbuchamt vorgelegt wird. Ein Absehen von der Vorlage des Grundpfandrechtsbriefs sieht das Gesetz nur für bestimmte Ausnahmefälle (z.B. Eintragung eines Widerspruchs aufgrund einstweiliger Verfügung) vor.

202 **§ 41 GBO: Vorlegung des Hypothekenbriefes**

> (1) [1]Bei einer Hypothek, über die ein Brief erteilt ist, soll eine Eintragung nur erfolgen, wenn der Brief vorgelegt wird. (…)

§ 42 GBO: Vorlegung des Grundschuld- oder Rentenschuldbriefes

> [1]Die Vorschriften des § 41 sind auf die Grundschuld und die Rentenschuld entsprechend anzuwenden. (…)

203 Gemäß § 62 Abs. 1 S. 1 GBO (i.V.m. § 70 Abs. 1 S. 1 GBO) sind Eintragungen, die bei der Hypothek bzw. der Grundschuld erfolgen, vom Grundbuchamt auf dem Hypotheken- bzw. Grundschuldbrief zu vermerken, wobei der Vermerk mit Unterschrift und Siegel oder Stempel zu versehen ist.

Im Rahmen der Vollzugsprüfung ist demzufolge nicht nur zu prüfen, ob die Eintragung im Grundbuch selbst korrekt vorgenommen worden ist, sondern es ist auch der vom Grundbuchamt zurückgereichte Grundschuldbrief daraufhin zu prüfen, ob die entsprechende Eintragung vermerkt worden ist.

VII. Vollzugsmitteilung, Zwischenverfügung, Zurückweisung

1. Eintragung als Regelfall der Entscheidung

Die (hoffentlich) weit überwiegende Entscheidungsform des Grundbuchamtes ist die Vornahme der beantragten Eintragung. Voraussetzung dafür, dass das Grundbuchamt in dieser Weise entscheidet, ist, dass alle vom Grundbuchamt zu prüfenden Voraussetzungen erfüllt sind. 204

a) Eintragung als positives Ergebnis der vorgenommenen Prüfung

Folgendes „Prüfungsschema" ist dabei vom Grundbuchamt abzuarbeiten: 205

- Zuständigkeit (sachlich i.S.d. § 1 Abs. 1 GBO, örtlich i.S.d. § 1 Abs. 1 S. 2 GBO, funktionell i.S.d. § 3 Nr. 1h RplfG oder § 12c Abs. II Nr. 2 bis 4 GBO),
- Antrag i.S.d. § 13 GBO,
- Bewilligung i.S.d. § 19 GBO,
- Einigung i.S.d. § 20 GBO (nur bei Geltung des materiellen Konsensprinzips),
- Form i.S.d. § 29 GBO,
- Voreintragung i.S.d. § 39 GBO,
- Briefvorlage gemäß § 41 GBO (nur bei Briefgrundpfandrechten),
- weitere Erklärungen/Genehmigungen (Unbedenklichkeitsbescheinigung des Finanzamtes Grunderwerbsteuerstelle, gemeindliches Negativzeugnis bzgl. Vorkaufsrecht).

Wenn sämtliche Voraussetzungen erfüllt sind, nimmt das Grundbuchamt die beantragte Eintragung vor, wobei bei der beantragten Eintragung eines Eigentumswechsels und/oder Aufhebung von Abt. II-/III-Rechten die alten Eintragungen technisch nicht gelöscht, sondern gerötet (d.h. rot unterstrichen) werden, damit sämtliche Veränderungen weiterhin dokumentiert sind; aus dem Grundbuch ist folglich nicht nur der aktuelle Zustand ablesbar, sondern es können auch sämtliche Entwicklungen in der Vergangenheit rekonstruiert werden.

b) Personenkreis der Eintragungsbekanntmachung

Jede Eintragung ist gemäß § 55 GBO an die dort genannten Personen bekanntzumachen. 206

> **§ 55 GBO: Bekanntmachung der Eintragung** 207
>
> (1) Jede Eintragung soll dem den **Antrag einreichenden Notar**, **dem Antragsteller** und dem **eingetragenen Eigentümer** sowie **allen** aus dem Grundbuch ersichtlichen Personen bekanntgemacht werden, **zu deren Gunsten die Eintragung** erfolgt ist *oder* **deren Recht durch sie betroffen wird**, die Eintragung eines Eigentümers auch denen, für die eine Hypothek, Grundschuld, Rentenschuld, Reallast oder ein Recht an einem solchen Recht im Grundbuch eingetragen ist.
>
> (2) [1]Steht ein Grundstück in Miteigentum, so ist die in Absatz 1 vorgeschriebene Bekanntmachung an den Eigentümer **nur gegenüber den Miteigentümern vorzunehmen, auf deren Anteil sich die Eintragung bezieht**. [2]Entsprechendes gilt bei Miteigentum für die in Absatz 1 vorgeschriebene Bekanntmachung an einen Hypothekengläubiger oder sonstigen Berechtigten von der Eintragung eines Eigentümers.
>
> (3) Veränderungen der grundbuchmäßigen Bezeichnung des Grundstücks und die Eintragung eines Eigentümers sind außerdem der **Behörde bekanntzumachen**, welche das in § 2 Abs. 2 bezeichnete amtliche Verzeichnis führt.
>
> (…)
>
> (6) [1]Die Bekanntmachung hat die Eintragung wörtlich wiederzugeben. [2]Sie soll auch die Stelle der Eintragung im Grundbuch und den Namen des Grundstückseigentümers, bei einem Eigentumswechsel auch den Namen des bisherigen Eigentümers angeben. [3]In die Bekanntmachung können auch die Bezeichnung des betroffenen Grundstücks in dem in § 2 Abs. 2 genannten amt-

lichen Verzeichnis sowie bei einem Eigentumswechsel die Anschrift des neuen Eigentümers aufgenommen werden.

(...)

208
- Der einreichende Notar erhält demzufolge immer eine Vollzugsmitteilung, egal, ob er lediglich als Bote eine Erklärung übermittelt, oder ob er den Antragsteller gemäß § 15 GBO vertritt. Sofern sich der Notar auf § 15 GBO stützt, was der absolute Regelfall ist, erhält der Notar auch die für den Antragsteller bestimmte Vollzugsmitteilung.
- Im Falle eines Eigentumswechsels wird der Gläubiger eines Grundpfandrechts bzw. einer Reallast stets benachrichtigt (§ 55 Abs. 1 Hs. 2 GBO).
- Im Falle eines Eigentumswechsels sowie bei Änderungen betreffend die grundbuchmäßige Bezeichnung des Grundstücks ist dies dem Vermessungsamt mitzuteilen; nur auf diese Weise ist gewährleistet, dass das Vermessungsamt auch die richtigen Informationen betreffend die Eigentumsverhältnisse an den verzeichneten Grundstücken hat.
- Gemäß § 17 ErbbauRG soll jede Eintragung im Erbbaugrundbauch auch dem Grundstückseigentümer bekannt gemacht werden.

c) Inhalt der Vollzugsmitteilung

209 Die Eintragung an den Notar wird durch Übersendung der Vollzugsmitteilung bekannt gegeben, was bei den meisten Notaren inzwischen nicht mehr per Post, sondern durch elektronische Übermittlung erfolgt.

Der Inhalt der Vollzugsmitteilung wird sodann vom zuständigen Sachbearbeiter daraufhin überprüft, ob die beantragten Eintragungen vollständig und richtig vorgenommen worden sind. Sehr oft, insbesondere bei der Eintragung von Auflassungsvormerkungen und Grundschulden wird von den Notarmitarbeitern zusätzlich noch ein aktueller Grundbuchauszug angefordert bzw. elektronisch aufgerufen und dieser (anstatt der Vollzugsmitteilung) geprüft. Diese Vorgehensweise ist nicht nur dem Umstand geschuldet, dass es i.d.R. einfacher ist den Grundbuchauszug zu „lesen“ und „verstehen“ als die Vollzugsmitteilung, sondern vor allem darauf zurückzuführen, dass aus der Vollzugsmitteilung selbst nicht hervorgeht, ob ggf. zwischenzeitlich (im Rang vor der beantragten Eintragung) ein fremdes Recht in der anderen Abteilung zur Eintragung gelangt ist und folglich das von einem selbst zur Eintragung beantragte Recht in Bezug auf Rechte in der anderen Abteilung nicht den richtigen Rang erhalten hat.

> *Hinweis*
>
> Die Löschung eines eingetragenen Rechts erfolgt zwar grundsätzlich durch Eintragung eines Löschungsvermerks (§ 46 Abs. 1 GBO), jedoch gilt ein Recht, das bei Übertragung eines Grundstücks nicht mitübertragen wird, hinsichtlich dieses Grundstücks als gelöscht. Ob bei Übertragung des Grundstücks auf eine andere Blattstelle zu löschende Rechte (z.B. Auflassungsvormerkungen, welche im Rahmen vom Endvollzug gelöscht werden sollen) ausdrücklich mit einem Löschungsvermerk versehen werden oder schlicht nicht auf der neuen Grundbuchblattstelle eingetragen werden, wird von den Grundbuchrechtspflegern unterschiedlich gehandhabt und sorgt in der Notarpraxis mitunter für Verwirrung.

Nachfolgend finden Sie eine klassische Vollzugsmitteilung, betreffend die Eintragung einer Auflassungsvormerkung für den Erwerber und die Eintragung einer Finanzierungsgrundschuld für die Bank des Erwerbers im Rang vor der Auflassungsvormerkung.

210

Eintragungsbekanntmachung nach § 55 Grundbuchordnung (GBO)

Angaben zum Eigentümer und den betroffenen Flurstücken (soweit betroffen):

Grundbuchbezirk Wunschland Blatt 911:	
Aktuelle Eigentümer:	Kaufmann, Victor, Stieglitzweg 7, 12345 Albtraum
Flurstücke:	Wunschland Flurstück 119/9

Eintragungsbekanntmachung

Zweite Abteilung (Spalten 1 bis 3)		**Wunschland 911**
LNrE	LNrG	Lasten und Beschränkungen
14	7	Auflassungsvormerkung für Hanna Hartig, geb. Weich, geb. am 20.08.1990 und Hansi Hartig, geb. am 21.08.1990, zu je 1/2 Anteil; gemäß Bewilligung vom 01.02.2018 URNr. 100/2018 Notarin Tanja Achtsam, Wunschland; Rang nach Abt. III/2; eingetragen am 20.02.2018. Maiglöckchen

Dritte Abteilung (Spalten 1 bis 4)			**Wunschland 911**
LNrE	LNrG	Betrag	Hypothek, Grundschulden, Rentenschulden
2	7	50.000 EUR	Grundschuld ohne Brief zu fünfzigtausend Euro für **Münzbank eG**, Schlaraffenland, Amtsgericht Wolke GnR 558; 16 % Zinsen jährlich, 5 % Nebenleistung einmalig; vollstreckbar nach § 800 ZPO; gemäß Bewilligung vom 01.02.2018 URNr. 101/2018 Notarin Tanja Achtsam, Wunschland, Rang vor Abt. II/14; eingetragen am 20.02.2018. Maiglöckchen

Ende der Eintragungsbekanntmachung

2. Zwischenverfügung

Wenn die vom Grundbuchamt vorgenommene Prüfung ergibt, dass noch nicht alle Eintragungsvoraussetzungen vorliegen bzw. diese nicht in grundbuchmäßiger Form nachgewiesen sind, das Eintragungshindernis jedoch in angemessener Frist behoben werden kann, erlässt das Grundbuchamt eine Zwischenverfügung. 211

- Mittels der Zwischenverfügung zeigt das Grundbuchamt alle Eintragungshindernisse sowie alle Möglichkeiten, diese Hindernisse zu überwinden, auf und setzt dem Antragsteller eine entsprechende Frist zu deren Vornahme. Wird das Hindernis nicht innerhalb der gesetzten Frist behoben und wird auch keine Fristverlängerung beantragt und gewährt, erfolgt nach Fristablauf die kostenpflichtige Zurückweisung des Antrags. 212
  Klassische Hindernisse, welche mittels Zwischenverfügung beanstandet werden, sind Folgende:
  - Fehlen der steuerlichen Unbedenklichkeitsbescheinigung oder des Negativzeugnisses betreffend das gemeindliche Vorkaufsrecht;
  - Fehlen eines Vertretungsnachweises (Vollmacht, Betreuerausweis) bzw. Mangel der grundbuchmäßigen Form eines vorgelegten Vertretungsnachweises;
  - Fehlen von Grundschuld-/Hypothekenbrief bei Eintragungsanträgen betreffend Briefgrundschulden/-hypotheken;
  - Fehlen der Eigentümerzustimmung bei Löschung von Grundpfandrechten;
- Die Zwischenverfügung hat neben ihrer Belehrungs- bzw. Hinweisfunktion noch eine weitere wichtige materiell- und formell-rechtliche Funktion:
  - Sie wahrt den Rang des beantragten Rechts.

Beispiel:

Hat beispielsweise der Vertreter des Eigentümers eine Grundschuld bestellt und wurde beim Grundbuchamt versehentlich keine Vollmacht eingereicht oder genügt die eingereichte Vollmacht nicht den Formerfordernissen des § 29 GBO, wird dieser Mangel vom Grundbuchamt mittels einer Zwischenverfügung moniert und es kann der Vertretungsnachweis in der gehörigen Form innerhalb der gesetzten Frist nachgereicht werden. Ist unmittelbar nach der beantragten Grundschuld beim Grundbuchamt ein Antrag auf Eintragung einer Zwangssicherungshypothek eingegangen, so bleibt diese Zwangssicherungshypothek nachrangig gegenüber der Grundschuld, auch wenn der erforderliche Vertretungsnachweis erst später eingeht – d.h. der spätere Eintragungsantrag überholt nicht den früheren, sondern es bleibt bei strikter Geltung des Prioritätsprinzips, auch wenn es infolge der Zwischenverfügung zu einem „Bearbeitungsstau" kommt. Würde der Antrag zurückgewiesen und später unter Vorlage der Vollmacht in ordnungsgemäßer Form erneut gestellt werden, müsste sich dieser neu gestellte Antrag demgegenüber „hinten anstellen" und die (aufgrund des neuen Antrags) eingetragene Grundschuld würde Rang nach der Zwangssicherungshypothek erhalten.

– Auch die materiell-rechtlichen Wirkungen des Antrags i.S.d. §§ 878 und 892 BGB bleiben bei einer Zwischenverfügung erhalten, d.h. für die Frage, bis zu welchem Zeitpunkt die Verfügungsbefugnis (§ 878 BGB) bzw. der gute Glaube (§ 892 BGB) erhalten sein muss, bleibt es beim Zeitpunkt der Antragstellung. Ein danach eingetretener Verlust der Verfügungsbefugnis bzw. des guten Glaubens ist also auch dann unschädlich, wenn die mittels Zwischenverfügung beanstandeten Punkte erst später nachgereicht werden.

3. Zurückweisung

213 Zu einer Zurückweisung des Antrags kommt es insbesondere dann, wenn das mittels der Zwischenverfügung beantragte Eintragungshindernis nicht in der gesetzten Frist behoben wird.

Ferner kommt es zur Antragszurückweisung, wenn der Antrag von einer nicht antragsberechtigten Person gestellt wird oder der Antrag auf ein nicht eintragungsfähiges Recht (numerus-clausus-Prinzip bzw. Typenzwang!) gerichtet ist. Nach h.M. kommt es auch dann zur Antragszurückweisung, wenn der Mangel nicht mit Rückwirkung behoben werden kann.

Mit der Zurückweisung gilt der Antrag als erledigt i.S.d. § 17 GBO und verliert die Anwartschaft auf den Rang.

VIII. Exkurs: Kosten im Grundbuchverfahren

214 Die Belehrung der Mandanten über die Grundbuchkosten ist grundsätzlich nicht Aufgabe des Notars bzw. seiner Mitarbeiter – gleichwohl empfiehlt es sich, gewisse Grundkenntnisse von den Grundbuchgebühren zu haben, um nicht unbedacht höhere Grundbuchkosten auszulösen als nötig bzw. um ggf. einen grundbuchkostengünstigeren Weg vorzuschlagen, was der Mandant sehr schätzen wird.

Die Grundbuchgebühren sind – ebenso wie die Notargebühren – im Gerichts- und Notariatskostengesetz (GNotKG) geregelt, wobei sich das Grundbuchverfahren im Kostenverzeichnis (Anlage 1 zu § 3 Abs. 2 GNotKG) in Teil 1 Hauptabschnitt 4 befindet. Die Höhe der Gebühren für Eintragungen im Grundbuch richtet sich nach der auch für Notare geltenden Gebührentabelle B.

Folgende „Basics" im Grundbuchverfahrenskostenrecht sollte man wissen.

1. Eintragungen in Abteilung I

215 Die Eintragung eines (Mit-)Eigentumswechsels sowie die Begründung von Wohnungs-/Teileigentum löst grundsätzlich eine 1,0 Gebühr aus (KV-Nr. 14110 und KV-Nr. 14112).

- Der Geschäftswert ist bei **Grundstücken grundsätzlich der Verkehrswert** (§ 46 GNotKG). Bei Eintragungen im Zusammenhang mit einem Kaufvertrag ist der Kaufpreis einschließlich etwaiger Hinzurechnungen für weitere Käuferleistungen oder vorbehaltene Nutzungen maßgeblich (§ 47 GNotKG). Der Geschäftswert für die Begründung von Wohnungs-/Teileigentum ermittelt sich aus der Summe des Grundstückswerts zuzüglich des Gebäudes, selbst wenn dieses noch nicht vorhanden ist.
- Der Geschäftswert für die Eintragung desselben Eigentümers bei mehreren Grundstücken ist gemäß § 69 Abs. 1 S. 1 GNotKG der **zusammengerechnete Wert** dieser Grundstücke, **wenn**
  - das Grundbuch über diese bei demselben Grundbuchamt geführt wird und
  - die Eintragungsanträge *am selben Tag* beim Grundbuchamt eingehen.

  Daraus folgt, dass der in der Gebührenstaffel enthaltene Degressionsvorteil bei Beantragung eines Teilvollzuges verloren geht.

  > *Beispiel:*
  >
  > Wurde ein Kaufvertrag über zwei Grundstücke im Wert von jeweils 500.000 EUR abgeschlossen und wird (weil zunächst die Vollzugsvoraussetzungen nur für ein Grundstück gegeben sind) getrennter Vollzug beantragt, so fällt zweimal eine 1,0 Gebühr aus dem Wert von 500.000 EUR (= 2 x 935 EUR = 1.870 EUR) anstatt einer einmaligen 1,0 Gebühr aus dem Wert von 1 Mio. EUR (= 1.735 EUR) an. Der getrennte Vollzug löst somit Mehrkosten von 135 EUR aus; bei einem Wert der Grundstücke von jeweils 5 Mio. EUR würden die Mehrkosten des getrennten Vollzugs sogar 4.885 EUR betragen.

- Die **Eintragung von Erben** des verstorbenen Eigentümers ist demgegenüber **kostenlos**, wenn der Eintragungsantrag *binnen zwei Jahren seit dem Erbfall* bei dem Grundbuchamt eingereicht wird. Dies gilt auch, wenn die Erben erst infolge einer Erbauseinandersetzung eingetragen werden; auch Erbteilsübertragungen fallen unter das Kostenprivileg. Demzufolge empfiehlt es sich grundsätzlich die Grundbuchberichtigung nach einem Erbfall innerhalb der 2-Jahresfrist vorzunehmen – außer es soll innerhalb der 2-Jahresfrist sogleich eine Erbauseinandersetzung oder Erbteilsübertragung vorgenommen werden, da diese nur dann innerhalb der 2-Jahresfrist kostenfrei ist, wenn das Grundbuch nicht zuvor berichtigt worden ist (KV-Nr. 14110 Abs. 1).
- Sollen bei einem in **Wohnungs-/Teileigentum** aufgeteilten Grundstück **Änderungen** an dem Sondereigentum (z.B. Änderung der Sondernutzungsflächen) eingetragen werden, ist in KV-Nr. 14160 Nr. 5 eine Festgebühr in Höhe von 50 EUR je betroffenem Sondereigentum vorgesehen. Diese Festgebühr in Abhängigkeit von der Anzahl der Sondereigentumseinheiten ist auch bei der Aufhebung des Sondereigentums vorgesehen. Je nachdem, wie viele Einheiten von der Änderung betroffen sind, können somit auch geringfügige (d.h. wirtschaftlich an sich unbedeutende) Änderungen enorme Kosten auslösen – bei einer Anlage bestehend aus 50 Einheiten bis zu 2.500 EUR.

2. Eintragung von Vormerkung und Widerspruch

- Die **Eintragung einer Vormerkung** löst gemäß KV-Nr. 14150 eine 0,5 Gebühr aus dem jeweiligen Geschäftswert aus, während die Löschung einer Vormerkung gemäß KV-Nr. 14152 lediglich mit einer Festgebühr von pauschal 25 EUR belegt ist. Der Rangrücktritt einer Vormerkung hinter ein anderes Recht ist kostenlos. 216
- Die Eintragung eines Widerspruchs (etwa im Rahmen eines Erbteilverkaufs) löst gemäß KV-Nr. 14151 eine Festgebühr von 50 EUR aus. Die Löschung ist gebührenfrei.

3. Sonstige Eintragungen in Abt. II und Abt. III

Für die Eintragung, Veränderung und Löschung sonstiger Rechte in Abt. II/III, mithin insbesondere für Grundschulden, Hypotheken, Dienstbarkeiten, Reallasten, Vorkaufsrechte etc. gilt vereinfacht gesagt Folgendes: Die erstmalige Eintragung löst eine 1,0-Gebühr aus (KV-Nr. 14121), Veränderungen eine 0,5-Gebühr (KV-Nr. 14130). Ebenso löst auch die Löschung 217 eines Abt. III-Rechts eine 0,5-Gebühr (KV-NR. 14140) aus, während sonstige Löschungen eine Festgebühr von 25 EUR auslösen (KV-Nr. 14143). Geschäftswert eines Grundpfandrechts ist dessen Nennbetrag (§ 53 GNotkG).

- Bei **Briefgrundpfandrechten bzw. Briefrentenschulden** ist die Eintragungsgebühr um 0,3 erhöht und somit eine 1,3-Gebühr (KV-Nr. 14120). Mit dieser erhöhten Gebühr ist die Erstellung des Briefs abgegolten.
- Wird ein **Gesamtrecht** neu eingetragen (z.B. Bestellung einer Grundschuld oder einer Reallast, welche jeweils an mehreren Grundstücken lastet) und liegen die zu belastenden Grundstücke im **Amtsbereich unterschiedlicher Grundbuchämter**, so erhöht sich die Gebühr ab dem zweiten Grundbuchamt für jedes weitere beteiligte Grundbuchamt um 0,2; die Gebühr beträgt also bei Beteiligung von zwei Grundbuchämtern 1,2 bei Buchgrundpfandrechten bzw. 1,5 bei Briefgrundpfandrechten (KV-Nr. 14122 i.V.m. KV-Nr. 14121 bzw. 14120).
  Dies gilt aber nur, wenn der Antrag für mehrere Grundbuchämter gleichzeitig bei einem Grundbuchamt gestellt wird, oder wenn bei gesonderter Antragstellung die Anträge innerhalb eines Monats bei den beteiligten Grundbuchämtern eingehen; andernfalls werden die „normalen" Gebühren jeweils gesondert erhoben, was im Ergebnis natürlich teurer ist.
- Wird eine **Veränderung an einem Gesamtrecht** eingetragen und liegen die vom Gesamtrecht betroffenen Grundstücke im Amtsbereich unterschiedlicher Grundbuchämter, so erhöht sich die 0,5-Gebühr um 0,1 ab dem zweiten für jedes weitere beteiligte Grundbuchamt (KV-Nr. 14131), wenn der Antrag gleichzeitig oder innerhalb eines Monats bei den beteiligten Grundbuchämtern eingeht, und beträgt somit 0,6 bei zwei beteiligten Grundbuchämtern. Gleiches gilt gemäß KV-Nr. 14141 für die **Löschung eines Gesamtrechts**, welches in Abt. III eingetragen ist.
- Wird ein bereits im Grundbuch eingetragenes Recht nachträglich auf **einen weiteren Belastungsgegenstand erweitert**, löst dies gemäß KV-Nr. 14123 eine 0,5-Gebühr aus. Der Geschäftswert für die nachträgliche Einbeziehung in die Mithaft eines Grundpfandrechts ergibt sich aus einem Wertvergleich zwischen dem Wert des Rechts (= Nominalbetrag) und dem Wert des einbezogenen Grundstücks, wobei der niedrigere Wert maßgeblich ist (§ 44 GNotKG).
- Die **Entlassung eines Abt. III-Rechts aus der Mithaft** löst gemäß KV-Nr. 14142 eine 0,3-Gebühr aus. Auch hier ist ein Wertevergleich gemäß § 44 GNotKG vorzunehmen und der niedrigere Wert maßgeblich.
- Die **nachträgliche Erteilung eines Hypotheken-, Grundschuld- oder Rentenschuldbriefs** sowie die Herstellung eines Teilbriefs oder eines neuen Briefs löst gemäß KV-Nr. 14124 jeweils eine 0,5-Gebühr aus.
  Da die nachträgliche Brieferteilung im Rahmen der Umwandlung eines Buchrechts in ein Briefrecht stets mit einer Inhaltsänderung des eingetragenen Rechts einhergeht, fällt hier (anders als bei der bloßen Herstellung eines Teilbriefs) zusätzlich noch eine 0,5-Gebühr nach KV-Nr. 14130 an, sodass die Umwandlung einer Buchgrundschuld in eine Briefgrundschuld grundbuchverfahrensrechtlich insgesamt (d.h. addiert) einer 1,0-Gebühr entspricht.

  > *Beispiel:*
  >
  > Hat man zunächst also eine Buchgrundschuld (1,0-Gebühr) bestellt, welche nachträglich in eine Briefgrundschuld umgewandelt wird (2x 0,5-Gebühr), sind in der Summe bzgl. der Grundbuchgebühren 2,0-Gebühren angefallen, während demgegenüber die erstmalige Bestellung einer Briefgrundschuld „nur" eine 1,3-Gebühr ausgelöst hätte. Hinzu kommen noch die Notargebühren, welche mit der Umwandlung einer Buch- in eine Briefgrundschuld einhergehen.

- Sind die mit dem **Briefrecht belasteten Grundstücke bei verschiedenen Grundbuchämtern** eingetragen, so werden für die gemäß § 59 Abs. 2 GBO zu erteilenden besonderen Briefe die Gebühren gesondert erhoben, d.h. jedes Grundbuchamt ermittelt die Gebühr nach KV-Nr. 14124 gesondert, wobei für die Ermittlung des Geschäftswertes der Nennwert des Rechts (§ 53 Abs. 1 S. 1) mit dem Wert des Grundstücks oder der Grundstücke innerhalb des jeweiligen Grundbuchbezirks verglichen wird und die Gebühr nach KV-Nr. 14124 aus dem niedrigeren Wert errechnet wird.

- **Inhaltliche Ergänzungen des Briefs** (z.B. bei Abtretung, Teillöschung, Mithaftentlassung oder Verfügungsbeschränkungen) lösen gemäß KV-Nr. 14125 eine Festgebühr in Höhe von 25 EUR aus.
- Gemäß KV-Nr. 14130 Absatz 2 sind **Änderungen des Ranges eingetragener Rechte** nur als Veränderungen des zurücktretenden Rechts zu behandeln. Da die Vormerkungen in einem eigenen Unterabschnitt 5 (KV-Nr. 14150 bis 14152) behandelt werden und dort keine Gebühr für den Fall vorgesehen ist, dass die Vormerkung hinter ein anderes Recht zurücktritt, folgt daraus, dass der Rangrücktritt mit der Vormerkung gebührenfrei ist.

> *Hinweis*
>
> Die Gebührenfreiheit des Rangrücktritts der Vormerkung spielt in der Notarpraxis eine große Rolle im Zusammenhang mit den Finanzierungsgrundschulden bei Kaufverträgen.
>
> Nach Beurkundung des Kaufvertrages wird i.d.R. die Urkunde dem Grundbuchamt zum Vollzug der Auflassungsvormerkung vorgelegt. Finanziert der Käufer den Kaufpreis durch einen Kredit, muss am Kaufgegenstand zugunsten der Käuferbank eine Finanzierungsgrundschuld eingetragen werden, welche Rang vor der Auflassungsvormerkung erhalten muss. Liegen die Grundschuldbestellungsunterlagen bei Beurkundung des Kaufvertrages bzw. bei Vollzug der Auflassungsvormerkung noch nicht vor, kann zunächst nur die Auflassungsvormerkung eingetragen werden und muss dann, wenn die Grundschuld ins Grundbuch eingetragen wird, gleichzeitig ein Rangrücktritt der Vormerkung hinter die Grundschuld eingetragen werden. Die Vereinbarung eines Rangvorbehalts ist daher aus Kostengründen nicht erforderlich.

4. Sonstige Eintragungen

Für sonstige Eintragungen fällt gemäß KV-Nr. 14160 eine Festgebühr in Höhe von 50 EUR 218
an. Dies betrifft insbesondere Folgendes:

- Nr. 1: Eintragung eines Vermerks über Rechte, die dem jeweiligen Eigentümer zustehen, einschließlich des Vermerks hierüber auf dem Grundbuchblatt des belasteten Grundstücks (= Herrschvermerk); Änderungen und/oder Löschungen von Herrschvermerken erfolgen kostenlos.
- Nr. 2: Teilung eines Grundstücks, sofern die Teilung nicht zwecks Eigentumsübertragung und/oder Belastung i.S.v. § 7 Abs. 1 GBO erfolgt.
  Unter Teilung ist nicht die katastermäßige Zerlegung zu verstehen, welche nach erfolgter Vermessung vom Vermessungsamt beim Grundbuchamt veranlasst wird, sondern die rechtliche Aufhebung der bestehenden Grundstücksverbindung nach erfolgter Zerlegung (siehe § 1 Rdn 15 ff.). Die Festgebühr fällt pro zerlegtem Grundstück nur einmal an, auch wenn eine Vielzahl von Grundstücken aus dem Ausgangsgrundstück gebildet wird.
- Nr. 3: Auch der umgekehrte Fall, nämlich die rechtliche Vereinigung oder Zuschreibung von Grundstücken löst grundsätzlich eine Festgebühr in Höhe von 50 EUR aus; dies gilt nicht bei einer Vereinigung/Zuschreibung im Zusammenhang mit einer Eigentumsumschreibung sowie dann, wenn das Vermessungsamt bescheinigt, dass die Grundstücke örtlich und wirtschaftlich ein einheitliches Grundstück darstellen oder die Grundstücke zu einem Hof gehören.
- Nr. 4: Die Eintragung einer Belastung nach § 1010 BGB löst eine Festgebühr in Höhe von 50 EUR je belastetem Miteigentumsanteil aus, unabhängig von der Anzahl der Vereinbarungen; die Löschung ist gebührenfrei.
- Nr. 5: Eintragung einer Änderung des Inhalts oder Eintragung der Aufhebung des Sondereigentums; die Gebühr wird für jedes betroffene Sondereigentum gesondert erhoben.

5. Kostenfreie Eintragungen

219 Kostenfrei sind insbesondere folgende Eintragungen:

- Namensänderungen von Eigentümern oder sonstigen Berechtigten (sei es aufgrund Eheschließung oder sei es aufgrund Firmenänderung);
- Veränderungen, insbesondere Rangrücktritte von Vormerkungen (nicht aber die Löschung siehe Rdn 218);
- Eintragung von Wirksamkeitsvermerken;
- Eintragung von Verfügungsbeschränkungen wie z.B. eines Nacherben- oder Testamentsvollstreckungs- oder Insolvenzvermerks.

IX. Fragen zu Teil F „Grundzüge des Grundbuchverfahrens"

220 1. Frage: Was versteht man unter dem formellen und materiellen Konsensprinzip und nennen Sie jeweils ein Beispiel hierfür.

2. Frage: Welche Erklärungen sind jeweils formell-rechtlich und materiell-rechtlich für folgende Rechtsgeschäfte nötig?
   a) Bestellung eines Geh- und Fahrtrechts?
   b) Bestellung einer Buchgrundschuld?
   c) Übertragung des Eigentums?
   d) Löschung eines Geh- und Fahrtrechts?
   e) Löschung einer Buchgrundschuld?
   f) Freigabe eines einzelnen Grundstücks von einer Buchgrundschuld?
   g) Rangrücktritt der Buchgrundschuld hinter das Geh- und Fahrtrecht?
   h) Ändert sich an der Beantwortung der Frage zu d) etwas, wenn es sich bei dem Geh- und Fahrtrecht um eine Grunddienstbarkeit handelt, welche im Bestandsverzeichnis des herrschenden Grundstücks aktivvermerkt ist und das herrschende Grundstück mit einem Nießbrauchrecht belastet ist?
   i) Welche Konsequenz ergibt sich zu Frage d), wenn das Geh- und Fahrtrecht nicht aktivvermerkt war und der Nießbrauchberechtigte nicht zugestimmt hat?
   j) Welche weitere Konsequenz ergibt sich zu Frage i), wenn der Eigentümer des dienenden Grundstücks dieses nach Löschung des Geh- und Fahrtrechts (wobei der Nießbrauchberechtigte des herrschenden Grundstücks nicht zugestimmt hatte) an einen Dritten verkauft hat?
3. Frage: Wann wird vom Grundbuchamt von Amts wegen eine Vormerkung im Grundbuch eingetragen? Welche Bedeutung hat diese Vormerkung?
4. Frage: Nennen Sie zwei Fällen, in denen der Grundstückseigentümer trotz seiner Eigentümerstellung nicht verfügungsbefugt und demzufolge auch nicht bewilligungsbefugt ist.
5. Frage: Sehen Sie das als Anlage 2, Anhang Rdn 8–19 beigefügte Grundbuchblatt 847 ein. Welche Erklärungen sind materiell-rechtlicher und formell-rechtlicher Art zur Löschung des in Abt. II lfd. Nr. 7 eingetragenen Rechts nötig und welche Unterlagen oder sonstige Maßnahmen sind nötig? Falls die Beantwortung der Frage, von bestimmten Umständen abhängt, benennen Sie diese und beantworten Sie die Frage für alle Konstellationen.
6. Frage: Sehen Sie das Grundbuchblatt 847 (Anlage 2, Anhang Rdn 8 ff.) ein.
   a) Hätte Herr Johann Eckert den Grundbesitz an seinen Sohn Michael Eckert unmittelbar nach dem Tod seiner Frau übertragen können, ohne dass er im Zwischenschritt als Alleineigentümer eingetragen werden hätte müssen?
   b) Würde sich die Rechtslage anders darstellen, wenn Herr Eckert den gesamten an der betreffenden Blattstelle vorgetragenen Grundbesitz nicht an seinen Sohn Michael überlassen, sondern an eine fremde Person verkauft hätte bzw. wovon hängt eine etwaige andere rechtliche Beurteilung ab?
7. Frage: Sehen Sie die beiden Eintragungsbekanntmachungen bzw. Vollzugsmitteilungen (Anlage 5a, Anhang Rdn 40 und 5b, Anhang Rdn 41 f.) an.

a) Frage zu Anlage 5a): Erklären Sie den Inhalt der Eintragungsbekanntmachung. Welche Rechtsgeschäfte liegen den vorgenommenen Eintragungen aller Wahrscheinlichkeit nach zugrunde? Um welche Abwicklungsstufe handelt es sich?
b) Frage zu Anlage 5b): Erklären Sie den Inhalt der Eintragungsbekanntmachung. Um welche Abwicklungsstufe handelt es sich? Kann man anhand der Eintragungsmitteilung erkennen, ob Hanna und Hansi Hartig Eigentümer eines weiteren Grundstücks sind?

G. Zusammenfassung der rechtlichen Dogmatik zum Eigentumserwerb sowie zum Erwerb dinglicher Rechte an Immobilien

Abschließend soll die rechtliche Dogmatik zum Eigentumserwerb sowie zum Erwerb dinglicher Rechte an Immobilien in komprimierter Form dargestellt bzw. wiederholt werden. Wie sich der Eigentumserwerb bzw. der Erwerb dinglicher Rechte an Immobilien vollzieht, ist bereits an zahlreichen Stellen in diesem Skript in Form von konkreten Beispielen dargestellt worden. Dieser abschließende Abschnitt stellt sozusagen die dogmatische Essenz des (notarrelevanten) Immobiliarsachenrechts dar, dem das Grundbuch zu dienen bestimmt ist, und spannt damit den Bogen über sämtliche Abschnitte dieses Skripts. 221

I. Formen des Eigentums

Es gibt folgende Formen des Eigentums: 222

- Alleineigentum
- Miteigentum (§§ 1008 ff. BGB)
- Gesamthandseigentum (Erbengemeinschaft, Gütergemeinschaft)
  Das Gesamthandseigentum unterscheidet sich vom Miteigentum dadurch, dass dem Gesamthänder kein ideeller Anteil an der Sache bzw. dem Grundstück selbst zusteht, sondern lediglich ein Anteil an dem gesamthänderisch gebundenen Vermögen, mit der Folge, dass der Gesamthänder nicht über die Sache selbst, sondern nur über seinen Gesamthandsanteil verfügen kann.
  Ein Miterbe kann demzufolge ohne Mitwirkung der anderen Miterben nur über seinen Erbteil als solches verfügen, nicht aber über ein im Nachlass befindliches Grundstück; eine Erbauseinandersetzung ist demzufolge nur möglich, wenn alle Miterben mitwirken.
- Wohnungs-/Teileigentum als Sonderform

II. Arten des Eigentumserwerbs und Erwerbs dinglicher Rechte

Sowohl das Eigentum selbst als auch dingliche Rechte am Eigentum können auf drei verschiedene Arten erworben werden, nämlich 223

- durch Rechtsgeschäft,
- kraft Gesetzes (z.B. Gesamtrechtsnachfolge im Erbfall),
- kraft Hoheitsakts (z.B. Zuschlag im Zwangsversteigerungsverfahren).

Beim Erwerb von dinglichen Rechten an einem Grundstück unterscheidet man zwischen 224

- dem Ersterwerb, d.h. Begründung eines Rechts (z.B. Bestellung einer Grundschuld) und
- dem Zweiterwerb, d.h. Übertragung eines bereits vorhandenen dinglichen Rechts (z.B. Abtretung einer Grundschuld).

III. Voraussetzungen des rechtsgeschäftlichen Eigentumserwerbs

Für einen **wirksamen rechtsgeschäftlichen Eigentumserwerb** an einem Grundstück müssen gemäß § 873 BGB **folgende vier Voraussetzungen erfüllt sein**: 225

(1) dingliche Einigung (Auflassung) i.S.d. §§ 873 Abs. 1, 925 BGB,
(2) Eintragung des Eigentumswechsels im Grundbuch,
(3) Einigsein zum Zeitpunkt der Eintragung im Grundbuch (§ 873 Abs. 2 BGB),
(4) Verfügungsbefugnis des Veräußerers.

226 **§ 873 BGB: Erwerb durch Einigung und Eintragung**

- Zur Übertragung des Eigentums an einem Grundstück,
- zur Belastung eines Grundstücks mit einem Recht sowie
- zur Übertragung oder Belastung eines solchen Rechts

ist (erforderlich)

- (1) die Einigung (4) des Berechtigten und des anderen Teils über den Eintritt der Rechtsänderung und
- (2) die Eintragung der Rechtsänderung in das Grundbuch,
- soweit nicht das Gesetz ein anderes vorschreibt.

Vor der Eintragung sind die Beteiligten an die Einigung nur gebunden, wenn (3)

- die Erklärungen notariell beurkundet *oder*
- vor dem Grundbuchamt abgegeben *oder*
- bei diesem eingereicht sind *oder*
- wenn der Berechtigte dem anderen Teil eine den Vorschriften der Grundbuchordnung entsprechende Eintragungsbewilligung ausgehändigt hat.

Im Einzelnen sollte man zu diesen vier Voraussetzungen Folgendes präsent haben:

1. Dingliche Einigung

227

- Bei der dinglichen Einigung i.S.d. § 873 Abs. 1 BGB handelt es sich um ein zweiseitiges Rechtsgeschäft (= Vertrag), welches aus zwei korrespondierenden empfangsbedürftigen Willenserklärungen, nämlich einer des Veräußerers und einer des Erwerbers, besteht.
  Die Willenserklärungen sind jeweils darauf gerichtet, das Eigentum an dem betreffenden Grundbesitz auf den Erwerber zu übertragen. Inhaltlich beziehen sich die Willenserklärungen somit nur auf die Identifikation der Parteien, den Verfügungsgegenstand und die beabsichtigte Rechtsänderung (Eigentumsübertragung).
- Während die allgemeine Vorschrift des § 873 BGB kein besonderes Formerfordernis für die dingliche Einigung enthält, ist in der Sondervorschrift des § 925 Abs. 1 S. 1 BGB geregelt, dass die Auflassung bei **gleichzeitiger Anwesenheit beider Teile** vor einer zuständigen Stelle erklärt werden muss. Zur Entgegennahme der Auflassung ist gemäß Satz 2 (neben anderen Stellen) jeder Notar zuständig.[16]
  Aufgrund des gesetzlichen Erfordernisses der gleichzeitigen Anwesenheit kann eine Auflassung nicht mittels Angebots und Annahme beurkundet werden, da bei dieser Beurkundungsform Veräußerer und Erwerber gerade nicht gleichzeitig beim Notar anwesend sind. Die Beurkundung mit einem Bevollmächtigten oder mit einem vollmachtlosen Vertreter vorbehaltlich Nachgenehmigung ist demgegenüber schon möglich, da der Vertretene gerade durch den Vertreter (egal, ob mit oder ohne Vollmacht) in seiner Anwesenheit vor dem Notar vertreten wird und folglich beide Seiten als anwesend gelten.[17]
  Zur Klarstellung sei erwähnt, dass aus § 873 Abs. 2 BGB kein Beurkundungserfordernis folgt, da dort lediglich geregelt ist, dass im Falle einer Beurkundung der Erklärungen daran bestimmte weitere Rechtsfolgen geknüpft sind. Aus § 873 Abs. 2 BGB kann man demzufolge gerade im Umkehrschluss schließen, dass die dingliche Einigung grundsätzlich keiner Form bedarf.

> *Hinweis*
>
> Wie bereits in Rdn 120 unter dem Stichwort „Trennungsprinzip" erläutert, handelt es sich bei dem Kauf-/Tausch-/Schenkungsvertrag (= schuldrechtliches Rechtsgeschäft = Kausalgeschäft) einerseits und der Auflassung (= dingliches Rechtsgeschäft = Verfügungsgeschäft) andererseits um zwei getrennte Rechtsgeschäfte, auch wenn diese in einer Notarurkunde zusammengefasst sind.

16 Gemäß § 925 Abs. 1 S. 3 BGB kann eine Auflassung auch in einem gerichtlichen Vergleich oder in einem rechtskräftig bestätigten Insolvenzplan erklärt werden.

17 Siehe hierzu *Karl Pelikan*, Basiswissen im Notariat, Rn 93.

Für das schuldrechtliche Rechtsgeschäft ist in § 311b Abs. 1 S. 1 BGB ein Formerfordernis enthalten. Nach dieser Vorschrift bedarf ein Vertrag, durch den sich der eine Teil verpflichtet, das Eigentum an einem Grundstück zu übertragen oder zu erwerben, der notariellen Beurkundung. Ein ohne Wahrung dieser Form geschlossener (privatschriftlicher) Kaufvertrag ist gemäß § 125 S. 1 BGB nichtig.

Demgegenüber beinhaltet § 925 Abs. 1 S. 1 BGB an sich kein Beurkundungserfordernis, da dort nicht geregelt ist, dass die Auflassung beurkundet werden muss, sondern lediglich, dass die Erklärungen (gleichzeitig) vor dem Notar abgegeben werden müssen. Die öffentliche Beurkundung ist demzufolge nur zum Nachweis der Auflassung, insbesondere gegenüber dem Grundbuchamt erforderlich, sie ist dagegen nicht Voraussetzung für deren Wirksamkeit.

Zugegebenermaßen handelt es sich hierbei um einen nur marginalen Unterschied, der in der Notarpraxis so gut wie keine Rolle spielt. Mit der Kenntnis von und dem Verständnis für diesen feinen Unterschied kann man jedoch sein eigenes Verständnis für juristische Dogmatik schärfen.

Und um gewissermaßen noch eins „draufzusetzen“, sei an dieser Stelle die Heilungsvorschrift des § 311b Abs. 1 S. 2 BGB erwähnt: Nach dieser Vorschrift wird ein ohne Beachtung des Beurkundungserfordernisses geschlossener schuldrechtlicher (Kauf-/Tausch-) Vertrag seinem ganzen Inhalt nach gültig, wenn die Auflassung und die Eintragung in das Grundbuch erfolgen. Demzufolge wird durch den Grundbuchvollzug ein etwaiger Formmangel des schuldrechtlichen Kausalgeschäfts geheilt.

Aber Vorsicht: Durch den Grundbuchvollzug wird nur ein Formmangel geheilt – sonstige Mängel, an welchen das schuldrechtliche Rechtsgeschäft unter Umständen leidet (z.B. mangelnde Geschäftsfähigkeit des Verkäufers, Sittenwidrigkeit, Verbot gegen ein Gesetz, Anfechtung etc.), werden durch den Grundbuchvollzug nicht geheilt.

- Gemäß § 925 Abs. 2 BGB darf die Auflassung unter **keiner Bedingung oder Zeitbestimmung** stehen. Wird von den Beteiligten aus bestimmten Gründen manchmal eine Bedingung oder Zeitbestimmung gewünscht, darf sich diese demzufolge nur auf das schuldrechtliche Rechtsgeschäft (= Kauf-/Tausch-/Schenkungsvertrag) beziehen, nicht hingegen auf die Auflassung. Aus diesem Grund wird daher üblicherweise einschränkend wie folgt formuliert: „*Die schuldrechtlichen Vereinbarungen in dieser Urkunde stehen unter der aufschiebenden/auflösenden Bedingung, dass (...).*“
- Ähnlich wie jeder schuldrechtliche (Kauf-/Tausch-/Schenkungs-)Vertrag kann auch die dingliche Einigung als Verfügungsvertrag an sonstigen Mängeln leiden. So kann die dingliche Einigung unwirksam sein, weil etwa
  - einer der Vertragspartner (unerkannt) geschäftsunfähig war;
  - der Betreuer für einen Geschäftsunfähigen gehandelt hat, jedoch die erforderliche betreuungsgerichtliche Genehmigung nicht erteilt wurde;
  - die Vollmacht eines Bevollmächtigten, der für den Veräußerer oder Erwerber gehandelt hat, unwirksam war oder das vorgenommene Rechtsgeschäft nicht vom Umfang der Vollmacht gedeckt war.

Hinweis 228

Aufgrund des sachenrechtlichen Abstraktionsprinzips führt allein der Umstand, dass das schuldrechtliche Kausalgeschäft (= Kaufvertrag) aufgrund eines Mangels unwirksam ist, nicht zur Unwirksamkeit des dinglichen Verfügungsgeschäfts – außer beide Rechtsgeschäfte leiden an demselben Mangel, was bei Geschäftsunfähigkeit i.d.R. der Fall ist (sog. Fehleridentität).

2. Eintragung des Eigentumswechsels im Grundbuch

229 Wie bereits in Rdn 88 ausgeführt, ist die Eintragung des Eigentumswechsels im Grundbuch Voraussetzung dafür, dass das Eigentum wirksam übertragen wird (sog. **konstitutive Eintragung**).

- Welche Voraussetzungen erfüllt sein müssen, damit der Grundbuchrechtspfleger die Eintragung vornimmt, wurde in Rdn 139 ff. näher erläutert. Wie dort bereits näher dargelegt, gilt bei der Eintragung des Eigentumswechsels das materielle Konsensprinzip, sodass es neben dem (formlosen) Eintragungsantrag und der Eintragungsbewilligung i.S.d. § 19 GBO (in der Form des § 29 GBO) auch des Nachweises der dinglichen Einigung (§ 20 GBO) in der Form des § 29 GBO bedarf.
- Nimmt das Grundbuchamt die Eintragung des Eigentumswechsels unter Verstoß gegen diese Grundbuchverfahrensvorschriften vor, berührt dieser Verstoß die Wirksamkeit des Eigentumserwerbs nicht, solange nur die materiell-rechtliche dingliche Einigung wirksam war.

3. Einig sein zum Zeitpunkt der Eintragung

230 Für den wirksamen Eigentumserwerb ist es erforderlich, dass die **dingliche Einigung** und **die Eintragung im Grundbuch** zumindest irgendwann **zeitgleich** vorlagen.

- Da die dingliche Einigung (schon aus Gründen des Grundbuchverfahrens) der Eintragung üblicherweise vorangeht, muss diese Einigung also bis zum Zeitpunkt der Eintragung fortdauern. Aus § 873 Abs. 2 BGB folgt nämlich im Umkehrschluss, dass die dingliche Einigung grundsätzlich jederzeit widerruflich ist.
- Gemäß § 873 Abs. 2 BGB sind die Beteiligten an ihre dingliche Einigung nur in folgenden Fällen gebunden:
  - die Erklärungen wurden notariell beurkundet, *oder*
  - die Erklärungen wurden vor dem Grundbuchamt abgegeben, *oder*
  - die Erklärungen wurden bei dem Grundbuchamt eingereicht, *oder*
  - der Berechtigte (= Eigentümer) hat dem anderen Teil eine den Vorschriften der Grundbuchordnung entsprechende Eintragungsbewilligung (§§ 19, 29 GBO) ausgehändigt.

4. Verfügungsbefugnis

231 Aus der Formulierung „*Einigung des Berechtigten und (...)*" in § 873 Abs. 1 BGB folgt, dass der Veräußerer verfügungsbefugt sein muss.

- Verfügungsbefugt ist grundsätzlich der Eigentümer, ausnahmsweise auch der Nichteigentümer, wenn er mit Einwilligung des Eigentümers handelt (§ 185 Abs. 1 BGB).
- In bestimmten Ausnahmefällen ist der **Eigentümer jedoch nicht verfügungsbefugt**, sondern **eine andere Person**. Hierbei handelt es sich insbesondere um folgende Fälle:
  - Mit Eröffnung des Insolvenzverfahrens verliert der Eigentümer das Recht über sein Vermögen zu verfügen und geht diese Befugnis auf den **Insolvenzverwalter** über (§ 80 InsO). Aus diesem Grund wird auf Ersuchen des Insolvenzgerichts ein Insolvenzvermerk in das Grundbuch (Abt. II) eingetragen.
  - Ist hinsichtlich des Nachlasses Testamentsvollstreckung angeordnet, so ist der Erbe (trotz Eigentümerstellung) gemäß § 2211 BGB nicht verfügungsbefugt; an seiner Stelle ist der **Testamentsvollstrecker** gemäß § 2205 S. 2 BGB verfügungsbefugt. In gleicher Weise wie der Insolvenzvermerk wird auch ein entsprechender Testamentsvollstreckungsvermerk in das Grundbuch eingetragen.
  - Etwas **differenzierter** stellt sich die rechtliche Bewertung in Bezug auf eine angeordnete **Vor-/Nacherbschaft** dar. Zwar wird die Tatsache der Vor-/Nacherbschaft ebenfalls durch einen Vermerk in Abt. II des Grundbuchs eingetragen, jedoch handelt es sich hierbei um keine Verfügungsbeschränkung. Bei angeordneter Vor-/Nacherbschaft kann der Vorerbe grundsätzlich unabhängig davon, ob er befreiter Vorerbe ist oder nicht, zunächst wirksam über den zum Nachlass gehörenden Grundbesitz verfügen, je-

doch ist die von ihm vorgenommene Verfügung im Moment des Eintritts des Nacherbfalles unter Umständen dem Nacherben gegenüber unwirksam. Dies ist in folgenden Konstellationen der Fall:
- Die vom **nicht befreiten Vorerben** ohne Zustimmung des Nacherben vorgenommene Verfügung ist dem Nacherben gegenüber stets unwirksam (§ 2113 Abs. 1 BGB).
- Die vom **befreiten Vorerben** ohne Zustimmung des Nacherben vorgenommene Verfügung ist dem Nacherben gegenüber unwirksam, wenn sie unentgeltlich oder nur teilentgeltlich war (§§ 2113 Abs. 2, 2136 BGB).

Bis zum Eintritt des Nacherbfalles ist die Verfügung jedoch unabhängig davon, ob der Vorerbe befreit war oder nicht bzw. unabhängig davon, ob es sich um eine unentgeltliche oder vollentgeltliche Verfügung handelt, wirksam – demzufolge muss der Grundbuchrechtspfleger die Eigentumsumschreibung trotz Nacherbenvermerks vollziehen.

- Die **Verfügungsbefugnis muss grundsätzlich im Moment des Rechtserwerbs** (Einigung und Eintragung) vorliegen, d.h., wird z.B. das Insolvenzverfahren über das Vermögen des Veräußerers nach Beurkundung der Auflassung, jedoch vor Umschreibung des Eigentums im Grundbuch eröffnet, scheitert der wirksame Eigentumserwerb, sofern nicht die Voraussetzungen des § 878 BGB vorliegen.
  Gemäß § 878 BGB wird die Auflassung nicht dadurch unwirksam, dass der Berechtigte in der Verfügung beschränkt wird, **nachdem**
  - die Erklärung für **ihn bindend** i.S.d. § 873 Abs. 2 BGB geworden **und**
  - der **Antrag auf Eintragung bei dem Grundbuchamt** gestellt worden ist.

  Durch diese Vorschrift wird der Zeitpunkt, ab welchem der Eintritt von Verfügungsbeschränkungen unschädlich ist, vom Moment der Grundbucheintragung auf den Moment der Antragstellung vorverlagert. Auf diese Weise soll der Erwerber davor geschützt werden, dass lange Bearbeitungszeiten beim Grundbuchamt zum Scheitern des Eigentumserwerbs führen.
- Die Verfügung eines Nichteigentümers ohne Zustimmung des Eigentümers ist darüber hinaus dann wirksam, wenn die **Voraussetzungen des gutgläubigen Erwerbs** vorliegen (siehe unten Rdn 232).

IV. Voraussetzungen des gutgläubigen Eigentumserwerbs

Fehlt es an dem Erfordernis der Verfügungsbefugnis des Veräußerers, ist ein wirksamer Eigentumserwerb durch den Erwerber gleichwohl möglich, wenn die Voraussetzungen des gutgläubigen Erwerbs gemäß § 892 BGB vorliegen. 232

§ 892 BGB: Öffentlicher Glaube des Grundbuchs 233

(1) [1]**Zugunsten desjenigen**, welcher ein Recht an einem Grundstück oder ein Recht an einem solchen Recht **durch Rechtsgeschäft** erwirbt, **gilt der Inhalt des Grundbuchs als richtig**, *es sei denn*, dass ein **Widerspruch gegen die Richtigkeit** eingetragen *oder* die **Unrichtigkeit dem Erwerber bekannt** ist. [2]Ist der Berechtigte in der Verfügung über ein im Grundbuch eingetragenes Recht zugunsten einer bestimmten Person beschränkt, so ist die Beschränkung dem Erwerber gegenüber nur wirksam, wenn sie aus dem Grundbuch ersichtlich oder dem Erwerber bekannt ist.

(2) Ist zu dem Erwerb des Rechts die Eintragung erforderlich, so ist für die **Kenntnis des Erwerbers die Zeit der Stellung des Antrags** auf Eintragung oder, wenn die nach § 873 erforderliche Einigung erst später zustande kommt, die Zeit der Einigung maßgebend.

Die Voraussetzungen eines gutgläubigen Erwerbs sind demnach Folgende: 234
(1) Unrichtigkeit des Grundbuchs und Legitimation des Veräußerers,
(2) Erwerb durch Rechtsgeschäft (im Sinne eines Verkehrsgeschäfts),
(3) guter Glaube des Erwerbers zum maßgeblichen Zeitpunkt,
(4) kein Eintrag eines Widerspruchs im Grundbuch.

1. Unrichtigkeit des Grundbuchs und Legitimation des Veräußerers

235 ■ Die Frage nach einem gutgläubigen Erwerb i.S.d. § 892 BGB stellt sich naturgemäß nur, wenn das Grundbuch unrichtig ist. Dies ist insbesondere dann der Fall, wenn
- der Veräußerer als Eigentümer eingetragen ist, obwohl er überhaupt nicht (mehr) Eigentümer ist;
- eine (eintragungsfähige) Verfügungsbeschränkung (z.B. Insolvenzverfahrenseröffnung oder Testamentsvollstreckung) nicht im Grundbuch eingetragen ist; oder
- dingliche Rechte, welche am Grundstück lasten, nicht eingetragen sind bzw. versehentlich gelöscht wurden (z.B. eine Grundschuld).

■ In diesem letzten Fall geht es anders als in den beiden vorausgehenden Fällen nicht um den gutgläubigen Eigentumserwerb selbst, sondern um den gutgläubigen lastenfreien Erwerb, d.h. der Erwerber erwirbt das Eigentum – wenn auch alle anderen Voraussetzungen erfüllt sind – lastenfrei, d.h. die bislang bestehenden, aber nicht eingetragenen dinglichen Belastungen erlöschen infolge eines sog. gutgläubigen lastenfreien Erwerbs.

■ Infolge der Grundbuchunrichtigkeit muss der Veräußerer als legitimiert gelten, d.h. der Rechtsschein der Grundbucheintragung muss zu seinen Gunsten sprechen.

2. Erwerb durch Rechtsgeschäft (im Sinne eines Verkehrsgeschäfts)

236 ■ Ein gutgläubiger Erwerb ist nur bei einem rechtsgeschäftlichen Erwerb möglich, nicht dagegen bei einem gesetzlichen Erwerb. Mithin kann der Erbe eines fälschlicherweise im Grundbuch eingetragenen „Bucheigentümers" das Eigentum an dem Grundstück nicht gutgläubig infolge Erbfalls erwerben.

■ Weitere Voraussetzung ist, dass es sich um ein Verkehrsgeschäft handelt. Gemeint ist damit, dass der Erwerber nicht in irgendeiner Weise, sei es auch nur wirtschaftlich, der Veräußererseite angehört. Kein Verkehrsgeschäft liegt in den nachfolgend genannten Fällen vor, in welchen folglich kein gutgläubiger Eigentumserwerb möglich ist:
- Übertragung von einer Gesamthand auf einen Gesamthänder (z.B. im Rahmen der Erbauseinandersetzung);
- Realteilung einer Miteigentümergemeinschaft;
- Begründung von Wohnungs-/Teileigentum gemäß § 3 WEG;
- Übertragung zwischen personenidentischen Gesellschaften;
- Übertragung im Wege der vorweggenommenen Erbfolge (dies, obwohl hier auf Erwerberseite andere Personen stehen als auf Veräußererseite).

3. Guter Glaube des Erwerbers zum maßgeblichen Zeitpunkt

237 ■ Der gute Glaube ist ausgeschlossen, wenn der Erwerber von der **Unrichtigkeit positive Kenntnis** hatte. Bloße (auch erhebliche) Zweifel sind demgegenüber unschädlich; auch besteht bei Zweifeln keine Pflicht zur Aufklärung.

■ Es kommt nicht darauf an, ob der Erwerber überhaupt Kenntnis von dem Grundbuchinhalt hatte, d.h. es ist kein konkretes Vertrauen in die Richtigkeit des Grundbuchinhalts erforderlich (sog. **abstrakter Vertrauensschutz**).

■ Bei Vertretung kommt es nach § 166 Abs. 1 BGB auf die **Kenntnis des Vertreters** an. Die Bösgläubigkeit des Vertretenen bei Handeln eines Bevollmächtigten schadet gemäß § 166 Abs. 2 BGB nur dann, wenn der Vertreter nach bestimmten Weisungen des Vertretenen gehandelt hat.

■ Der gute Glaube muss grundsätzlich – ähnlich wie die Verfügungsbefugnis – **bis zum Zeitpunkt der Vollendung des Rechtserwerbs** (d.h. i.d.R. Grundbucheintrag) fortbestehen.
- Durch § 892 Abs. 2 BGB wird dieser Zeitpunkt wiederum auf **den Moment der Antragstellung beim Grundbuchamt „vorverlegt"**, vorausgesetzt, dass zu diesem Zeitpunkt bereits die nach § 873 Abs. 2 BGB erforderliche Einigung vorlag.
- Eine weitere Vorverlagerung des Redlichkeitszeitpunkts ist nicht im Gesetz ausdrücklich enthalten: Hat der Erwerber vom Nichteigentümer (der im Grundbuch versehentlich als Eigentümer ausgewiesen ist) **gutgläubig eine Vormerkung** erworben, ist eine nach dem wirksamen Vormerkungserwerb eingetretene Bösgläubigkeit ebenfalls un-

schädlich. Genau genommen genügt es sogar, wenn der Erwerber bis zum Moment der Bewilligung der Vormerkung und der Einreichung des Antrags auf Eintragung der Vormerkung beim Grundbuchamt gutgläubig war, da er dann gemäß § 892 Abs. 2 BGB die Vormerkung gutgläubig erwerben konnte. Die besondere Wirkung der Vormerkung besteht u.a. darin, dass eine danach eintretende Bösgläubigkeit überwunden wird („Vorwirkung der Vormerkung").

4. Kein Widerspruch gegen die Richtigkeit im Grundbuch eingetragen

- Ein gutgläubiger Erwerb scheidet aus, wenn zum **Zeitpunkt der Rechtsvollendung ein** **238**
  Widerspruch gegen die Richtigkeit im Grundbuch eingetragen ist. Anders als bzgl. des Erfordernisses der Gutgläubigkeit (§ 892 Abs. 2 BGB) und der Verfügungsbefugnis (§ 878 BGB) ist hinsichtlich des Widerspruchs im Gesetz **keine Vorverlegung** auf den Moment der Antragstellung vorgesehen, d.h. der Widerspruch lässt den gutgläubigen Erwerb auch dann scheitern, wenn er erst nach Antragstellung, aber vor Vollendung des Rechtserwerbs im Grundbuch eingetragen worden ist – außer es wurde vor Eintragung des Widerspruchs bereits wirksam gutgläubig eine Vormerkung erworben („Vorwirkung der Vormerkung").
- Gemäß § 899 Abs. 2 BGB erfolgt die Eintragung eines Widerspruchs gegen die Richtigkeit des Grundbuchs entweder
  - aufgrund einer einstweiligen Verfügung *oder*
  - aufgrund einer Bewilligung desjenigen, dessen Recht durch die Berichtigung des Grundbuchs betroffen wird.

V. Voraussetzungen des rechtsgeschäftlichen Erwerbs dinglicher Rechte an Immobilien

Vorstehend in Ziff. III und IV. wurde der rechtsgeschäftliche Eigentumserwerb („Übertra- **239**
gung von Eigentum") dargestellt. § 873 BGB bezieht sich aber nicht nur auf die Übertragung von Eigentum (= § 873 Abs. 1 Alt. 1 BGB), sondern auch auf

- die Belastung eines Grundstücks mit einem Recht (§ 873 Abs. 1 Alt. 2 BGB – z.B. Bestellung einer Grundschuld oder Reallast oder Dienstbarkeit oder eines Nießbrauchrechts) sowie
- die Übertragung eines solchen Rechts (§ 873 Abs. 1 Alt. 3 BGB – z.B. Abtretung einer Grundschuld oder einer Reallast) sowie
- die Belastung eines solchen Rechts (§ 873 Abs. 1 Alt. 4 BGB – z.B. Verpfändung einer Grundschuld).

Sämtliche der vorstehend beschriebenen Formen des Erwerbs dinglicher Rechte an Immobi- **240**
lien erfolgen grundsätzlich nach dem gleichen Schema wie der Eigentumserwerb, sodass auf die vorstehenden Ausführungen in Ziff. III und IV. verwiesen werden kann, jedoch mit folgenden Ausnahmen bzw. Unterschieden:

- Die dingliche Einigung i.S.d. § 873 BGB ist formfrei möglich und muss auch nicht vor dem Notar erklärt werden, da § 925 BGB nur beim Eigentumserwerb gilt.
  Auch unterliegt die dingliche Einigung nicht mittelbar über die grundbuchverfahrensrechtliche Vorschrift des § 29 GBO einem Formerfordernis, da außerhalb der Eigentumsübertragung nur das formelle Konsensprinzip gilt und somit das Vorliegen der dinglichen Einigung dem Grundbuchamt gerade nicht nachzuweisen ist. Lediglich die grundbuchverfahrensrechtliche Bewilligungserklärung (§ 19 BGO) des Betroffenen bedarf gemäß § 29 GBO der öffentlichen bzw. öffentlich-beglaubigten Form.
- Bei einzelnen Rechten (z.B. Briefhypothek, Briefgrundschuld) kommen weitere Erfordernisse hinzu, wie z.B. die Briefübergabe.
- Ferner sei darauf hingewiesen, dass bei der **erstmaligen Bestellung** eines dinglichen Rechts (z.B. Bestellung einer Grundschuld) die Einigung zwischen dem Grundstückseigentümer und dem Rechtserwerber vorliegen muss und demzufolge die Verfügungsbefugnis des „Bucheigentümers" zu prüfen ist, während **bei der Übertragung von bestehenden dinglichen Rechten** (z.B. Abtretung einer Grundschuld) die Einigung zwischen

dem bisherigen Gläubiger (= Veräußerer, auch „Zedent" genannt) und dem neuen Gläubiger (= Erwerber, auch „Zessionar" genannt) vorliegen muss und demzufolge die Verfügungsbefugnis des eingetragenen Grundschuldgläubigers (und nicht des eingetragenen Grundstückseigentümers) zu prüfen ist. Zur wirksamen Abtretung einer Grundschuld bedarf es (anders als zur Löschung oder zum Rangrücktritt) grundsätzlich nicht der Zustimmung des Eigentümers, außer es wurde bei Bestellung der Grundschuld das Recht des Gläubigers, die Grundschuld abzutreten, ausgeschlossen (sog. Abtretungsausschluss); ein derartiger Abtretungsausschluss ist in das Grundbuch einzutragen.

VI. Zusammenfassung

241 ■ Als Schlussbilanz lässt sich festhalten, dass in Abt. I des Grundbuchs die Eigentumsverhältnisse niedergelegt werden; der Eigentumserwerb selbst – sei es durch Rechtsgeschäft wie in den meisten Fällen oder sei es ausnahmsweise kraft Gesetzes (z.B. im Wege der Gesamtrechtsnachfolge im Erbfall oder bei Umwandlungsvorgängen) oder sei es kraft Hoheitsakts (z.B. durch Zuschlagsbeschluss in der Zwangsversteigerung) – ergibt sich aus Spalte 4 (Grundlage der Eintragung).

■ Während das Bestandsverzeichnis des Grundbuchblattes mit der Flurkarte und dem „Vermessungsamt" eng verknüpft ist, laufen in Abt. I alle Fäden zusammen, die Veränderungen im Eigentum betreffen und dort werden die jeweiligen Dokumente in Bezug genommen.

■ Mit dem Hauptfall des Eigentumserwerbs durch Rechtsgeschäft sind die Notare tagtäglich beschäftigt. Wie sich der Eigentumserwerb vollzieht, wurde vorstehend in Rdn 227 näher ausgeführt und dabei auch darauf hingewiesen, dass sogar der Eigentumserwerb vom nichtberechtigten Eigentümer bzw. Nichteigentümer möglich ist, was von fundamentaler Bedeutung für den Käufer einer Immobilie ist: Der Käufer darf auf die Richtigkeit des Grundbuchs vertrauen und muss keine aufwendigen und kostspieligen Recherchen über die gesamte Historie des Grundstücks und aller Voreigentümer und deren Erwerbsurkunden machen. Ohne gutgläubigen Erwerb wäre der Käufer mithin stets dem Risiko ausgesetzt, den Kaufpreis bezahlt zu haben, ohne wirksam die Immobilie erworben zu haben, wie auch die Bank mit dem Risiko konfrontiert wäre, dass die zu ihren Gunsten bestellte Grundschuld bei Bestellung durch einen Nichteigentümer unwirksam wäre. In Ländern, deren Rechtssystem keinen guten Glauben kennen, gehen Käufer mithin ein sehr großes Risiko ein bzw. müssen viel Geld zur juristischen Prüfung aller Vorerwerbsurkunden ausgeben oder sie schließen – ebenfalls gegen weitere Kosten – eine sog. Titelversicherung ab, durch welche sie wenigstens finanziell abgesichert werden, wenn der Erwerb der Immobilie trotz Kaufpreiszahlung wider Erwarten nicht wirksam ist.

■ Die Publizitätswirkung des Grundbuchs im lateinischen Notariat ist ein wahrer Segen – wollen wir diese Errungenschaft hegen und pflegen.

§ 3 Prüfe Dein Wissen: Fragen und Antworten

A. Fragen und Antworten zu § 1 Einführung

1. Frage: Kann ein Flurstück aus mehreren Grundstücken oder umgekehrt ein Grundstück aus mehreren Flurstücken bestehen? 1

Antwort:

Das Flurstück ist die „kleinste Einheit“. Ein Grundstück kann aus einem oder mehreren Flurstücken bestehen, aber nicht umgekehrt. Besteht ein Grundstück aus mehreren Flurstücken, so sind die einzelnen Flurstücke im Grundbuch unter einer laufenden Nummer vorgetragen.

(Siehe § 1 Rdn 1).

2. Frage: Welche Vorteile hat die Einsichtnahme in die Flurkarte des Vertragsgegenstandes? 2

Antwort:

- Leichte Erkennbarkeit von Privatwegen oder gesonderten Garagenstellplätzen;
- leichte Erkennbarkeit von unerschlossenen Grundstücken;
- leichte Erkennbarkeit der wahren räumlichen Ausdehnung des Grundstücks.

(Siehe § 1 Rdn 6–12).

3. Frage: Welche Recherchemöglichkeiten gibt es beim elektronischen Grundbuch? 3

Antwort:

- „Grundbuchrecherche“ anhand der Grundbuchblattstelle;
- „Flurstück- und Eigentümerrecherche“ anhand der Flst. Nr. oder der Angaben zum Eigentümer;
- Aktualitätsnachweis;
- Einsicht in die Markentabelle.

(Siehe § 1 Rdn 45–51).

4. Frage: Welchen Vorteil hat die Vornahme einer Grundbuchrecherche anhand von (Nach-) Namen und Geburtsdatum des Eigentümers anstelle der mitgeteilten Grundbuchblattstelle oder Flurstücknummer? 4

Antwort:

Bei der Recherche anhand von (Nach-)Namen und Geburtsdatum werden in der Trefferliste alle Flurstücke der betreffenden Person in der betreffenden Gemarkung angezeigt, so dass auch zugehörige Nebengrundstücke wie z.B. Weggrundstück oder Garagengrundstück, die an einer anderen Grundbuchblattstelle eingetragen sind, erkennbar sind.

Bei der Recherche anhand der Grundbuchblattstelle bzw. Flurstücknummer ist dies nicht der Fall. Bei der Grundbuchblattrecherche besteht zudem das Risiko, dass die alte Grundbuchblattstelle bereits geschlossen worden ist oder dass das relevante Grundstück von der alten Grundbuchblattstelle im Zuge eines Eigentumswechsels auf eine andere Grundbuchblattstelle übertragen worden ist und das relevante Grundstück somit nicht mehr an der alten Grundbuchblattstelle vorgetragen ist. Der Abruf der falschen (alten) Grundbuchblattstelle löst somit unnötige Kosten aus und verursacht zudem Probleme hinsichtlich des Nachweises des Einsichtsinteresses für den Grundbuchabruf.

(Siehe § 1 Rdn 48).

5. Frage: Wenn ein Privatweg (oder eine sonstige Gemeinschaftsfläche) im Miteigentum (z.B. jeweils $^{1}/_{20}$ Miteigentumsanteil) von 20 angrenzenden Eigentümern steht, welche zwei verschiedenen (im Ermessen des Rechtspflegers stehenden) Möglichkeiten gibt es, diesen im Grundbuch zu buchen? 5

Antwort:

- Das Weggrundstück kann wie ein normales Grundstück an einer eigenen Grundbuchblattstelle gebucht werden; dann werden die angrenzenden Eigentümer, welche jeweils Miteigentümer des Weggrundstücks sind, jeweils in der Ersten Abteilung mit ihrem Miteigentumsanteil (z.B. 1/20 oder 1/40, falls ein angrenzendes Grundstück im Miteigentum von zwei Personen je zur Hälfte steht) eingetragen.

- Alternativ besteht auch die Möglichkeit, dass der Miteigentumsanteil von 1/20 an dem Weggrundstück auf dem Grundbuchblatt des Hauptgrundstücks „mit"-gebucht wird.

(Siehe § 1 Rdn 9).

6 **6. Frage:** Was ist der Fortführungsnachweis, was ist sein wesentlicher Inhalt und seine Bedeutung?

Antwort:

- Wenn ein Grundstück geteilt („zerlegt") wird, müssen die Mitarbeiter des Vermessungsamtes die zu vermessende Teilfläche in der Natur vermessen, neue Grenzsteine setzen und das Ergebnis der Vermessung (die neuen Grenzpunkte) in die amtliche Flurkarte übertragen.
- Der Fortführungsnachweis enthält folgende Angaben:
  - das alte Flurstück mit seinen bisherigen Angaben (Lage, Wirtschaftsart, Größe) und ferner die neuen Teilflächen mit ihren jeweiligen neuen Angaben;
  - Angaben zu Buchung und Eigentumsverhältnissen von dem bisherigen Grundstück und dazu, wer die Teilfläche voraussichtlich erwerben soll;
  - Flurkarte mit Einzeichnung der Teilfläche;
  - Beilage für den Verschmelzungsvorschlag.

(Siehe § 1 Rdn 15 ff.).

7 **7. Frage:** Was ist der Aktualitätsnachweis und die Markentabelle?

Antwort:

- Mittels der Aktualitätsrecherchefunktion kann man im elektronischen Grundbuch zu einer bestimmten Grundbuchblattstelle recherchieren, wann die letzte Eintragung vorgenommen worden ist.
- Mittels der Einsicht in die Markentabelle kann man im elektronischen Grundbuch recherchieren, ob es zu einer bestimmten Grundbuchblattstelle noch nicht vollzogene Anträge gibt.

(Siehe § 1 Rdn 49–51).

8 **8. Frage:** Sehen Sie das Grundbuchblatt 847 (Anlage 2, Anhang Rdn 8 ff.) ein. Wann wurde das bislang unter lfd. Nr. 4 vorgetragene Grundstück Flst. 325 zerlegt bzw. die Zerlegung im Grundbuch eingetragen und wie viele Flurstücke wurden dabei gebildet?

Antwort:

Die Zerlegung wurde am 22.3.2010 aufgrund des Fortführungsnachweises (FN) mit der Nr. 0585 01 im Grundbuch eingetragen. Es wurden dabei 4 neue Flurstücke gebildet, nämlich die Flst. 325, 325/2, 325/3 und 325/4.

(Siehe § 1 Rdn 16 ff. und 27).

9 **9. Frage:** Wenn eine Teilfläche aus einem Grundstück herausgemessen worden ist und das Vermessungsamt dem Grundbuchamt den Fortführungsnachweis zugeschickt hat, welche Eintragungen nimmt dann das Grundbuchamt vor?

Antwort:

- Die Zeile von dem bisherigen Grundstück in den ersten 4 Spalten des Bestandsverzeichnisses (BestVerz.) wird gerötet.
- Die beiden (ggf. auch mehrere) neuen Flurstücke werden mit ihren jeweiligen Angaben zu Wirtschaftsart und Lage sowie Fläche (wobei die Summe der Teilflächen der alten Gesamtfläche grundsätzlich entsprechen muss) in den ersten 4 Spalten des Bestandsverzeichnisses des Grundbuchblattes unter der nächsten freien lfd. Nr. (Spalte 1) eingetragen, wobei in Spalte 2 des Bestandverzeichnisses die bisherige alte lfd. Nr. eingetragen wird.

- In Spalte 5 und 6 des BestVerz. wird der „Zerlegungsvorgang" dokumentiert, wobei in Spalte 5 die bisherige lfd. Nr. und die aktuelle lfd. Nr. aus Spalte 1 aufgeführt wird und in Spalte 6 der Fortführungsnachweis (= FN) mit seiner Nummer, das Datum der Eintragung im Grundbuch und der Name des Rechtspflegers angegeben werden.
- Sollte an dem bisherigen Grundstück in Abt. II und/oder III eine Belastung eingetragen gewesen sein, wird häufig (= Ermessen des Rechtspflegers) auch die nunmehr veraltete lfd. Nr. in Spalte 2 in Abt. II und/oder III gerötet und durch die aktuelle lfd. Nr. aus Spalte 1 des BestVerz. berichtigt.

(Siehe § 1 Rdn 27).

10. Frage: Erklären bzw. ordnen Sie die Begriffe „Verschmelzen", „Aufhebung der rechtlichen Verbindung/Vereinigung", „Bestandteilszuschreibung", „Zerlegung", „rechtliche Vereinigung" wie folgt: 10

a) Was nimmt das Grundbuchamt und was nimmt das Vermessungsamt vor?

b) Welche Begriffe führen zum rechtlich selben bzw. ähnlichen Ergebnis und worin unterscheiden sie sich?

c) Um von einem Ausgangsgrundstück bzw. Flurstück zu zwei Einzelgrundstücken zu gelangen, sind welche Maßnahmen von Vermessungsamt und Grundbuchamt in welcher Reihenfolge erforderlich?

d) Um umgekehrt von zwei Grundstücken zu einem einzelnen Grundstück bzw. Flurstück zu gelangen, sind welche Maßnahmen von Vermessungsamt und Grundbuchamt in welcher Reihenfolge erforderlich?

Antwort:

Zu a)

- Das Grundbuchamt nimmt Bestandteilszuschreibungen und rechtliche Vereinigungen vor, indem es einzelne Flurstücke, die bislang jeweils unter einer eigenständigen lfd. Nr. eingetragen waren, unter einer gemeinsamen laufenden Nummer zusammenfasst. Der umgekehrt Vorgang hierzu ist die Aufhebung der rechtlichen Verbindung bzw. Vereinigung. Auch das nimmt das Grundbuchamt vor, indem es Flurstücke, die bislang unter einer gemeinsamen laufenden Nummer zusammengefasst waren, jeweils unter einer eigenen laufenden Nummer einträgt.
- Das Vermessungsamt nimmt Verschmelzungen und Zerlegungen vor.
  Bei der Verschmelzung werden die Grenzpunkte von zwei oder mehr aneinander grenzen Flurstücken, welche bereits rechtlich zu einem Grundstück vereinigt sind, aufgehoben, so dass nur noch ein Flurstück übrigbleibt und das andere bzw. die anderen Flurstücke wegfallen. Bei der Zerlegung werden neue Grenzpunkte gesetzt und ein Flurstück wird in zwei Flurstücke oder mehrere Flurstücke aufgeteilt.

Zu b)

Die Bestandteilszuschreibung (§ 890 Abs. 2 BGB) und die rechtliche Vereinigung (§ 890 Abs. 1 BGB) führen beide zu dem Ergebnis, dass die betreffenden Flurstücke künftig rechtlich verbunden sind (landläufig wird auch das Ergebnis der Bestandteilszuschreibung als „rechtlich vereinigt" bezeichnet). Der Unterschied zwischen beiden Vorgehensweisen besteht bei der rechtlichen Auswirkung auf Grundpfandrechte. Nur bei der Bestandteilszuschreibung erstrecken sich die Grundpfandrechte, die an dem Grundstück lasten, welchem das andere zugeschrieben wird, automatisch auf das zugeschriebene Grundstück (§ 1131 S. 1 BGB i.V.m. § 1192 Abs. 1 BGB).

Zu c)

Zunächst muss das Vermessungsamt (auf Antrag) die Vermessung der Teilflächen vornehmen und über die Zerlegung einen Fortführungsnachweis erstellen, der dem Grundbuchamt zugeleitet wird. Das Grundbuchamt überträgt sodann das Ergebnis der Zerlegung in das Bestandsverzeichnis des Grundbuchblattes, wobei die neuen Flurstücke zunächst unter einer lfd.

Nr. zusammengefasst werden. Sodann hebt das Grundbuchamt – sofern ein entsprechender Antrag vorliegt – die rechtliche Verbindung der Flurstücke auf und trägt sie jeweils unter einer eigenen lfd. Nr. im Bestandsverzeichnis ein.

Zu d)

Zunächst müssen die einzelnen Grundstücke rechtlich durch das Grundbuchamt verbunden werden (sei es im Wege der Bestandteilszuschreibung i.S.d. § 890 Abs. 2 BGB, sei es im Wege der rechtlichen Vereinigung i.S.d. § 890 Abs. 1 BGB). Sodann kann das Vermessungsamt die rechtlich verbundenen Flurstücke miteinander verschmelzen. Es bedarf jeweils eines Antrages.

(Siehe § 1 Rdn 28 ff.).

11 **11. Frage:** Da Eigentümer Ernst seine neue Garage versehentlich 3qm über seine Grundstücksgrenze hinaus auf das Nachbargrundstück von Nett gebaut hat, soll der Grenzverlauf entsprechend der neuen Gebäudegrenze angepasst werden. Nachbar Nett ist damit einverstanden, dass die 3 qm dem Grundstück von Ernst zugeschlagen werden, ohne dass er dafür Geld haben will. Können Vermessungsamt und Grundbuchamt auf gemeinsamen Antrag von Ernst und Nett die 3 qm bei Nett im Wege der Zerlegung wegmessen und sogleich dem Ernst im Wege der Verschmelzung zuschreiben?

Antwort:

Nein. Durch das Vermessungsamt und Grundbuchamt können die Eigentumsverhältnisse nicht einfach so geändert werden, d.h. Verschmelzung und rechtliche Vereinigung/Bestandteilszuschreibung sind immer nur möglich, wenn an den Grundstücken bzw. Flurstücken identische Eigentumsverhältnisse bestehen. Ist dies nicht der Fall, so muss in einem Zwischenschritt unter Einschaltung des Notars das Eigentum (nach Zerlegung) von Nett auf Ernst (mittels Beurkundung einer Auflassungserklärung) übertragen werden.

(Siehe § 1 Rdn 31–33).

12 **12. Frage:** Mittels welcher Rechtsinstitute kann unterschiedliches Eigentum

a) an Grund und Boden einerseits und Gebäude andererseits begründet werden?

b) an einzelnen Wohnungen eines einheitlichen Gebäudes begründet werden?

c) Ist eine Kombination von a) und b) möglich?

Antwort:

Zu a)

Durch Bestellung eines Erbbaurechts kann unterschiedliches Eigentum an Grund/Boden und Gebäude begründet werden; das alte Grundbuchblatt existiert weiter und die Bestellung des Erbbaurechts wird dort in Abt. II als (erstrangige) Belastung eingetragen; zusätzlich wird ein neues Erbbaurechtsgrundbuchblatt angelegt.

Zu b)

Durch Begründung von Wohnungs-/Teileigentum können unterschiedliche Eigentumsverhältnisse an einzelnen in einem Gebäude befindlichen (abgeschlossenen) Wohnungen bzw. sonstigen Räumen begründet werden. Mit dem Sondereigentum an jeder Sondereigentumseinheit ist immer zwingend ein ideeller Miteigentumsanteil an Grund und Boden verbunden. Demzufolge handelt es sich bei der Begründung von Wohnungs-/Teileigentum nicht um die Belastung eines Grundstücks, sondern das betreffende Grundstück wird „aufgespalten“ und die alte Grundbuchblattstelle wird folglich geschlossen.

Zu c)

Ja. Mit dem Rechtsinstitut vom Wohnungs-/Teilerbbaurecht wird ein zuvor begründetes Erbbaurecht ähnlich wie Wohnungs-/Teileigentum aufgespaltet, d.h., das alte Erbbaurechtsgrundbuchblatt wird geschlossen und an seine Stelle treten die einzelnen Wohnungs-/Teilerbbaurechtsgrundbuchblätter; weiterhin bleibt natürlich das Grundstücksgrundbuchblatt erhalten.

(Siehe § 1 Rdn 40 f.).

B. Fragen und Antworten zu § 2 Grundbuch lesen und verstehen

I. Fragen und Antworten zu Teil A „Aufbau des Grundbuchs"

1. Frage: Was sind die „4 Haupt-Abteilungen" eines jeden Grundbuchblattes und was enthalten sie? 13

Antwort:

- Bestandsverzeichnis: Angaben zum Grundstück und zu seinen Veränderungen;
- Erste Abteilung: Angaben zu den Eigentumsverhältnissen und dessen Veränderungen;
- Zweite Abteilung: Beschränkungen („Vermerke") und Lasten (außer Grundpfandrechte und Rentenschulden) jeweils samt Veränderungen und Löschungen;
- Dritte Abteilung: Angaben zu den Grundschulden, Hypotheken und Rentenschulden, jeweils samt Veränderungen und Löschungen.

(Siehe § 2 Rdn 1 ff.).

2. Frage: Sehen Sie das Grundbuchblatt 847 (= Anlage 2, Anhang Rdn 8 ff.) ein. Welche Informationen können Sie aus diesem Grundbuchblatt hinsichtlich des Flst. 325/3 in Bezug auf Entstehung, weitere Entwicklung, aktueller Status entnehmen, insbesondere: 14

a) Aus welchem Grundstück ist das Flst. 325/3 hervorgegangen? Welche Informationen können Sie dem Grundbuch bzgl. dieses Entstehungsprozesses entnehmen?

b) Welche Informationen kann man über die „Herkunft" des ehemaligen Hauptgrundstücks dem Grundbuchblatt entnehmen?

c) Was sind die letzten (= aktuellen) Informationen, die man dem Grundbuchblatt zu Flst. 325/3 entnehmen kann?

d) Wie war das Flst. 325/3 laut Grundbucheintrag in Abt. II belastet?

e) In welchem Rangverhältnis stehen die in Abt. II lfd. Nr. 3 und 4 eingetragenen Auflassungsvormerkungen?

f) Aus den Eintragungen im Bestandsverzeichnis und in Abt. II zu den Flst. 325/3 und 325/4 kann man schlussfolgern, dass der damalige Eigentümer, Herr Johann Eckert, mit den Ehegatten Müller und Hoffman jeweils welche Verträge aller Wahrscheinlichkeit nach abgeschlossen hat?

Antwort:

Zu a)

Das Flst. 325/3 ist bzw. war mit drei weiteren Flurstücken Teil eines aus insgesamt vier Flurstücken bestehenden Grundstücks. Aus Spalte 5 und 6 des BestVz. geht hervor, dass die Teilung (= Zerlegung) des ehemals unter lfd. Nr. 4 (in Spalte 1 des BestVz.) vorgetragenen (alten) Flst. 325 durch den Fortführungsnachweis 0585 01 erfolgte und dies am 22.3.2010 vom Rechtspfleger Rosmarien im Grundbuch eingetragen worden ist. Dabei wurde das bislang unter ldf. Nr. 4 (in Spalte 1 des BestVz.) vorgetragene Flst. 325 gerötet und nunmehr mit seinen 4 Einzel-Flurstücken unter lfd. Nr. 8 neu vorgetragen.

Zu b)

Das „Hauptgrundstück" Flst. 325, aus welchem das Flst. 325/3 im Rahmen der Zerlegung hervorgegangen ist, wurde seinerseits aus der alten Grundbuchblattstelle 649 am 10.7.2001 durch den Rechtspfleger Hyazinth auf die aktuelle Blattstelle (Amtsgericht Träumerei Gemarkung Wunschland Blatt 847, Anhang Rdn 8 ff.) übertragen. Nähere Informationen zu diesem alten Flurstück 325 können der alten, inzwischen geschlossenen Grundbuchblattstelle 649 entnommen werden.

Zu c)

Da das Flst. 325/3 gerötet wurde, ist es nicht mehr Bestandteil des unter lfd. Nr. 8 vorgetragenen Grundstücks. Aus dem in Spalte 7 und 8 (des BestVz.) enthaltenen „Abschreibungsvermerk" geht hervor, dass dieses Flst. am 4.5.2010 auf die Grundbuchblattstelle 961 vom Rechtspfleger Unkraut übertragen worden ist.

Zu d)

Aus den Eintragungen in Abteilung II (lfd. Nr. 3 und 4, Spalte 1 von Abt. II) geht hervor, dass das ehemalige Hauptgrundstück Flst. 325 (lfd. Nr. 4 von BestVz.) mit zwei Auflassungsvormerkungen jeweils bzgl. einer Teilfläche von 1000 qm und 900 qm zugunsten jeweils zweier anderer Personen belastet worden ist, was jeweils am 23.11.2009 im Grundbuch eingetragen worden ist. Die Zerlegung, die am 22.3.2010 im Grundbuch eingetragen worden ist, ändert nichts daran, dass zunächst weiterhin das gesamte juristisch einheitliche Grundstück (bestehend aus 4 Flurstücken) mit zwei Auflassungsvormerkungen belastet ist, auch wenn durch jede Auflassungsvormerkung nur ein Anspruch auf Übertragung einer Teilfläche gesichert wird und die Größenverhältnisse (durch die Vormerkung unter lfd. Nr. 3 wird eine Teilfläche von ca. 1000 qm und durch die Vormerkung unter lfd. Nr. 4 eine Teilfläche von ca. 900 qm gesichert) nahelegen, dass sich die unter lfd. Nr. 4 eingetragene Vormerkung inhaltlich auf das Flst. 325/3 bezieht, während sich die unter lfd. Nr. 3 eingetragene Vormerkung inhaltlich auf das Flst. 325/2 bezieht.

Die in Abt. II unter lfd. Nr. 9–11 (Spalte 1 von Abt. II) eingetragenen Belastungen betrafen demgegenüber niemals das Flst. 325/3, da die Eintragungen dieser Belastungen erst am 1.11.2012, mithin zu einem Zeitpunkt erfolgten, zu welchem das Flst 325/3 schon nicht mehr Bestandteil der lfd. Nr. 8 des BestVz. war.

Zu e)

Die Reihenfolge der Eintragung („locus"-Prinzip) der Auflassungsvormerkungen unter lfd. Nr. 3 und lfd. Nr. 4 legt zunächst nahe, dass die Auflassungsvormerkung zugunsten der Ehegatten Müller Vorrang gegenüber derjenigen zugunsten der Ehegatten Hoffmann hat.

Dies ist jedoch, wie aus dem Eintragungsvermerk der unter lfd. Nr. 4 enthaltenen Vormerkung selbst hervorgeht, nicht der Fall, da dort ausdrücklich festgehalten ist, dass Abt. II/lfd. Nr. 3 und lfd. Nr. 4 Gleichrang haben. In Spalte 4 und 5 der zweiten Abteilung ist zur lfd. Nr. 3 der Eintragung in Abt. II ebenfalls vermerkt, dass beide Auflassungsvormerkungen jeweils Gleichrang haben bzw. hatten. Dass der Vermerk für die unter lfd. Nr. 3 eingetragene Auflassungsvormerkung nicht unmittelbar im Eintragungsvermerk selbst, sondern in der Veränderungsspalte eingetragen ist, kann dem Umstand geschuldet sein, dass der Rechtspfleger erst die Urkundennummer 1710/2009 des Notars Zwerg zur Bearbeitung vorliegen hatte und sodann die Urkundennummer 1709/2009 vollzogen hat.

Zu f)

- Der Eigentümer Johann Eckert hat aus dem ehemaligen Hauptgrundstück Flst. 325 an zwei verschiedene Ehepaare (Corinna und Hermann Müller einerseits und Saskia und Dominik Hoffmann andererseits) jeweils mit notarieller Urkunde vom 17.11.2009 eine Teilfläche (von 1.000 qm bzw. 900 qm) im Sinne eines echten Teilflächenkaufvertrages (vermutlich im Wege eines Kaufvertrages) veräußert.
- Sodann erfolgte irgendwann im Zeitraum ab Beurkundung bis März 2010 die tatsächliche Vermessung der veräußerten Teilflächen, wobei die tatsächlich veräußerten Flächen einmal kleiner und einmal größer ausgefallen sind, nämlich 1048 qm und 865 qm, als in der jeweiligen Notarerwerbsurkunde vorgesehen. Das Ergebnis der Vermessung (= Fortführungsnachweis Zerlegung) wurde am 22.3.2010 im Grundbuch eingetragen.
- Am 4.5.2017 erfolgte in Bezug auf beide Teilflächenkaufverträge der Endvollzug im Grundbuch, d.h. die bis dahin bestehende rechtliche Vereinigung der Flurstücke wurde in Bezug auf die veräußerten Flächen aufgehoben und das Eigentum an den beiden neu gebildeten Grundstücken wurde auf die jeweiligen Erwerber-Ehepaare umgeschrieben. Zu diesem Zweck mussten die beiden veräußerten Grundstücke jeweils auf neue Grundbuch-

blattstellen übertragen werden. Gleichzeitig wurden die beiden am gesamten alten Hauptgrundstück lastenden Auflassungsvormerkungen gelöscht. Ein ausdrücklicher Löschungsvermerk ist im vorliegenden Fall nicht zwingend, da gemäß § 46 Abs. 2 GBO im Falle der Übertragung des Grundstücks auf eine andere Blattstelle sämtliche Belastungen, welche nicht mit übertragen werden, als gelöscht gelten. In der Grundbuchpraxis wird es von den Grundbuchrechtspflegern unterschiedlich gehandhabt, ob sie einen ausdrücklichen Löschungsvermerk anbringen oder schlicht die Belastungen (hier Vormerkungen) an der neuen Blattstelle nicht eintragen.

(Siehe § 2 Rdn 1–36).

3. Frage: Kann man aus den Eintragungen in der Ersten Spalte von Grundbuchblatt 847 (= Anlage 2, Anhang Rdn 8 ff.) Rückschluss darauf ziehen, von wem Frau Elfriede Eckert beerbt worden ist? 15

Antwort:

Ja. Ursprünglich waren Herr Johann Eckert und seine Ehefrau Elfriede Eckert als Miteigentümer je zur Hälfte im Grundbuch eingetragen. Diese Eintragung bzgl. der Eigentumsverhältnisse wurde am 19.11.2008 gerötet und es wurde der Ehemann allein, mithin als Alleineigentümer, eingetragen, wobei aus Spalte 4 der Ersten Abteilung hervorgeht, dass die Veränderung in den Eigentumsverhältnissen aufgrund Testaments vom 30.6.1977 und der Eröffnungsniederschrift vom 17.10.2008 erfolgte. Demzufolge muss Herr Eckert seine Ehefrau als Alleinerbe beerbt haben.

(Siehe § 2 Rdn 17–19).

II. Fragen und Antworten zu Teil B „Arten von Grundbüchern"

1. Frage: Welche verschiedenen Grundbücher gibt es? 16

Antwort:

- Grundstücksgrundbuch
- Wohnungseigentums-/Teileigentumsgrundbuch
- Erbbaurechtsgrundbuch
- Wohnungs-/Teilerbbaurechtsgrundbuch.

(Siehe § 2 Rdn 38–45).

2. Frage: Sehen Sie das Grundbuchblatt 2390 (= Anlage 4a, Anhang Rdn 26–33) ein.

a) Welche allgemeinen Informationen können Sie in Bezug auf das Erbbaurecht aus dem Bestandsverzeichnis und der Ersten sowie der Zweiten Abteilung entnehmen?

b) Sehen Sie sodann das Grundbuchblatt 2388 (= Anlage 4b, Anhang Rdn 33–39) ein. Wo findet sich dort der Eintrag betreffend das Erbbaurecht?

Antwort:

Zu a)

- Im Bestandsverzeichnis des Erbbaurechts ist das Grundstück, an welchem das Erbbaurecht bestellt ist, grundbuchmäßig, so wie es im Grundstücksgrundbuch gebucht ist, beschrieben (nämlich „Flst. 925/13 (…)"). Es ist auch die Grundbuchblattstelle (nämlich „Blatt 2388") genannt, an welcher das Erbbaurechtsgrundstück gebucht ist, ferner die lfd. Nr. des BestVz. („lfd. Nr. 4"), unter welcher das betreffende Grundstück im Grundstücksgrundbuch gebucht ist. Des Weiteren ist sogar die lfd. Nr. in Abt. II des Grundstücks-Grundbuchblattes („II/3") genannt, unter welcher das Erbbaurecht als Belastung des Grundstücks eingetragen ist. Auch der jeweilige Eigentümer des Erbbaurechtsgrundstücks ist im Bestandsverzeichnis des Erbbaurechts genannt („Freie Kirche Wünsch Dir Was e.V.").
- Ferner sind im Bestandsverzeichnis auch die wesentlichen Angaben zum Erbbaurecht selbst enthalten, nämlich
  - Dauer, auf welche es bestellt ist (hier: „100 Jahre"),

- Auflistung aller Maßnahmen, zu welchen die Zustimmung des Grundstückseigentümers nötig ist („*zur Veräußerung, zur Belastung mit (...), zur wesentlichen Veränderung und zum ganzen oder teilweisen Abbruch der Gebäude*“),
- Grundlage der Eintragung (= Bestellungsurkunde) sowie Datum der Eintragung im Grundbuch („*gemäß Bewilligung vom 2.1.1996 (...) angelegt am 21.3.1996*“).

- In der Ersten Abteilung ist der Erbbauberechtigte gebucht. Aktuell ist Gerald Geldnot Erbbauberechtigter; er hat das Erbbaurecht aufgrund Auflassung vom 10.1.1998, URNr.-Nr. 111/1998 am 2.3.1998 von Gerda Geldnot erworben.
- In der Zweiten Abteilung sind die Belastungen gebucht, mit welchen das Erbbaurecht üblicher Weise in der Bestellungsurkunde zugunsten des jeweiligen Erbbaugrundstückseigentümers belastet ist:
  - wertgesicherter Erbbauzins;
  - Vorkaufsrecht für den jeweiligen Grundstückseigentümer für alle Verkaufsfälle.

  Darüber hinaus wurde das Erbbaurecht später mit einer Photovoltaikanlagendienstbarkeit und ferner mit einer Vormerkung zu Sicherung des Anspruchs auf Eintragung einer weiteren Photovoltaikanlagendienstbarkeit belastet.

Zu b)

- Das mit dem Erbbaurecht belastete Flst. 925/13 ist im Grundbuchblatt 2388 im BestVz. unter lfd. Nr. 4 (als ganz normales Grundstück) aufgeführt.
- In Abt. II lfd. Nr. 3 findet sich der Eintrag über die Bestellung des Erbbaurechts als Belastung des betreffenden Grundstücks, wobei der ursprüngliche Erbbauberechtigte, Geldnot Gerda, gerötet ist und in der Spalte 5 von Abt. II vermerkt ist, dass nunmehr Geldnot Gerald Erbbauberechtigter ist. Das Erbbaurecht lastet, trotz der lfd. Nr. 3, an erster Rangstelle an Flst. 925/13, da die unter lfd. Nr. 1 und 2 eingetragenen Belastungen in Abt. II andere Grundstücke betreffen. Die Eintragung des Erbbaurechts an erster Rangstelle (auch im Verhältnis zu Belastungen in Abt. III) ist zwingend.
- Darüber hinaus ist unter lfd. Nr. 4 in Abt. II an dem Flst. 925/13 ein Vorkaufsrecht zugunsten des jeweiligen Erbbauberechtigten eingetragen.

(Siehe § 2 Rdn 38–41).

17 **3. Frage:** Sehen Sie das Bestandsverzeichnis von Grundbuchblatt 2007 (Anlage 3, Anhang Rdn 19–25) ein. Woran erkennt man im Grundbuchblatt, dass es sich bei dem Kaufgegenstand nicht um ein Grundstück, sondern um ein Wohnungs- oder Teileigentum handelt? Aus welchen Unterlagen kann man die räumlichen Ausdehnungen von Wohnungs-/Teileigentum erkennen?

Antwort:

Bei Wohnungs- bzw. Teileigentum ist im Bestandsverzeichnis des Grundbuchblattes nicht lediglich ein Grundstück eingetragen, sondern ein bestimmter Miteigentumsanteil an einem Grundstück verbunden mit dem Sondereigentum an den im Aufteilungsplan mit der Nr. xy bezeichneten Räumen. Die räumlichen Ausdehnungen des Wohnungs-/Teileigentums kann man aus den Aufteilungsplänen ablesen. Diese sind nicht Bestandteil des Grundbuchs, aber in jedem Fall beim Grundbuchamt hinterlegt.

(Siehe § 2 Rdn 42–44).

18 **4. Frage:** Sehen Sie das Grundbuchblatt 2007 (= Anlage 3, Anhang Rdn 19–25) ein.

a) Wann ist die dort vorgetragene Wohnungseigentumseinheit rechtlich entstanden?
b) Welcher Eigentümer hat die Aufteilung in Wohnungseigentum vorgenommen?
c) Wurde vorliegend ein Grundstück oder wurden mehrere Grundstücke in Wohnungseigentum aufgeteilt?
d) Worum kann es sich bei dem zugeordneten Sondernutzungsrecht handeln und wo erfährt man, was für ein Sondernutzungsrecht zugeordnet ist?
e) Wird ein Kfz-Stellplatz mittels Sondernutzungsrecht einer Wohnung zugewiesen oder handelt es sich bei diesem um ein selbstständiges Teileigentum oder gar um einen Teil des Wohnungseigentums?

f) Wie oft wurde die im Grundbuchblatt 2007 (= Anlage 3, Anhang Rdn 19–25) vorgetragenen Einheit seit ihrer Entstehung bereits rechtsgeschäftlich übertragen?
g) Kann Gertraud Oberndorfer die Einheit ohne fremde Zustimmung veräußern?

Antwort:

Zu a)

Die Aufteilung in Wohnungseigentum erfolgte ausweislich der Eintragung im Bestandsverzeichnis sowie der Eintragung in Spalte 4 der Ersten Abteilung mittels Notarurkunde vom 15.6.1979 und wurde am 17.7.1979 im Grundbuch eingetragen. Mit Eintragung im Grundbuch ist die Wohnungseigentumseinheit rechtlich entstanden. Für die rechtliche Entstehung des Wohnungseigentums spielt es keine Rolle, ob das Gebäude in der Natur bereits tatsächlich vorhanden ist.

Zu b)

Die Firma Hammer Wohnungsbau GmbH & Co. KG mit dem Sitz in Zwergental (AG Wolke, HRA 888), da diese Firma Eigentümer zu dem Zeitpunkt war, als die Teilungserklärung im Grundbuch vollzogen worden ist.

Zu c)

Auch wenn es sich vorliegend um zwei verschiedene Flurstücke handelt, bilden diese rechtlich ein einziges juristisches Grundstück. Wohnungs-/Teileigentum kann nur an **einem** Grundstück begründet werden. Hat es sich bei den Flurstücken ehemals um zwei selbstständige Grundstücke im rechtlichen Sinne gehandelt, mussten diese zunächst (d.h. vor Vollzug der Teilungserklärung) im Wege der Bestandteilszuschreibung bzw. im Wege der rechtlichen Vereinigung zu einem Grundstück verbunden werden.

Zu d)

Bei den Sondernutzungsflächen handelt es sich häufig entweder um Garten-/Terrassenflächen oder Kfz-Stellplätze, mitunter aber auch um Kellerabteile. Manchmal ist direkt im Grundbuch vermerkt, um was es sich bei der Sondernutzungsfläche konkret handelt; falls dies nicht der Fall ist, muss man die im Grundbuchamt hinterlegte Teilungserklärung oder den ersten Kaufvertrag einsehen.

Zu e)

Grundsätzlich sind alle drei Varianten möglich.

- Bei einer Zuweisung mittels Sondernutzungsrecht an ein Wohnungseigentum kann der Kfz-Stellplatz nachträglich zwischen den einzelnen Wohnungseigentümern übertragen werden, nicht aber an einen Außenstehenden.
- Ist der Kfz-Stellplatz Bestandteil des Wohnungseigentums ist eine Übertragung an einen anderen Wohnungseigentümer etwas komplizierter.
- Handelt es sich bei dem Kfz-Stellplatz um ein selbstständiges Teileigentum, kann dieses frei an jeden und damit auch an Außenstehende übertragen werden. In diesem Falle wäre der Kfz-Stellplatz auf einer eigenen Grundbuchblattstelle (ähnlich wie das Wohnungseigentum selbst) gebucht und beim Verkauf der Wohnung müsste dieser ausdrücklich auch aufgeführt und mitübertragen werden.

  Zum 1.12.2020 wurde das Wohnungseigentumsgesetz grundlegend reformiert. Erst seit dieser Reform ist es möglich, auch an oberirdischen Stellplätzen Sondereigentum zu begründen. Nach altem Recht war dies nur an Tiefgaragenstellplätzen, die dauerhaft markiert sind, sowie an sonstigen Garagenstellplätzen möglich, nicht aber an oberirdischen Kfz-Stellplätzen; diese konnten nach altem Recht nur mittels Sondernutzungsrecht zugewiesen werden.

> *Weiterführender Hinweis:*
>
> Seit dem 1.12.2020 können auch Garten-/Terrassenflächen als Sondereigentum einer Wohneinheit zugeschlagen werden – eine Zuweisung durch Sondernutzungsrecht ist weiterhin möglich, aber nicht mehr zwingend.

Zu f)

3x, nämlich mittels Auflassung vom
- 30.3.1982 an Herrn Eduard Geyer (vollzogen am 23.4.1982),
- 17.10.1986 an Werner und Sieglinde Meister (vollzogen am 22.1.1987),
- 4.5.1995 an Hans Oberndorfer (vollzogen am 20.9.1995).

Die Eintragung von Frau Gertraud Oberndorfer am 13.7.2004 erfolgte demgegenüber ausweislich des in Spalte 4 der Ersten Abteilung enthaltenen Eintragungsvermerks nicht aufgrund rechtsgeschäftlicher Übertragung, sondern im Wege der Grundbuchberichtigung aufgrund Erbfolge.

Zu g)

Ausweislich des in Abt. II lfd. Nr. 4 enthaltenen Nacherbenvermerks ist Frau Gertraud Oberndorfer nur nicht befreite Vorerbin. Verfügungen, die sie ohne Zustimmung des Nacherben vornimmt, sind demzufolge gemäß § 2113 Abs. 1 BGB dem Nacherben gegenüber bei Eintritt der Nacherbfolge unwirksam. Bei dem Nacherbenvermerk handelt es sich jedoch um keine Verfügungssperre. Frau Oberndorfer kann somit wirksam das Eigentum auf einen Dritten übertragen, jedoch verliert der Erwerber mit Eintritt des Nacherbfalles wieder das Eigentum. In der Notarpraxis kommen demzufolge Verfügungen des Vorerben ohne Zustimmung des Nacherben nie (bzw. höchstens in besonderen Ausnahmefällen) vor.

(Siehe § 2 Rdn 42–45 sowie Rdn 71).

III. Fragen und Antworten zu Teil C „Eintragungen in Abt. II"

19 **1. Frage:** Welche zwei verschiedenen Arten von Dienstbarkeiten gibt es und worin unterscheiden sich diese?

Antwort:

Es gibt Grunddienstbarkeiten (§§ 1018 ff. BGB) und **beschränkte** (nicht: beschränkt) persönliche Dienstbarkeiten (§§ 1090 ff. BGB). Diese unterscheiden sich jeweils hinsichtlich der Person des Berechtigten:
- Berechtigter einer Grunddienstbarkeit ist der jeweilige Eigentümer des herrschenden Grundstücks.
- Berechtigter einer beschränkt**en** persönlichen Dienstbarkeit ist eine natürliche oder juristische Person.

(Siehe § 2 Rdn 49–53).

20 **2. Frage:** Bei welcher Art von Dienstbarkeiten gibt es Aktivvermerke bzw. Herrschvermerke? Was ist ein Aktivvermerk bzw. Herrschvermerk? Was ist die Folge bei Fehlen eines Aktivvermerks bzw. Herrschvermerks?

Antwort:

Aktivvermerke gibt es nur bei Grunddienstbarkeiten.

Ein Aktivvermerk bedeutet, dass die Grunddienstbarkeit (welche zwingend als Belastung in Abt. II des belasteten Grundstücks einzutragen ist) zusätzlich im Bestandsverzeichnis des herrschenden (= berechtigten) Grundstücks eingetragen ist. Die Eintragung eines Aktivvermerks ist nicht zwingend, sondern erfolgt nur optional auf gesonderten Antrag.

Ohne Eintragung eines Aktivvermerks nimmt das Grundbuchamt die Löschung einer Grunddienstbarkeit aufgrund Antrags (§ 13 GBO) und Bewilligung (§ 19 GBO) des herrschenden Eigentümers vor, ohne zu prüfen, ob Abt. II- und/oder Abt. III-Berechtigte des herrschenden Grundstücks durch die Löschung der Grunddienstbarkeit negativ betroffen werden und deren (materiell-rechtlich erforderliche) Zustimmung vorliegt. Ist ein Aktivvermerk eingetragen, muss demgegenüber gemäß § 21 GBO die Bewilligung auch der Personen, deren Zustimmung nach § 876 S. 2 BGB zur Aufhebung des Rechts erforderlich ist, in grundbuchtauglicher Form vorgelegt werden.

(Siehe § 2 Rdn 53 und 177–180).

3. Frage: Worin unterscheidet sich die Reallast von der Dienstbarkeit? Was geht abstrakt mit einem größeren Risiko einher? 21

Antwort:

- Durch Dienstbarkeiten kann nur ein Dulden oder Unterlassen, nicht aber ein positives Handeln abgesichert werden. Verpflichtet sich der jeweilige Eigentümer zur Vornahme einer konkreten Handlung, zum Beispiel zur Erbringung von Wart- und Pflegeleistungen, kann diese aktive Handlungspflicht, obwohl sie an sich nichts mit dem Grundstück zu tun hat, durch eine Reallast abgesichert werden, da es für eine Reallast ausreichend ist, dass es sich um eine wiederkehrende, wenigstens in Geld bestimmbare, Leistung handelt.
- Abstrakt geht die Bestellung einer Reallast mit einem größeren Risiko einher als die Bestellung einer Dienstbarkeit, da aus einer Reallast bei Nichtvornahme der Handlung wegen der damit verbundenen Geldansprüche (insbesondere Schadensersatzansprüche) die Zwangsvollstreckung in das belastete Grundstück betrieben werden kann und dies auch wegen etwaiger Rückstände eines Voreigentümers möglich ist. Darüber hinaus haftet der aktuelle Eigentümer bei einer Reallast gemäß § 1108 BGB auch mit seinem gesamten sonstigen Vermögen für die während der Dauer seines Eigentums fällig werdenden Leistungen.

(Siehe § 2 Rdn 49, 55–57).

4. Frage: Durch welches Rechtsinstitut kann man die Verpflichtung des Eigentümers gegenüber der Stadt absichern, dass er auf seinem Grundstück eine Photovoltaikanlage errichtet und betreibt? 22

Antwort:

Durch eine Reallast, nicht durch eine (beschränkte persönliche) Dienstbarkeit, da der Eigentümer des belasteten Grundstücks ja nicht einfach nur etwas dulden muss bzw. nicht ausüben darf, sondern aktiv eine Handlung vornehmen muss.

(Siehe § 2 Rdn 53–55).

5. Frage: Was wird durch eine Photovoltaikanlagendienstbarkeit üblicherweise abgesichert? 23

Antwort:

Die Verpflichtung zu dulden, dass ein Dritter auf dem belasteten Grundstück eine Photovoltaikanlage errichtet und betreibt.

(Siehe § 2 Rdn 49).

6. Frage: Kann der Ausübungsbereich eines Nießbrauchrechts und/oder eines Wohnungsrechts auf einzelne Räume eines Gebäudes beschränkt werden? 24

Antwort:

Der Ausübungsbereich eines Wohnungsrechts kann auf einzelne Räume eines Gebäudes beschränkt werden. Dies ist bei einem Nießbrauch nicht möglich, bzw. nur dann möglich, wenn man entweder den Ausübungsbereich in eine Flurkarte einzeichnen kann und bestimmt, dass alle Räume über bzw. unter der eingezeichneten Fläche von dem Nießbrauch umfasst sind, oder wenn es sich bei den betreffenden Räumen um Sondereigentum einer Wohnungseigentumseinheit handelt.

(Siehe § 2 Rdn 52 und 54).

7. Frage: Was haben Reallast und Grundpfandrechte gemeinsam und worin unterscheiden sie sich? 25

Antwort:

- Beiden ist gemeinsam, dass sie im Ergebnis die Zwangsvollstreckung in das belastete Grundstück wegen einer Geldforderung ermöglichen.

- Die Unterschiede bestehen in Folgendem:
  - Bei Grundpfandrechten geht es um einen einmaligen, von vornherein feststehenden Geldbetrag, während es bei der Reallast um regelmäßig wiederkehrende Leistungen geht, wobei die Höhe des damit abgesicherten Geldbetrages nicht von vornherein bestimmt, sondern nur bestimmbar sein muss.
  - Während Grundpfandrechte nur die Vollstreckung in den belasteten Grundbesitz ermöglichen, kann der Gläubiger einer Reallast (nach Vorliegen eines entsprechenden Vollstreckungstitels) auch in das sonstige Vermögen des Reallastschuldners vollstrecken. Da Banken als Kreditgeber jedoch i.d.R. neben dem Vollstreckungstitel in den belasteten Pfandbesitz auch einen Vollstreckungstitel in das sonstige Vermögen des Schuldners haben wollen, enthält die Grundschuldbestellungsurkunde i.d.R. neben der eigentlichen Grundschuldbestellung zusätzlich noch ein abstraktes Schuldanerkenntnis mit Zwangsvollstreckungsunterwerfung.

(Siehe § 2 Rdn 57).

26 **8. Frage:** Was wird durch eine Auflassungsvormerkung gesichert?

Antwort:

Durch eine Auflassungsvormerkung wird der Anspruch des Vormerkungsberechtigten gegenüber dem Eigentümer auf Übertragung des Eigentums an einem bestimmten Grundstück oder an einer Teilfläche eines Grundstücks abgesichert. Dem Auflassungsanspruch (auch Eigentumsübertragungsanspruch genannt) kann entweder ein Kauf oder eine unentgeltliche Überlassung oder ein anderes Rechtsgeschäft zugrunde liegen; es können auch bedingte Ansprüche, wie z.B. ein bedingter Rückübertragungsanspruch bei Eintritt bestimmter Umstände bzw. Verstoß gegen bestimmte Vorgaben oder ein bedingtes Ankaufsrecht abgesichert werden.

(Siehe § 2 Rdn 61).

27 **9. Frage:** Handelt es sich bei der Auflassungsvormerkung um eine Verfügungssperre? Wie wirkt die Auflassungsvormerkung?

Antwort:

Nein, bei der Auflassungsvormerkung handelt sich um keine Verfügungssperre im eigentlichen Sinn, d.h. auch wenn das Grundstück mit einer Auflassungsvormerkung zugunsten eines Dritten belastet ist, könnte der Eigentümer dieses Grundstück veräußern und an eine dritte Person auflassen oder mit einer Grundschuld belasten.

Folge der Auflassungsvormerkung ist jedoch, dass die Übertragung an den Dritten bzw. die Belastung des Grundbesitzes mit einer Grundschuld dem Auflassungsvormerkungsberechtigten gegenüber insoweit unwirksam ist, als sie dessen Anspruch vereiteln würde (§ 883 Abs. 2 BGB). Der Auflassungsvormerkungsberechtigte kann vom jeweiligen (künftigen) Eigentümer gemäß § 888 Abs. 1 BGB verlangen, dass er die zur Grundbucheintragung erforderlichen Erklärungen abgibt, um ihn selbst als Eigentümer im Grundbuch einzutragen. Im Falle der vormerkungswidrigen Bestellung einer Grundschuld, kann der Vormerkungsberechtigte die Löschung der betreffenden Grundschuld vom Grundschuldgläubiger verlangen.

(Siehe § 2 Rdn 61).

28 **10. Frage:** Welche verschiedenen Formen eines dinglichen Vorkaufsrechts gibt es in Bezug auf die Person des Berechtigten?

Antwort:

Das dingliche Vorkaufsrecht kann (ähnlich wie eine Dienstbarkeit) entweder für eine bestimmte Person (subjekt-persönlich) oder für den jeweiligen Eigentümer eines Grundstücks (subjektiv-dinglich) bestellt werden.

(Siehe § 2 Rdn 64).

11. Frage: Welche verschiedenen Arten eines dinglichen Vorkaufsrechts gibt es in Bezug auf die Häufigkeit der Ausübbarkeit und wie wirkt sich dieser Unterschied bei der Abwicklung von Kaufverträgen aus, wenn in Abt. II ein derartiges Vorkaufsrecht eingetragen ist? 29

Antwort:

Das Vorkaufsrecht kann entweder nur für den einen (den „ersten") Verkaufsfall oder für alle Verkaufsfälle bestellt sein.

- Ist in Abt. II nur ein für den ersten Verkaufsfall ausübbares Vorkaufsrecht eingetragen, kann es nur bei dem ersten konkret abzuwickelnden Kaufvertrag ausgeübt werden und erlischt endgültig, wenn es nicht ausgeübt wird. Demzufolge wird beim Vorkaufsberechtigten nicht nur angefragt, ob er auf die Ausübung des Vorkaufsrechts verzichtet, sondern es wird für den Fall des Verzichts bzw. der Nichtausübung i.d.R. zugleich die Löschungsbewilligung (betreffend die Löschung des in Abt. II eingetragenen Vorkaufsrechts) in öffentlich-beglaubigter Form angefordert.
- Bei einem mehrmals bzw. bei allen Verkaufsfällen ausübbaren Vorkaufsrecht wird in der Regel nur eine Erklärung betreffend den Ausübungsverzicht im konkreten Fall angefordert, da das Vorkaufsrecht bei Nichtausübung unverändert fortbesteht und somit vom Käufer wie andere Abt. II-Belastungen zu übernehmen ist.

(Siehe § 2 Rdn 62–65).

12. Frage: Welche Vermerke kennen Sie, die in Abt. II eingetragen sein können und was bedeuten sie? 30

Antwort:

- Der Insolvenzverfahrensvermerk und der Testamentsvollstreckungsvermerk weisen darauf hin, dass der Eigentümer bzw. der Berechtigte nicht verfügungsbefugt ist, sondern ein gerichtlich bestellter Insolvenzverwalter bzw. Testamentsvollstrecker. Dieser handelt jeweils im eigenen Namen als Partei kraft Amtes und weist seine Verfügungsbefugnis durch die gerichtliche Bestellungsurkunde nach.
- Der Nacherbenvermerk ist ähnlich wie eine Auflassungsvormerkung keine Verfügungssperre, sondern weist darauf hin, dass der Eigentümer nur Vorerbe ist und als solcher bestimmten Einschränkungen unterliegt, deren Verstoß erst bei Eintritt der Nacherbfolge dem Nacherben gegenüber unwirksam ist. Die Einschränkung des Vorerben besteht darin, dass ein nicht befreiter Vorerbe Verfügungen wirksam nur mit Zustimmung des Nacherben vornehmen kann und auch ein befreiter Vorerbe ohne Zustimmung des Nacherben keine Schenkungen vornehmen darf. Bei einem Verstoß gegen eine derartige Einschränkung ist die Verfügung jedoch gleichwohl zunächst wirksam und wird erst mit Eintritt des Nacherbfalles unwirksam.
- Der Sanierungsvermerk bedeutet, dass es zur wirksamen Verfügung der Genehmigung der Sanierungsbehörde bedarf.

(Siehe § 2 Rdn 68–72).

13. Frage: Sehen Sie das Grundbuchblatt 847 (Anlage 2, Anhang Rdn 8 ff.) ein. Welche Grundstücke sind derzeit wie in Abt. II belastet? Beschreiben Sie dabei auch das Rangverhältnis. 31

Antwort:

- Der erste Blick legt bereits nahe, dass in Abt. II derzeit nur noch die unter lfd. Nr. 5–11 eingetragenen Belastungen aktuell sind, da die unter lfd. Nr. 1–4 enthaltenen Belastungen gerötet sind. Zur Kontrolle sollte aber immer der in Spalte 6 und 7 von Abt. II enthaltene Löschungsvermerk geprüft werden. Dort findet man die Bestätigung, dass alle ehemals unter lfd. Nr. 1–4 enthaltenen Abt. II – Belastungen inzwischen gelöscht sind.
- Mit der unter lfd. Nr. 5 eingetragenen Grunddienstbarkeit ist nur die lfd. Nr. 8 des Bestandsverzeichnisses, belastet, wobei von der Belastung nur Flst. 325/4 betroffen ist. Diese Grunddienstbarkeit hat in Ermangelung einer abweichenden Rangbestimmung Vorrang vor allen anderen Abt. II-Rechten, mit welchen das unter lfd. Nr. 8 des BestVz. vorgetragene Grundstück belastet ist.

- Das unter lfd. Nr. 6 zugunsten von Herrn Johann Eckert eingetragene Vorkaufsrecht lastet nur an dem im BestVz. unter lfd. Nr. 1 eingetragenen Flst. 38 samt Aktivrecht.[1]
- Die unter lfd. Nr. 7 und 8 zugunsten von Herrn Johann Eckert und Frau Roswitha Eckert eingetragenen Nießbrauchrechte lasten ebenfalls an dem vorgenannten Flst. 38, wobei die lfd. Nr. 7 Vorrang vor der lfd. Nr. 8 hat („locus Prinzip" – da in derselben Spalte räumlich vor der lfd. Nr. 8 eingetragen und kein Gleichrangvermerk).
- Darüber hinaus ist das vorgenannte Flst. 38 mit der unter lfd. Nr. 11 eingetragenen Rückauflassungsvormerkung belastet.
- Die Nießbrauchrechte (lfd. Nr. 7 und 8) sowie die (auch an Flst. 38 eingetragene) Rückauflassungsvormerkung (lfd. Nr. 11) wurden alle jeweils an demselben Tag eingetragen. Da sie jedoch alle in derselben Abteilung ohne abweichenden Rangvermerk, der ihr Verhältnis untereinander betrifft, eingetragen sind, bestimmt sich das Rangverhältnis nach der Reihenfolge ihrer Eintragung („locus"-Prinzip), d.h. das Nießbrauchrecht für Herrn Eckert hat Rang vor dem Nießbrauchrecht für Frau Eckert und die Rückauflassungsvormerkung hat Rang nach beidem.
- Das unter lfd. Nr. 6 eingetragene Vorkaufsrecht wurde zeitlich früher eingetragen, was zunächst einen Vorrang vermuten lässt, jedoch ist dieses im Rang hinter die beiden Nießbrauchrechte zurückgetreten, was zum einen in den beiden Nießbrauchrechtseinträgen sowie darüber hinaus in Spalte 5 vermerkt ist. Demzufolge lautet die Rangfolge an Flst. 38 wie folgt: Nießbrauch Mann > Nießbrauch Frau > Vorkaufsrecht > Rückauflassungsvormerkung.
- Die unter lfd. Nr. 3, 5, 6, 8 eingetragenen Grundstücke (Flst. 313, 333, 360, 325, 325/4) sind gemäß lfd. Nr. 9 in Abt. II mit einem Leibgeding zugunsten der Ehegatten Johann und Roswitha Eckert belastet, wobei ausweislich des Eintragungsvermerks das im Leibgeding enthaltene Wohnungsrecht Vorrang gegenüber der Reallast hat.
- Das im BestVz. unter lfd. Nr. 8 vorgetragene Flst. 325/4 ist darüber hinaus gemäß lfd. Nr. 10 in Abt. II mit einem Wohnungs- und Mitbenützungsrecht für Susanne Lustig belastet, wobei dieses Wohnungsrecht mangels abweichender Rangvereinbarung Rang nach der Grunddienstbarkeit und dem Leibgeding hat.
- Der gesamte Grundbesitz ist gemäß Abt. II lfd. Nr. 11 mit der Rückauflassungsvormerkung zugunsten von Herrn Johann Eckert belastet, welche in Abt. II im Verhältnis zu den anderen Belastungen in Abt. II letztrangig ist.

(Siehe § 2 Rdn 68–72).

IV. Fragen und Antworten zu Teil D „Eintragungen in Abt. III"

32 **1. Frage:** Sehen Sie Abt. III von Grundbuchblatt 847 (Anlage 2, Anhang Rdn 8 ff.) ein. Um welche Art von Grundpfandrechten handelt(e) es sich jeweils?

Antwort:

- Bei den Eintragungen in Abt. III lfd. Nr. 1, 2, 3 handelt(e) es sich jeweils um Grundschulden, während es sich bei der Eintragung unter lfd. Nr. 4 um eine Hypothek handelt.
- Bei der Eintragung unter lfd. Nr. 1 handelt es sich inzwischen um eine Briefgrundschuld, während es sich bei allen anderen Eintragungen um Buchgrundpfandrechte (d.h. Buchgrundschulden unter lfd. Nr. 2 und 3 und Buchhypothek unter lfd. Nr. 4) handelt. Buchgrundpfandrechte erkennt man daran, dass im Eintragungsvermerk jeweils der Briefausschluss (Grundschuld ohne Brief oder Hypothek ohne Brief) vermerkt ist.
- Die unter lfd. Nr. 1 eingetragene Grundschuld war ursprünglich als Buchgrundschuld bestellt worden, jedoch geht aus der Veränderungsspalte in Abt. III (Spalte 5–7) hervor, dass die Ausschließung der Erteilung eines Briefes nachträglich aufgehoben und dies am

1 Hinweis: Wenn ein Grundstück, zu dessen Gunsten ein Herrschvermerk im Grundbuch eingetragen ist, seinerseits mit einem Abt. II-Recht belastet wird, wird es von dem Grundbuchrechtspflegern unterschiedlich gehandhabt, ob als Belastungsgegenstand neben der lfd. Nr. des belasteten Grundstücks auch die lfd. Nr. des Herrschvermerks aufgeführt wird.

1.12.2002 im Grundbuch eingetragen worden ist; damit hat sich die ehemalige Buchgrundschuld in eine Briefgrundschuld gewandelt. Diese nachträgliche Veränderung ist auch in Spalte 3 und 4 daran sichtbar, dass zum einen nachträglich das Wort Brief ergänzt und die Wörter ohne Brief in Spalte 4 gerötet sind.

(Siehe § 2 Rdn 75–84).

2. Frage: Sehen Sie Abt. III lfd. Nr. 1 und 2 von Grundbuchblatt 847 (Anlage 2, Anhang Rdn 8 ff.) ein. Wie ist der Umstand zu erklären, dass die ursprünglichen Beträge jeweils unterstrichen sind und darunter ein anderer Betrag genannt ist? 33

Antwort:

Die unter lfd. Nr. 1 und 2 eingetragenen Grundschulden wurden in den Jahren 1994 und 1995 noch als DM-Grundschulden bestellt.

Aus dem Eintrag in der Veränderungsspalte (Spalte 5–7) geht hervor, dass die Grundschuldbeträge jeweils am 1.10.2012 von DM auf EUR umgestellt worden sind. Daher sind die alten DM-Beträge gelöscht und durch die aktuellen Euro-Beträge ersetzt.

(Siehe § 2 Rdn 75–84).

3. Frage: Wer ist jeweils aktuell Gläubiger bzw. wer war Gläubiger der im Grundbuchblatt 847 (Anlage 2, Anhang Rdn 8 ff.) eingetragenen bzw. ehemals eingetragenen Grundpfandrechte? 34

Antwort:

- Die unter lfd. Nr. 1 eingetragene Grundschuld war zunächst zugunsten der Münzenscheinbank eG bestellt worden und wurde später an die Zwergenbank eG abgetreten, was am 1.10.2012 in der Veränderungsspalte (Spalte 5–7) eingetragen worden ist. Gleichzeitig wurde die in Spalte 4 eingetragene Altgläubigerin („Münzenscheinbank eG“) gerötet.
- Die unter lfd. Nr. 2 eingetragene (inzwischen bereits gelöschte) Grundschuld war ursprünglich zugunsten der Rotkäppchenbank bestellt worden. Nach der Euroumstellung wurde ein Teilbetrag von 10.000 EUR (lfd. Nr. 2a) am 1.10.2012 an die Zwergenbank eG abgetreten (Spalte 5–7), wobei diese Teilgrundschuld am 1.6.2014 gelöscht worden ist (siehe Spalte 8–10). Der restliche Betrag stand der Rotkäppchenbank weiterhin bis zur Löschung am 25.7.2013 zu (siehe Spalte 8–10).
- Die unter lfd. Nr. 3 eingetragene Grundschuld wurde zugunsten der Riesenbank Schlaraffenland eG bestellt und steht dieser Gläubigerin auch weiterhin zu.
- Die unter lfd. Nr. 5 eingetragene Hypothek wurde zugunsten von Frau Elsa König bestellt.

(Siehe § 2 Rdn 75–84).

4. Frage: Ist es möglich, dass eine der im Grundbuchblatt 847 (Anlage 2, Anhang Rdn 8 ff.) in Abt. III eingetragenen Grundschulden zwischenzeitlich wirksam an einen anderen Grundschuldgläubiger abgetreten war, ohne dass dies aus dem Grundbuch erkennbar ist? 35

Antwort:

Da es für die wirksame Abtretung einer Buchgrundschuld (anders als bei einer Briefgrundschuld) zwingend erforderlich ist, dass die Abtretung im Grundbuch eingetragen wird, ist es grundsätzlich nicht möglich, dass Abtretungen außerhalb des Grundbuchs erfolgen. Allerdings ist zu berücksichtigen, dass die unter lfd. Nr. 1 eingetragene Grundschuld am 1.12.2002 in eine Briefgrundschuld umgewandelt worden ist. Es ist daher durchaus möglich, dass diese Grundschuld nach der Umwandlung in eine Briefgrundschuld seit dem 1.12.2002 ein oder mehrmals an andere Gläubiger abgetreten worden ist, bevor es zur Abtretung an die Zwergenbank kam. Es ist also möglich, dass die Abtretung an die Zwergenbank nicht von der Münzenscheinbank e.G., sondern von einer anderen Bank erfolgte. Die Eintragung der Zwergenbank ohne Zwischeneintragung der anderen Bank war trotz des in § 39 Abs. 1 GBO verankerten Voreintragungsgrundsatzes möglich, da in § 39 Abs. 2 GBO gerade für den Fall, dass es sich um ein Briefrecht handelt, eine Ausnahme vom Voreintragungsgrundsatz enthalten ist.

Es ist auch möglich, dass die Zwergenbank ihrerseits die Briefgrundschuld weiter abgetreten hat, bevor es zur Löschung der Grundschuld gekommen ist.

(Siehe § 2 Rdn 75–84).

36 **5. Frage:** An welchen Grundstücken lasten bzw. lasteten die Grundschulden an der Blattstelle 847 (Anlage 2, Anhang Rdn 8 ff.) jeweils?

Antwort:

- Die unter lfd. Nr. 1 eingetragene Grundschuld lastet derzeit an den Flst. 38 (lfd. Nr. 1) samt Aktivrecht, Flst. 325 und 325/4 (jeweils lfd. Nr. 8). Die ursprünglich ebenfalls mitbelasteten Flst. 325/2 und 325/3 sowie 590 wurden offensichtlich im Rahmen der Eigentumsumschreibung von der Grundschuldbelastung freigestellt, da andernfalls ein Mithaftvermerk über die weitere (neue) Grundbuchblattstelle aufgenommen werden hätte müssen.
- Die unter lfd. Nr. 2 eingetragene Grundschuld hat nur an Flst. 38 (lfd. Nr. 1) samt Aktivrecht gelastet.
- Die unter lfd. Nr. 3 eingetragene Grundschuld lastet an den Flst. 313 (lfd. Nr. 3), Flst. 333 (lfd. Nr. 5) und Flst. 360 (lfd. Nr. 6).
- Die unter lfd. Nr. 4 eingetragene Hypothek lastet wiederum nur an Flst. 38 (lfd. Nr. 1).

(Siehe § 2 Rdn 75–84).

37 **6. Frage:** Wie viele Grundpfandrechte bestanden am 1.7.2013 an der Grundbuchblattstelle 847 (Anlage 2, Anhang Rdn 8 ff.) und zu wessen Gunsten?

Antwort:

5 Grundpfandrechte, davon 4 Grundschulden und 1 Hypothek, nämlich

- lfd. Nr. 1: 102.258,38 EUR Briefgrundschuld zugunsten der Zwergenbank eG (Abtretung erfolgte am 1.10.2012) (ggf. später an anderen Gläubiger außerhalb des Grundbuchs abgetreten),
- lfd. Nr. 2: 40.679,25 EUR Buchgrundschuld zugunsten der Rotkäppchenbank (Umstellung auf EUR erfolgt am 1.10.2012; Löschung erfolgt erst am 25.7.2013),
- lfd. Nr. 2a: 10.000 EUR Buchgrundschuld zugunsten der Zwergenbank eG (Löschung erfolgte erst am 1.6.2014),
- lfd. Nr. 3: 100.000 EUR Buchgrundschuld zugunsten der Riesenbank Schlaraffenland eG,
- lfd. Nr. 4: 25.000 EUR Buchhypothek zugunsten von Elsa König.

(Siehe § 2 Rdn 75–84).

38 **7. Frage:** Listen Sie die aktuell an der Grundbuchblattstelle 847 (Anlage 2, Anhang Rdn 8 ff.) bestehenden Grundschulden in ihrer Rangfolge auf.

Antwort:

Die Rangfolge der Grundschulden entspricht der vorstehenden Auflistung, da alle Grundschulden jeweils an unterschiedlichen Tagen eingetragen worden sind (sonst Gleichrang, falls kein abweichender Vermerk erfolgt ist) und später im Verhältnis der einzelnen Grundschulden zueinander kein Rangtausch vorgenommen worden ist. Lediglich bei der Teilabtretung von 10.000 EUR aus der unter lfd. Nr. 2 eingetragenen Grundschuld musste festgelegt werden, in welchem Verhältnis der abgetretene Grundschuldteilbetrag zu dem Rest steht (hier: „Rang nach Rest“, d.h. der abgetretene Teilbetrag hat Rang nach dem nicht abgetretenen Betrag).

(Siehe § 2 Rdn 75–84).

39 **8. Frage:** Bei welchen an der Grundbuchblattstelle 847 (Anlage 2, Anhang Rdn 8 ff.) eingetragenen Grundpfandrechten handelt bzw. handelte es sich um Gesamtgrundpfandrechte?

Antwort:

Es handelt(e) sich bei den unter lfd. Nr. 1 und 3 eingetragenen Grundpfandrechten um Gesamtgrundpfandrechte, da diese an mehr als einem Grundstück, mitunter sogar an mehreren Grundbuchblattstellen, eingetragen sind.

(Siehe § 2 Rdn 75–84).

9. Frage: Welche Veränderungen hat die im Grundbuchblatt 847 (Anlage 2, Anhang Rdn 8 ff.) unter lfd. Nr. 3 eingetragene Grundschuld in Bezug auf die Mithaftstellen erfahren? 40

Antwort:

Bei der Bestellung der Grundschuld wurden neben den Flst. 313, 333 und 360 (sämtlich vorgetragen an der Blattstelle 847) auch weitere Flurstücke belastet, welche ihrerseits an den Grundbuchblattstellen Gemarkung Mondheim Blatt 557, 668 und 778 sowie Gemarkung Sonnenheim Blatt 339 eingetragen sind. Ob an den jeweiligen Blattstellen jeweils nur ein Grundstück oder mehrere Grundstücke mit der Grundschuld belastet worden sind, kann aus dem vorliegenden Grundbuchauszug nicht abgelesen werden, ebenso wenig, ob diese Grundstücke demselben Eigentümer oder einem anderen Eigentümer gehören. Hierzu müssten, sofern diese Information wichtig ist, die betreffenden Grundbuchblätter eingesehen werden.

Aus der Veränderungsspalte (Spalte 5–7) geht hervor, dass am 1.2.2003 die Grundbuchblätter 557 Gemarkung Mondheim und Blatt 339 Gemarkung Sonnenheim aus der Mithaft entlassen worden sind und dass am 2.5.2003 die Grundschuld auf ein Grundstück oder mehrere Grundstücke, welche(s) im Grundbuchblatt 333 der Gemarkung Sternentaler eingetragen ist/sind, erstreckt worden ist.

(Siehe § 2 Rdn 75–84).

10. Frage: Listen Sie zu folgenden Grundstücken an der Grundbuchblattstelle 847 (Anlage 2, Anhang Rdn 8 ff.) die in Abt. II und Abt. III enthaltenen Belastungen in der Reihenfolge ihrer Rangfolge auf. 41

a) zu Flst. 38

b) zu Flst. 360

Antwort:

Zu a) an Flst. 38
- Grundschuld zu 102.258,38 EUR (Abt. III, lfd. Nr. 1),
- Nießbrauch für Johann Eckert (Abt. II lfd. Nr. 7),
- Nießbrauch für Roswitha Eckert (Abt. II lfd. Nr. 8),
- Hypothek ohne Brief für Elsa König (Abt. III lfd. Nr. 4),
- Vorkaufsrecht für Josef Eckert (Abt. II lfd. Nr. 6),
- Rückauflassungsvormerkung für Johann Eckert (Abt. II lfd. Nr. 11).

Zu b) an Flst. 360
- Grundschuld zu 100.000 EUR (Abt. III, lfd. Nr. 3),
- Leibgeding für Johann Eckert (Abt. II lfd. Nr. 9), wobei das im Leibgeding enthaltene Wohnungsrecht Vorrang vor der Reallast hat;
- Rückauflassungsvormerkung (Abt. II lfd. Nr. 11).

(Siehe § 2 Rdn 75–84).

V. Fragen und Antworten zu Teil E „Bedeutung und Funktion des Grundbuchs"

1. Frage: Benennen Sie die drei zentralen Funktionen des Grundbuchs und erläutern Sie diese kurz. 42

Antwort:
- Buchungs- und Übertragungsfunktion: Für die Begründung, Übertragung, Aufhebung oder sonstige Veränderung eines dinglichen Rechts bedarf es grundsätzlich der Eintra-

gung im Grundbuch, d.h. erst mit Grundbucheintragung vollzieht sich die Rechtsänderung (= die Eintragung ist konstitutiv).

- Beweisfunktion: Die Eintragungen im Grundbuch tragen die Vermutung der Richtigkeit in sich, d.h. es wird vermutet, dass die im Grundbuch eingetragenen Rechte tatsächlich existieren, dass sie den im Grundbuch eingetragenen Berechtigten zustehen und dass sie nicht mit anderen Rechten belastet sind, als im Grundbuch vermerkt.
- Gutglaubenswirkung: Das (abstrakte) Vertrauen des Rechtsverkehrs in die Richtigkeit des Grundbuchs wird durch die Ermöglichung eines gutgläubigen Erwerbs (vom Nichtberechtigten) bzw. durch die Ermöglichung eines gutgläubig lastenfreien Erwerbs geschützt.

(Siehe § 2 Rdn 88–95 und 103).

43 **2. Frage:** Wann erwirbt der Käufer das Eigentum an dem von ihm gekauften Grundstück? Mit Abschluss des Kaufvertrages? Mit Bezahlung des Kaufpreises? Je nachdem, was als wirtschaftlicher Übergang im Vertrag geregelt ist?

Antwort:

Weder noch – alle vorgeschlagenen Lösungsmöglichkeiten sind falsch. Das Eigentum erwirbt der Käufer erst dann, wenn der Rechtspfleger ihn als Eigentümer im Grundbuch einträgt, da der Eigentumserwerb neben der dinglichen Einigung zwischen Verkäufer und Käufer (und der Verfügungsbefugnis des Verkäufers) auch die Umschreibung des Eigentums im Grundbuch erfordert.

Wenn der Rechtspfleger den Namen des Käufers im Grundbuch in Abteilung I (an der alten Grundbuchblattstelle oder an der neuen Grundbuchblattstelle, auf welche das Grundstück übertragen wird) einträgt, berichtigt er nicht das Grundbuch im Hinblick auf einen etwa schon vorher eingetretenen Eigentumswechsel (das wäre eine deklaratorische Eintragung), sondern er, der Rechtspfleger, führt mit seiner Eintragung im Grundbuch den Eigentumswechsel erst herbei (= konstitutive Eintragung).

Der wirtschaftliche Übergang bezieht sich demgegenüber auf den Besitz; der Besitzübergang erfolgt üblicherweise mit Kaufpreiszahlung; es sind insoweit aber auch andere Vereinbarungen zwischen den Beteiligten möglich.

(Siehe § 2 Rdn 88–89).

44 **3. Frage:** Nennen Sie fünf Fälle, in welchen das Eigentum übertragen oder ein sonstiges Recht übertragen bzw. aufgehoben wird, ohne dass es hierzu einer Eintragung im Grundbuch bedarf.

Antwort:

- Mit dem Tod des Eigentümers geht das Eigentum auf dessen Erben über.
- Mit Übertragung eines Erbteils geht der Erbteil und damit der gesamthänderisch gebundene Eigentumsanteil vom Veräußerer auf den Erwerber über.
- Mit Abschluss eines Ehevertrages, in welchem der Güterstand der Gütergemeinschaft begründet wird, geht das Eigentum in das Gesamtgut der Ehegatten über.
- Bei gesellschaftsrechtlichen Umwandlungsmaßnahmen nach dem Umwandlungsgesetz geht das Eigentum vom übertragenden Rechtsträger auf den übernehmenden Rechtsträger über (z.B. bei Spaltung oder Verschmelzung).
- Zur Abtretung von Briefgrundschulden bedarf es nur einer schriftlichen Abtretungserklärung und der Briefübergabe.
- Befristete oder bedingte Rechte erlöschen mit Zeitablauf bzw. Bedingungseintritt.

(Siehe § 2 Rdn 96–101).

45 **4. Frage:** Sehen Sie die Erste Abteilung von Grundbuchblatt 847 (Anlage 2, Anhang Rdn 11) ein und erklären Sie, bei welchen Eintragungen es sich jeweils um konstitutive Eintragungen und bei welchen es sich jeweils um deklaratorische Eintragungen handelt.

Antwort:

- Konstitutive Eintragungen:
  - lfd. Nr. 3: Eintragung von Michael Eckert aufgrund Auflassung vom 9.9.2012
  - lfd. Nr. 4: Eintragung der Rundig Eckert GbR aufgrund Auflassung vom 23.12.2013
- Deklaratorische Eintragungen:
  - lfd. Nr. 2: Eintragung von Johann Eckert als Alleineigentümer aufgrund Testaments
  - lfd. Nr. 5: Eintragung der neuen Mitgesellschafter Sophie Rundig und Sebastian Rundig aufgrund Übertragung des GbR-Anteils.

(Siehe § 2 Rdn 96–101).

5. Frage: Wenn ein Miterbe seinen Miterbenanteil am Nachlass des Erblassers auf eine dritte Person überträgt und sich im Nachlass Grundbesitz befindet, wann ändern sich die Eigentumsverhältnisse in Bezug auf den Grundbesitz? Mit (unbedingter) Vereinbarung der Erbteilsübertragung? Mit Wirkung zum wirtschaftlichen Übergang? Mit Änderung des im Grundbuch eingetragenen Miterbens in der Ersten Abteilung? 46

Antwort:

Mit der (unbedingten) Übertragung des Miterbenanteils wechselt automatisch die Eigentümerstellung in Bezug auf sämtliche im Nachlass befindlichen Gegenstände (und damit auch Grundstücke) automatisch vom veräußernden Miterben auf den Erwerber. Die Eintragung des Erwerbers im Grundbuch ist in diesem Fall somit keine Voraussetzung für die Wirksamkeit des Erwerbs. Die Umschreibung der Eigentümerstellung im Grundbuch hat somit nur berichtigende Funktion (= deklaratorische Eintragung).

(Siehe § 2 Rdn 98).

6. Frage: Sehen Sie erneut das Grundbuchblatt 847 (= Anlage 2, Anhang Rdn 8 ff.) ein. Herr Johann Eckert war zunächst nur Miteigentümer zur Hälfte und wurde am 19.11.2008 als Alleinerbe von der vorverstorbenen Frau Elfriede Eckert auch hinsichtlich des weiteren Miteigentumsanteils als Eigentümer im Grundbuch eingetragen. Herr Eckert hat sodann, wie sich anhand der in Abt. II lfd. Nr. 3 und 4 am 23.11.2009 eingetragenen Auflassungsvormerkungen und anhand der am 4.5.2010 in Abt. II erfolgten Löschungsvermerke und der im Bestandsverzeichnis in Spalte 7 und 8 erfolgten Abschreibungseintragungen ablesen lässt, die Flst. 325/2 und 325/3 an die Ehegatten Müller und an die Ehegatten Hoffmann verkauft. Die restlichen Grundstücke hat er zunächst für sich behalten. 47

Unterstellen Sie, dass im Jahr 2011 ein weiteres Testament von Frau Elfriede Eckert aufgetaucht ist, welches diese erst kurz vor ihrem Ableben verfasst hatte und in welchem sie anstatt ihres Ehemannes ihre beste Freundin, Frau Duldig, zur Alleinerbin eingesetzt hat. Es stellt sich heraus, dass die Ehegatten Müller zum Zeitpunkt des Eigentumserwerbs – anders als Herr Johann Eckert – von dem zweiten Testament wussten, dies jedoch für sich behalten haben. Die Ehegatten Hoffmann hatten demgegenüber von dem zweiten Testament keine Ahnung.

a) Hat Herr Johann Eckert den hälftigen Miteigentumsanteil von Frau Elfriede Eckert an den Grundstücken wirksam erworben? Wenn ja – wann? Mit Ableben von Elfriede Eckert? Mit Eröffnung des ersten Testaments? Mit Eintragung im Grundbuch?
b) Haben die Ehegatten Müller und Hoffmann jeweils wirksam das Eigentum an dem betreffenden Grundstück erworben?
c) Hat Herr Johann Eckert die Grundstücke wirksam aufgrund Notarurkunde vom 9.9.2012 (Überlassungsurkunde) an seinen Sohn Michael Eckert übertragen, der von dem zweiten Testament ebenfalls nichts wusste?
d) Was sollte Frau Duldig schnellstmöglich veranlassen? Unterstellen Sie hierbei, dass Sie sich zeitlich im Dezember 2012 befinden.

Antwort:

Zu a)

Für die Erbfolge nach Frau Elfriede Eckert ist grundsätzlich das spätere Testament maßgeblich, da durch dieses das frühere Testament (automatisch) widerrufen wurde. Demzufolge ist in der Sekunde des Ablebens von Frau Eckert Frau Duldig Alleinerbin nach Frau Eckert geworden und hat folglich auch das Eigentum an allen Grundstücken erworben (auch wenn das betreffende Testament zunächst nicht aufgefunden worden ist bzw. man davon keine Kenntnis hatte). Herr Johann Eckert hat demzufolge weder mit Eröffnung des „falschen" Testaments noch mit seiner Eintragung im Grundbuch das Eigentum an dem Grundbesitz erlangt; auch hat Herr Eckert die Grundstücke nicht gutgläubig erworben, da es sich weder bei dem Erbfall noch bei der Grundbuchberichtigung um einen von § 892 BGB geregelten Fall des gutgläubigen Erwerbs handelt; vielmehr ist das Grundbuch unrichtig.

Zu b)

Die Ehegatten Hoffmann haben demgegenüber das Eigentum an dem von ihnen gekauften Grundstück gutgläubig gemäß § 892 BGB erworben, da ihr Verkäufer, Herr Johann Eckert, als Alleineigentümer im Grundbuch eingetragen war und kein Widerspruch gegen dessen Alleineigentümerstellung eingetragen war und die Ehegatten Hoffmann auch keine Kenntnis von der wahren Rechtslage hatten.

Demgegenüber haben die Ehegatten Müller das Eigentum nicht gutgläubig erworben, da sie zum Zeitpunkt des Eigentumserwerbs den wahren Sachverhalt kannten und demzufolge nicht gutgläubig waren.

Zu c)

Ein gutgläubiger Eigentumserwerb durch den Sohn Michael Eckert ist nicht möglich, da es sich um ein Rechtsgeschäft im Wege der vorgenommenen Erbfolge handelt. Zwar handelt es sich hierbei um einen rechtsgeschäftlichen Erwerb i.S.d. § 892 Abs. 1 S. 1 BGB, jedoch gelten nach herrschender Ansicht die Vorschriften über den gutgläubigen Erwerb nur bei einem Verkehrsgeschäft und liegt ein solches bei Übertragungen im Rahmen der vorweggenommenen Erbfolge gerade nicht vor.

Zu d)

Da Frau Duldig den von ihr geerbten hälftigen Miteigentumsanteil an dem weiterhin im Grundbuchblatt 847 verzeichneten Grundbesitz sowie an dem von den Ehegatten Müller erworbenen Grundstück bislang noch nicht verloren hat, sind die Grundbucheintragungen in Bezug auf diese Grundstücke hinsichtlich des hälftigen Miteigentumsanteils unrichtig. Frau Duldig steht demzufolge gegen die zu Unrecht im Grundbuch eingetragenen Bucheigentümer ein Grundbuchberichtigungsanspruch gemäß § 894 BGB zu. Zur Berichtigung des Grundbuchs bedarf es der Abgabe von Berichtigungsbewilligungserklärungen (§ 19 GBO) von Herrn Michael Eckert und den Ehegatten Müller in öffentlich-beglaubigter Form (§ 29 GBO). Sofern eine zeitnahe Berichtigung wegen fehlender Kooperation der Betroffenen nicht möglich ist, kann Frau Duldig gemäß § 899 BGB wenigstens bis zur Berichtigung einen Widerspruch gegen die Richtigkeit des Grundbuchs aufgrund einstweiliger Verfügung eintragen lassen, um auf diese Weise zu verhindern, dass sich weitere gutgläubige Erwerbe anschließen.

(Siehe § 2 Rdn 103–111).

48 **7. Frage:** Über das Vermögen von Herrn Schuldig wurde das Insolvenzverfahren eröffnet. Herr Schuldig ist im Grundbuch als Eigentümer zahlreicher Grundstücke eingetragen. Darüber hinaus ist Herr Schuldig selbst Gläubiger einer Buchgrundschuld, welche am Grundstück seiner Ex-Frau eingetragen ist.

a) Kann Herr Schuldig trotz Eröffnung des Insolvenzerfahrens wirksam Grundstücke an Dritte veräußern? Wenn ja, unter welcher Voraussetzung? Wenn nein, warum nicht?
b) Kann Herr Schuldig trotz Eröffnung des Insolvenzverfahrens wirksam zugunsten seiner Bank eine Grundschuld bestellen?

c) Kann Herr Schuldig trotz Eröffnung des Insolvenzverfahrens wirksam die am Grundbesitz seiner Ehefrau zu seinen Gunsten eingetragene Grundschuld an seine Bank abtreten?
d) Würde sich an der Beantwortung der Frage c) etwas ändern, wenn die Ehefrau zwischenzeitlich verstorben wäre und hinsichtlich ihres Nachlasses Testamentsvollstreckung angeordnet worden wäre und dies im Grundbuch eingetragen wäre?
e) Wie würde sich die Rechtslage zu c) darstellen, wenn es nicht um die Abtretung, sondern um die Löschung der Grundschuld gegangen wäre?

Antwort:

Zu a)

Mit Eröffnung des Insolvenzverfahrens geht gemäß § 80 Abs. 1 InsO die Verfügungsbefugnis vom Schuldner auf den gerichtlich bestellten Insolvenzverwalter über, so dass Herr Schuldig ab diesem Moment nicht mehr verfügungsbefugt ist und demzufolge das Eigentum auch nicht mehr an Dritte übertragen kann. Die Eröffnung des Insolvenzverfahrens ist gemäß § 32 Abs. 1 Nr. 1 InsO bei den im Eigentum des Schuldners stehenden Grundstücken in Abt. II des Grundbuchs einzutragen. Wurde dies vergessen bzw. ist dies zum Zeitpunkt der Eigentumsumschreibung noch nicht erfolgt, kann der Dritte gleichwohl wirksam das Eigentum nach den Vorschriften über den gutgläubigen Erwerb gemäß § 892 Abs. 1 S. 2 BGB erwerben. Ein gutgläubiger wirksamer Erwerb ist nur dann möglich, wenn der Insolvenzverfahrensvermerk nicht im Grundbuch eingetragen war und der Dritte auch nicht auf andere Weise Kenntnis von der Eröffnung des Insolvenzverfahrens hatte. Die Möglichkeit eines gutgläubigen Erwerbs ändert selbstverständlich nichts daran, dass Herr Schuldig keine Verfügungen mehr vornehmen darf.

Zu b)

Die Antwort entspricht im Wesentlichen den Ausführungen unter a). Mit Eröffnung des Insolvenzverfahrens verliert Herr Schuldig die Verfügungsbefugnis und kann bzw. darf demzufolge auch keine Grundschuld mehr bestellen. Die Vorschriften über den gutgläubigen Erwerb ermöglichen jedoch unter den dort genannten Voraussetzungen nicht nur einen gutgläubigen Eigentumserwerb, sondern auch den gutgläubigen Erwerb eines Rechts an einem Grundstück (hier: Bestellung einer Grundschuld), wenn die Insolvenzeröffnung nicht im Grundbuch vermerkt war und die Bank auch nicht anderweitig hiervon Kenntnis hatte.

Zu c)

Auch diese Fallkonstellation entspricht im Wesentlichen den vorherigen. Zwar geht es nun nicht um ein Grundstück, als dessen Eigentümer Herr Schuldig im Grundbuch eingetragen ist, sondern um ein Recht an einem Grundstück (nämlich Grundschuld), das im Eigentum eines Dritten steht. Bei dinglichen Rechten (hier Grundschuld) ist jedoch gemäß § 32 Abs. 1 Nr. 2 InsO ebenso die Insolvenzeröffnung einzutragen, wenn nach der Art des Rechts zu befürchten ist, dass ohne die Eintragung die Insolvenzgläubiger benachteiligt würden, was bei einer Grundschuld stets der Fall ist. Wenn die Eröffnung des Insolvenzverfahrens bei der zugunsten von Herrn Schuldig eingetragenen Grundschuld nicht vermerkt ist und die Bank von der Insolvenzeröffnung keine Kenntnis hatte, ist wiederum ein gutgläubiger Erwerb der Grundschuld durch die Bank gemäß § 892 Abs. 1 S. 1 BGB möglich.

Zu d)

Nein, weil für die Abtretung einer Grundschuld weder materiell-rechtlich, noch formell-rechtlich die Zustimmung des Eigentümers erforderlich ist. Materiell-rechtlich bedarf es der dinglichen Einigung über die Abtretung zwischen Herrn Schuldig bzw. dessen Insolvenzverwalter (= Zedent) und der Bank (= Zessionar) sowie der Eintragung dieser Abtretung im Grundbuch; formell-rechtlich bedarf es der Bewilligung i.S.v. § 19 GBO lediglich von dem Grundschuldgläubiger (bzw. dessen Insolvenzverwalter) in öffentlich-beglaubigter Form i.S.v. § 29 GBO und eines entsprechenden formlosen Antrags i.S.v. § 13 GBO.

Zu e)

In diesem Falle wäre die Zustimmung des Testamentsvollstreckers in öffentlich-beglaubigter Form erforderlich, da zur Löschung, d.h. Aufgabe, einer Grundschuld sowohl materiell-rechtlich als auch formell-rechtlich jeweils die Zustimmung des Grundstückseigentümers erforderlich ist; materiell-rechtlich folgt dies aus §§ 1183, 1192 Abs. 1 BGB, formell-rechtlich aus § 27 GBO, wobei die formell-rechtliche Erklärung gemäß § 29 GBO in öffentlich-beglaubigter Form vorliegen muss. Wenn die Ex-Frau zwischenzeitlich verstorben ist, sind grundsätzlich die Erben an ihrer Stelle verfügungsberechtigt. Ist wie vorliegend jedoch Testamentsvollstreckung angeordnet, sind nicht die Erben (siehe § 2211 BGB), sondern ist an deren Stelle der Testamentsvollstrecker verfügungs- und damit auch bewilligungsbefugt (§ 2205 BGB).

(Siehe § 2 Rdn 103–111).

49 **8. Frage:** Nennen Sie die übergeordneten Prinzipien des Sachenrechts und erläutern Sie diese kurz.

Antwort:

- Absolutheit der dinglichen Rechte: Dingliche Rechte wirken gegenüber jedermann.
- Typenzwang des Sachenrechts (numerus clausus): Es gibt im Sachenrecht nur die im Gesetz vorgesehenen dinglichen Rechte mit dem dort fixierten Inhalt.
- Bestimmtheitsprinzip: Inhalt, Umfang und Berechtigte von dinglichen Rechten müssen eindeutig (in grundbuchmäßiger Weise) bestimmt sein.
- Trennungs- und Abstraktionsprinzips: Das schuldrechtliche Kausalgeschäft und das dingliche Verfügungsgeschäft sind getrennte Rechtsgeschäfte (= Trennungsprinzip) und sie sind in ihrer Wirksamkeit voneinander unabhängig (= Abstraktionsprinzip).
- Prioritätsprinzip: Der Rang von Rechten bestimmt sich gemäß § 879 BGB nach der Reihenfolge ihrer Eintragung (in derselben Abteilung) bzw. nach dem Datum ihrer Eintragung (beim Rangverhältnis von Rechten in verschiedenen Abteilungen). Grundbuchverfahrensrechtlich wird das Prioritätsprinzip abgesichert durch § 17 GBO, wonach Anträge, welche dasselbe Recht betreffen, in der Reihenfolge der Antragstellung zu vollziehen sind.

(Siehe § 2 Rdn 113–130).

50 **9. Frage:** Welche Rangfolge erhalten Rechte, die am selben Tag

a) in derselben Abteilung

b) in verschiedenen Abteilungen

ohne weitere Vermerke eingetragen werden?

Antwort:

Zu a)

Rechte, die in derselben Abteilung eingetragen werden, haben – sofern kein abweichender Rangvermerk im Grundbuch eingetragen ist – stets den Rang der Reihenfolge ihrer Eintragung, egal, ob die Eintragungen am selben Tag oder an verschiedenen Tagen vorgenommen worden sind („locus"-Prinzip).

Zu b)

Rechte, die in unterschiedlichen Abteilungen an demselben Tag eingetragen worden sind, erhalten ohne abweichenden Rangvermerk untereinander Gleichrang („tempus"-Prinzip).

(Siehe § 2 Rdn 128–130).

51 **10. Frage:** Wofür ist das Rangverhältnis von Rechten wichtig?

Antwort:

Die Reihenfolge des Ranges bestimmt über die Befriedigungsreihenfolge in der Zwangsvollstreckung bzw. über das Bestehenbleiben von Rechten, falls sie in das geringste Gebot fallen. Der Rang eines Rechts ist von fundamentaler Bedeutung für die „Wertigkeit" des dinglichen Rechts.

(Siehe § 2 Rdn 128–130).

VI. Fragen und Antworten zu Teil F „Grundzüge des Grundbuchverfahrens“

1. Frage: Was versteht man unter dem formellen und materiellen Konsensprinzip und nennen Sie jeweils ein Beispiel hierfür. 52

Antwort:

Im Grundbuchverfahren gilt grundsätzlich das formelle Konsensprinzip, d.h. das Grundbuchamt prüft nicht, ob die beantragte Rechtsänderung mit ihrer Eintragung wirklich eintritt. Das Grundbuchamt nimmt vielmehr Rechtsänderungen bereits aufgrund Bewilligung des Betroffenen (§ 19 GBO in der Form des § 29 GBO) bei Vorliegen eines entsprechenden Antrages i.S.d. § 13 GBO vor. Dies gilt namentlich bei Bestellung von Grundpfandrechten und deren Abtretung sowie bei Bestellung von Dienstbarkeiten.

Das materielle Konsensprinzip besagt demgegenüber, dass in bestimmten Fällen dem Grundbuchamt das Vorliegen der wirksamen materiell-rechtlichen Erklärungen nachzuweisen ist. Das materielle Konsensprinzip gilt gemäß § 20 GBO bei der Übertragung des Eigentums (= Auflassung).

(Siehe § 2 Rdn 156–162).

2. Frage: Welche Erklärungen sind jeweils formell-rechtlich und materiell-rechtlich für folgende Rechtsgeschäfte nötig? 53

a) Bestellung eines Geh- und Fahrtrechts?
b) Bestellung einer Buchgrundschuld?
c) Übertragung des Eigentums?
d) Löschung eines Geh- und Fahrtrechts?
e) Löschung einer Buchgrundschuld?
f) Freigabe eines einzelnen Grundstücks von einer Buchgrundschuld?
g) Rangrücktritt der Buchgrundschuld hinter das Geh- und Fahrtrecht?
h) Ändert sich an der Beantwortung der Frage zu d) etwas, wenn es sich bei dem Geh- und Fahrtrecht um eine Grunddienstbarkeit handelt, welche im Bestandsverzeichnis des herrschenden Grundstücks aktivvermerkt ist und das herrschende Grundstück mit einem Nießbrauchrecht belastet ist?
i) Welche Konsequenz ergibt sich zu Frage d), wenn das Geh- und Fahrtrecht nicht aktivvermerkt war und der Nießbrauchberechtigte nicht zugestimmt hat?
j) Welche weitere Konsequenz ergibt sich zu Frage i), wenn der Eigentümer des dienenden Grundstücks dieses nach Löschung des Geh- und Fahrtrechts (wobei der Nießbrauchberechtigte des herrschenden Grundstücks nicht zugestimmt hatte) an einen Dritten verkauft hat?

Antwort:

Zu a)

- Materiell-rechtlich: (formlose) dingliche Einigung i.S.d. § 873 Abs. 1 BGB zwischen dem Grundstückseigentümer und dem Dienstbarkeitsberechtigten (sowie Eintragung im Grundbuch).
- Formell-rechtlich: Bewilligung des Grundstückseigentümers i.S.d. § 19 GBO in der Form des § 29 GBO sowie (formloser) Antrag entweder von dem Grundstückseigentümer oder dem Berechtigtem gemäß § 13 GBO.

Zu b)

- Materiell-rechtlich: (formlose) dingliche Einigung i.S.d. § 873 Abs. 1 BGB zwischen dem Grundstückseigentümer und dem Grundschuldgläubiger (sowie Eintragung im Grundbuch).
- Formell-rechtlich: Bewilligung des Grundstückseigentümers i.S.d. § 19 GBO in der Form des § 29 GBO sowie (formloser) Antrag entweder von dem Grundstückseigentümer oder dem Berechtigtem gemäß § 13 GBO.

Zu c)

- Materiell-rechtlich: dingliche Einigung i.S.d. § 873 Abs. 1 BGB zwischen dem Grundstückseigentümer und dem Erwerber in der Form § 925 Abs. 1 BGB (sowie Eintragung im Grundbuch).
- Formell-rechtlich: Bewilligung des Grundstückseigentümers i.S.d. § 19 GBO in der Form des § 29 GBO, Nachweis über das Vorliegen der wirksamen Auflassung gemäß § 20 GBO in der Form des § 29 GBO sowie (formloser) Antrag entweder von dem Grundstückseigentümer oder dem Erwerber gemäß § 13 GBO.

Zu d)

- Materiell-rechtlich: (Formlose) einseitige Aufgabeerklärung des Dienstbarkeitsberechtigten i.S.d. § 875 Abs. 1 BGB (sowie Eintragung im Grundbuch); handelt es sich bei der zu löschenden Dienstbarkeit um eine Grunddienstbarkeit und ist das herrschende Grundstück seinerseits mit Rechten belastet, welche durch die Aufhebung der Grunddienstbarkeit berührt werden können, bedarf es gemäß § 876 S. 2 BGB materiell-rechtlich zusätzlich der Zustimmung der betreffenden Berechtigten des herrschenden Grundstücks (siehe unten h) und i)).
- Formell-rechtlich: Bewilligung des Dienstbarkeitsberechtigten i.S.d. § 19 GBO in der Form des § 29 GBO sowie (formloser) Antrag entweder von dem Grundstückseigentümer oder dem Berechtigtem gemäß § 13 GBO. Der Bewilligung etwaiger Berechtigter des herrschenden Grundstücks bei Löschung einer Grunddienstbarkeit bedarf es gemäß § 21 GBO nur bei Vorliegen eines Herrschvermerks (siehe unten h)).

Zu e)

- Materiell-rechtlich: (formlose) einseitige Aufgabeerklärung des Grundschuldgläubigers i.S.d. § 875 Abs. 1 BGB sowie formlose Zustimmungserklärung des Grundstückseigentümers gemäß §§ 1183, 1192 Abs. 1 BGB (sowie Eintragung im Grundbuch).
- Formell-rechtlich: Bewilligung des Grundschuldgläubigers i.S.d. § 19 GBO in der Form des § 29 GBO, Eigentümerzustimmung gemäß § 27 GBO in der Form des § 29 GBO sowie (formloser) Antrag entweder von dem Grundstückseigentümer oder dem Berechtigtem gemäß § 13 GBO.

Zu f)

- Materiell-rechtlich: (formlose) Verzichtserklärung i.S.d. § 1168 (i.V.m. § 1192 Abs. 1 BGB) des Grundschuldgläubigers (sowie Eintragung im Grundbuch); einer Eigentümerzustimmung gemäß § 1183 (i.V.m. § 1192 Abs. 1 BGB) bedarf es nicht.
- Formell-rechtlich: Bewilligung des Grundschuldgläubigers i.S.d. § 19 GBO in der Form des § 29 GBO sowie (formloser) Antrag entweder von dem Grundstückseigentümer oder dem Berechtigtem gemäß § 13 GBO.

Zu g)

- Materiell-rechtlich: (formlose) Einigung des zurücktretenden Grundschuldgläubigers sowie des vortretenden Dienstbarkeitsberechtigten gemäß § 880 Abs. 2 S. 1 BGB sowie formlose Eigentümerzustimmung gemäß § 880 Abs. 2 S. 2 BGB, da es sich um den Rangrücktritt mit einer Grundschuld handelt (sowie Eintragung im Grundbuch).
- Formell-rechtlich: Bewilligung des Zurücktretenden i.S.d. § 19 GBO in der Form des § 29 GBO sowie Bewilligung des Eigentümers, da es sich bei dem zurücktretenden Recht um eine Grundschuld handelt, sowie (formloser) Antrag entweder von dem Zurücktretendem oder dem Vortretendem oder von dem Eigentümer gemäß § 13 GBO.

Zu h)

- Materiell-rechtlich: Gemäß § 876 S. 2 BGB bedarf es zur Aufhebung eines Rechts, das dem jeweiligen Eigentümer eines anderen Grundstücks zusteht, neben der (formlosen) Aufgabeerklärung des herrschenden Eigentümers i.S.d. § 875 Abs. 1 BGB auch der (formlosen) Zustimmung solcher Personen, welchen ein dingliches Recht an dem herrschenden Grundstück zusteht, außer deren dingliches Recht wird durch die Aufhebung des Rechts nicht berührt. Die Aufhebung eines Geh- und Fahrtrechts dürfte mit größter Wahrscheinlichkeit das an dem herrschenden Grundstück bestellte Nießbrauchrecht berühren, so dass es der Zustimmung des Nießbrauchberechtigten bedarf – und zwar unabhängig davon, ob das aufzuhebenden Geh- und Fahrtrecht im Bestandsverzeichnis des herrschenden Grundstücks aktivvermerkt ist.

- Formell-rechtlich: Grundbuchverfahrensrechtlich bedarf es neben der Bewilligung des Dienstbarkeitsberechtigten i.S.d. § 19 GBO in der Form des § 29 GBO sowie neben dem (formlosen) Antrag i.S.d. § 13 GBO nur dann der Bewilligung auch des Nießbrauchberechtigten gemäß § 21 GBO, wenn das Geh- und Fahrtrecht im Bestandsverzeichnis des herrschenden Grundstücks aktivvermerkt ist.

Zu i)

Wie unter g) ausgeführt, bedarf es gemäß § 876 S. 2 BGB materiell-rechtlich zur Aufhebung von subjektiv-dinglichen Rechten stets der Zustimmung solcher dinglich Berechtigter des herrschenden Grundstücks, deren Recht durch die Aufhebung berührt werden kann, und zwar unabhängig davon, ob das subjektiv-dingliche Recht im Bestandsverzeichnis des herrschenden Grundstücks aktivvermerkt ist. Wurde ein derartiges subjektiv-dingliches Recht ohne erforderliche materiell-rechtliche Zustimmung des Nießbrauchberechtigten gelöscht, ist die Löschung im Ergebnis zu Unrecht erfolgt und damit das Grundbuch mit Löschung unrichtig geworden.

Zu j)

Veräußert der Eigentümer des „dienenden“ Grundstücks dieses an einen Dritten und war die Löschung des ehemals in Abt. II eingetragenen Geh- und Fahrtrechts zu Unrecht erfolgt, erwirbt der Dritte nun gleichwohl lastenfreies Eigentum nach den Vorschriften über den gutgläubigen Erwerb gemäß § 892 Abs. 1 BGB, wenn er gutgläubig war und kein Widerspruch gegen die zu Unrecht erfolgte Löschung im Grundbuch eingetragen war. Im Ergebnis ist mit dem gutgläubigen lastenfreien Erwerb durch den Dritten das Geh- und Fahrtrecht nachträglich erloschen.

(Siehe § 2 Rdn 139–213, 225–240).

3. Frage: Wann wird vom Grundbuchamt von Amts wegen eine Vormerkung im Grundbuch eingetragen? Welche Bedeutung hat diese Vormerkung? 54

Antwort:

Gemäß § 18 Abs. 2 S. 1 GBO wird zugunsten des früher gestellten Eintragungsantrages von Amts wegen eine Vormerkung im Grundbuch eingetragen, wenn der früher beantragten Eintragung ein vorübergehendes Eintragungshindernis entgegensteht. Hintergrund dieser Vorschrift ist das in § 17 GBO verankerte Prioritätsprinzip, wonach die Eintragungen strikt in der zeitlichen Reihenfolge der Antragstellung vorzunehmen sind. Um zu verhindern, dass es bei vorübergehenden Eintragungshindernissen zu einer „Grundbuchblockade“ kommt, ermöglicht § 18 Abs. 2 S. 1 GBO die Eintragung einer Vormerkung von Amts wegen, wodurch dem vorgemerkten Recht der Vorrang „reserviert“ wird.

(Siehe § 2 Rdn 154).

4. Frage: Nennen Sie zwei Fällen, in denen der Grundstückseigentümer trotz seiner Eigentümerstellung nicht verfügungsbefugt und demzufolge auch nicht bewilligungsbefugt ist. 55

Antwort:

- Ist über das Vermögen des Eigentümers das Insolvenzverfahren eröffnet worden, so hat der Eigentümer damit die Verfügungsbefugnis gemäß § 80 Abs. 1 S. 1 InsO verloren und ist an seiner Stelle der Insolvenzverwalter verfügungs- und bewilligungsbefugt.
- Hat der Eigentümer den Grundbesitz aufgrund Erbfalles erworben und hat der Erblasser Dauertestamentsvollstreckung hinsichtlich seines Nachlasses angeordnet, so ist gemäß § 2211 Abs. 1 BGB der Erbe weder verfügungs- noch bewilligungsbefugt; an seiner Stelle ist gemäß § 2205 BGB der Testamentsvollstrecker verfügungs- und bewilligungsbefugt.

(Siehe § 2 Rdn 169).

56 **5. Frage:** Sehen Sie das als Anlage 2 (Anhang Rdn 8 ff.) beigefügte Grundbuchblatt 847 ein. Welche Erklärungen sind materiell-rechtlicher und formell-rechtlicher Art zur Löschung des in Abt. II lfd. Nr. 7 eingetragenen Rechts nötig und welche Unterlagen oder sonstige Maßnahmen sind nötig? Falls die Beantwortung der Frage, von bestimmten Umständen abhängt, benennen Sie diese und beantworten Sie die Frage für alle Konstellationen.

Antwort:

Was für die Löschung des Nießbrauchrechts nötig ist, hängt zunächst davon ab, ob Herr Johann Eckert noch lebt oder bereits verstorben ist.

- Unterstellt Herr Eckert lebt noch, bedarf es zur Aufhebung des Nießbrauchrechts materiell-rechtlich der (formlosen) Aufgabeerklärung i.S.d. § 875 Abs. 1 BGB von Herrn Eckert sowie der Eintragung der Löschung im Grundbuch.
  Grundbuchverfahrensrechtlich wird das Grundbuchamt nur tätig, wenn ihm die Löschungsbewilligung i.S.d. § 19 GBO des Nießbrauchberechtigten in öffentlich-beglaubigter Form (§ 29 GBO) sowie ein formloser Antrag i.S.d. § 13 GBO (entweder vom Nießbrauchberechtigten oder vom Eigentümer) vorgelegt wird. Die Zustimmung des Eigentümers ist weder materiell-rechtlich noch formell-rechtlich nötig.
- Sollte Herr Johann Eckert bereits verstorben sein, wäre das Nießbrauchrecht materiell-rechtlich mit seinem Tod erloschen, da dieses Recht nicht vererblich ist; folglich wäre das Grundbuch in der Sekunde des Ablebens von Herrn Eckert unrichtig geworden und müsste berichtigt werden. In diesem Fall bedürfte es materiell-rechtlich keiner weiteren Erklärung.
  - Grundbuchverfahrensrechtlich gilt Folgendes: Gemäß § 22 Abs. 1 GBO bedarf es zur Berichtigung des Grundbuchs der Bewilligung nach § 19 GBO dann nicht, wenn die Unrichtigkeit in der Form des § 29 GBO nachgewiesen ist. Mit Vorlage einer Sterbeurkunde (im Original oder in beglaubigter Abschrift) kann grundsätzlich der Nachweis in der Form des § 29 GBO geführt werden, dass Herr Eckert verstorben und damit das Nießbrauchrecht erloschen ist, so dass es an sich nur der Vorlage der Sterbeurkunde und eines formlosen Antrags des Grundstückseigentümers bedarf.
  - Allerdings ist in § 23 GBO eine Sondervorschrift für den Fall vorgesehen, dass bei dem auf die Lebenszeit des Berechtigten beschränkten Recht die Entstehung von Rückständen möglich ist. Bei einem Nießbrauchrecht (ebenso wie auch bei einem Wohnungsrecht, einem Leibgeding, einer Reallast) sind derartige Rückstände möglich, so dass diese Sondervorschrift eingreift. Gemäß § 23 GBO ist vor Ablauf eines Jahres seit dem Ableben des Berechtigten die Löschung grundsätzlich nur mit Bewilligung des Rechtsnachfolgers (in der Form des § 29 GBO) möglich, wobei der Rechtsnachfolger wiederum seine Stellung als Erbe in der Form des § 29 GBO, d.h. entweder durch Vorlage eines Erbscheins in Ausfertigung oder durch Vorlage eines notariellen Testaments/Erbvertrages samt Eröffnungsniederschrift des Nachlassgerichts in beglaubigter Abschrift nachweisen muss.
  - Ist jedoch im Grundbuch bei dem betreffenden Nießbrauchrecht wie vorliegend eine sogenannte Löschungserleichterung i.S.d. § 23 Abs. 2 GBO („Löschung gegen Todesnachweis") eingetragen, bedarf es auch bei einer Löschung vor Ablauf der Jahresfrist keiner Löschungsbewilligung des Rechtsnachfolgers, sondern es genügt der Nachweis des Todes mittels Sterbeurkunde sowie ein formloser Löschungsantrag i.S.d. § 13 GBO.

(Siehe § 2 Rdn 181–188).

57 **6. Frage:** Sehen Sie das Grundbuchblatt 847 (Anlage 2, Anhang Rdn 8 ff.) ein.

a) Hätte Herr Johann Eckert den Grundbesitz an seinen Sohn Michael Eckert unmittelbar nach dem Tod seiner Frau übertragen können, ohne dass er im Zwischenschritt als Alleineigentümer eingetragen werden hätte müssen?

b) Würde sich die Rechtslage anders darstellen, wenn Herr Eckert den gesamten an der betreffenden Blattstelle vorgetragenen Grundbesitz nicht an seinen Sohn Michael überlassen, sondern an eine fremde Person verkauft hätte bzw. wovon hängt eine etwaige andere rechtliche Beurteilung ab?

Antwort:

Zu a)

Gemäß § 39 GBO soll eine Eintragung im Grundbuch nur erfolgen, wenn die Person, deren Recht durch sie betroffen wird, als Berechtigter im Grundbuch eingetragen ist („Voreintragungsgrundsatz"). Demzufolge bedarf es grundsätzlich schon der Zwischeneintragung von Herrn Johann Eckert. Gemäß § 40 Abs. 1 GBO bedarf es jedoch der Eintragung des Erben einer im Grundbuch eingetragenen Person dann nicht, wenn nur die Übertragung oder Aufhebung eines Rechts eintragen werden soll. Da Herr Johann Eckert als Erbe seiner Ehefrau sein Eigentum (an seinen Sohn) übertragen will, ist es nicht erforderlich, dass seine Erbenstellung im Grundbuch eingetragen wird.

Zu b)

Bei einem Verkauf des Grundbesitzes stellt sich die Rechtslage etwas anders da. Zwar würde das Grundbuchamt die Eigentumsumschreibung auf den Käufer auch ohne Zwischeneintragung von Herrn Eckert als Alleinerben nach seiner Ehefrau vornehmen, jedoch bedarf es bei der entgeltlichen Veräußerung regelmäßig der vorherigen Eintragung einer Auflassungsvormerkung für den Käufer sowie ggf. der Eintragung einer Finanzierungsgrundschuld für die finanzierende Bank des Käufers. Sowohl die Auflassungsvormerkung für den Käufer als auch die Finanzierungsgrundschuld müssen aber vor Eigentumsumschreibung im Grundbuch eingetragen werden. Da es sich hierbei weder um die Übertragung noch um die Aufhebung eines Rechts handelt, greifen die Voraussetzungen der in § 40 GBO vorgesehenen Ausnahme eigentlich nicht ein, so dass es in diesem Fall der Zwischeneintragung von Herrn Johann Eckert als Alleineigentümer bedarf. Für die Auflassungsvormerkung wird nach h.M. (und auch in der Rechtsprechung) überwiegend eine Ausnahme von dem Erfordernis der Voreintragung gemacht. Ob diese Ausnahme auch auf Finanzierungsgrundschulden übertragen werden kann, ist derzeit noch umstritten – zahlreiche Stimmen in der Literatur befürworten auch in diesem Fall eine Ausnahme, jedoch wird dies von den Grundbuchämtern derzeit noch unterschiedlich gehandhabt.

(Siehe § 2 Rdn 191–194).

7. Frage: Sehen Sie die beiden Eintragungsbekanntmachungen bzw. Vollzugsmitteilungen (Anlage 5a, Anhang Rdn 40 ff., und 5b, Anhang Rdn 41 ff.) an. 58

a) Fragen zu Anlage 5a): Erklären Sie den Inhalt der Eintragungsbekanntmachung. Welche Rechtsgeschäfte liegen den vorgenommenen Eintragungen aller Wahrscheinlichkeit nach zugrunde? Um welche Abwicklungsstufe handelt es sich?
b) Fragen zu Anlage 5b): Erklären Sie den Inhalt der Eintragungsbekanntmachung. Um welche Abwicklungsstufe handelt es sich? Kann man anhand der Eintragungsmitteilung erkennen, ob Hanna und Hansi Hartig Eigentümer eines weiteren Grundstücks sind?

Antwort:

Zu a)

- Ausweislich der Eintragungsbekanntmachung „Anlage 5a" wurde an dem Flst. 119/9, welches derzeit noch im Alleineigentum von Herrn Victor Kaufmann steht und im Grundbuchbezirk Wunschland an der Blattstelle 911 unter der lfd. Nr. 7 eingetragen ist, am 20.2.2018 eine Auflassungsvormerkung in Abt. II des Grundbuchs (unter der lfd. Nr. 14) zugunsten von Hanna Hartig und Hansi Hartig (zu je $^{1}/_{2}$-Anteil) zur Sicherung eines in der Notarurkunde vom 1.2.2018, URNr. 100/2018 der Notarin Tanja Achtsam begründeten Eigentumsübertragungsanspruchs eingetragen.
- Gleichzeitig wurde in Abt. III des Grundbuchs (unter der lfd. Nr. 2) im Rang vor der Auflassungsvormerkung eine Grundschuld zugunsten der Münzbank eG nebst 16 % Jahreszinsen und 5 % Nebenleistung einmalig, vollstreckbar gemäß § 800 ZPO eingetragen, welche zur Urkunde der Notarin Tanja Achtsam mit unmittelbar darauffolgender Urkundenrollnummer (101/2018) bestellt worden ist.

- Es ist davon auszugehen, dass es sich bei der URNr. 100/2018 um einen Kaufvertrag und bei der URNr. 101/2018 um die Finanzierungsgrundschuld der Käufer, Hanna Hartig und Hansi Hartig handelt.
- Die Auflassungsvormerkung sowie die Finanzierungsgrundschuld werden üblicherweise unmittelbar nach der Beurkundung (sobald alle Genehmigungserklärungen der Beteiligten bzw. etwa zu diesen Erklärungen erforderlichen gerichtlichen Genehmigungen vorliegen) zur Eintragung beantragt; die rangrichtige Eintragung der Auflassungsvormerkung (im Rang nach der Finanzierungsgrundschuld) ist (neben weiteren Voraussetzungen) üblicherweise Fälligkeitsvoraussetzung.

Zu b)

- Hanna Hartig und Hansi Hartig wurden am 26.6.2018 als Eigentümer des Flst. 119/9 eingetragen.
  - Im Zuge der Eigentumsumschreibung wurde das Flst. 119/9 von der bisherigen Grundbuchblattstelle 911 abgeschrieben und auf das Grundbuchblatt 3001 übertragen. Dementsprechend findet sich an der alten Blattstelle 911 im Bestandsverzeichnis in Spalte 7–8 ein entsprechender Abschreibungsvermerk („*Übertragen nach Blatt 3001*") und an der neuen Grundbuchblattstelle 3001 im Bestandsverzeichnis in Spalte 5–6 ein korrespondierender Zuschreibungsvermerk („*Übertragen aus Blatt 911*").
  - Darüber hinaus findet sich an der neuen Grundbuchblattstelle in der Ersten Abteilung in den Spalten 3–4 ein Vermerk über die Grundlage der Eintragung („*Auflassung vom 1.2.2018*").
  - Im Zuge der Eigentumsumschreibung wurde die bislang an der alten Grundbuchblattstelle in Abt. II unter lfd. Nr. 14 eingetragene Auflassungsvormerkung gelöscht, was in der Eintragungsbekanntmachung anhand des in Spalte 6–7 enthaltenen Vermerks ersichtlich ist.
  - Das Flst. 119/9 war bereits seit dem 5.7.1967 mit einem Rohr- und Wasserableitungsrecht für den jeweiligen Eigentümer der Grundstücke Flst. 1913 und 1914 in Abt. II belastet. Diese Grunddienstbarkeit wurde dementsprechend gemeinsam mit dem Flst. 119/9 und ebenso wie die neu bestellte (Finanzierungs-)Grundschuld in Höhe von 50.000 EUR, welche Rang nach der Grunddienstbarkeit hat, auf die neue Blattstelle übertragen.
- Bei der Eintragungsbekanntmachung „Anlage 5b" handelt es sich um den „Endvollzug" einer Eigentumsübertragungsurkunde (aller Wahrscheinlichkeit nach eines Kaufvertrages).
- Bereits anhand des Eintragungsvermerks in der Ersten Abteilung an der Grundbuchblattstelle 3001 kann man erkennen, dass Hanna und Hansi Hartig schon vor dem 26.6.2018 Miteigentümer zur Hälfte eines weiteren Grundstücks gewesen sein mussten, welches an der Grundbuchblattstelle 3001 unter der lfd. Nr. 1 gebucht ist. Dies erkennt man zum einen daran, dass nur in den Spalten 3–4 der Ersten Abteilung die Grundlage der Eintragung („*Auflassung vom 1.2.2018*") genannt ist, nicht aber in den Spalten 1–2 der Ersten Abteilung die Eigentumsverhältnisse genannt sind. Die „fehlende Eintragung über die Eigentumsverhältnisse" kann nur dem Umstand geschuldet sein, dass Hanna und Hansi Hartig schon an der Blattstelle 3001 als Miteigentümer je zur Hälfte eingetragen sind – ein weiterer Eintrag über die Eigentumsverhältnisse ist demzufolge nicht möglich und folglich kann insoweit auch keine Vollzugsmitteilung erfolgen. Darüber hinaus erkennt man an der lfd. Nr. 2 (Spalte 1 des Bestandsverzeichnisses), dass an dieser Grundbuchblattstelle noch ein weiteres Grundstück gebucht sein muss.

(Siehe § 2 Rdn 204–213).

Anhang

Anlage 1 a

1

Amt für Digitalisierung Breitband
und Vermessung Märchenwald
- Außenstelle Albtraum -

Fortführungsnachweis 448 01
Gemarkung Wunschland

Zerlegung

Bisheriger Nachweis

Flurstück 52 Gemarkung Wunschland

Lage:	Wunschland 33
Fläche:	1306 m²

Neuer Nachweis

Flurstück 52 Gemarkung Wunschland

Lage:	Wunschland 33
Fläche:	1266 m²
Wirtschaftsart:	Gebäude- und Freifläche

Flurstück 52/1 Gemarkung Wunschland

Lage:	In Wunschland
Fläche:	40 m²
Wirtschaftsart:	Gebäude- und Freifläche
Anmerkung:	Geh- und Fahrtrechte sind im Grundbuch dinglich zu sichern.

Seite 1 von 3

Fortführungsnachweis 448 01

Gemarkung Wunschland

Angaben zu Buchung und Eigentum

Flurstück 52 Gemarkung Wunschland

Buchungsart:	Grundstück
Buchung:	Amtsgericht Träumerei Grundbuchbezirk Wunschland Grundbuchblatt 393 Laufende Nummer 1
Eigentümer:	Fritz Fischer Wunschland 33 12345 Albtraum

Vorgesehene Erwerber

Flurstück 52/1, Wunschland	Johannes Fischer Wunschland 25 12345 Albtraum

Seite 2 von 3

Fortführungsnachweis 448 01

Gemarkung Wunschland

Darstellung der Flurkarte

Seite 3 von 3

4 Antrag 310/2017

Amt für Digitalisierung, Breitband und Vermessung
Märchenwald
- Außenstelle Albtraum -

Vereinigung von Flurstücken

Beilage zum Forführungsnachweis Nr. 44801, Gemarkung Wunschland

Anmerkung für den Notar

Damit der Verschmelzungs-Fortführungsnachweis gefertigt werden kann, bittet das Amt für Digitalisierung, Breitband und Vermessung Märchenwald, Außenstelle Albtraum um Mitteilung des Vollzugs der Erwerbungen und der Vereinigungen.

Falls die Verschmelzung im Zusammenhang mit einer beantragen Teilungsvermessung innerhalb von **zwei Jahren** nach Beendigung dieser Leistung erfolgt, **werden keine Gebühren erhoben**.

Die nachfolgend in einem Tabellenabschnitt aufgeführten Flurstücke sollen im Grundbuch als ein Grundstück eingetragen werden.

Flurstück	Gemarkung	Grundbuchblatt	FN Nr.	Verschmelzung ja/nein
53	Wunschland	432	---	
52/1	Wunschland	---	448 01	

Rückmeldung der Notarin

An das
Amt für Digitalisierung, Breitband und Vermessung Märchenwald, Außenstelle Albtraum

Sachbearbeiter: Hans Meyer

Telefax:

Die obigen Beurkundungen wurden am .... durchgeführt (UR Nr. ....)

(Unterschrift)

Anlage 1 b

Amt für Digitalisierung Breitband
und Vermessung Märchenwald
- Außenstelle Albtraum -

Fortführungsnachweis 449 01

Gemarkung Wunschland

Verschmelzung

Bisheriger Nachweis

Flurstück 52/1 Gemarkung Wunschland

Lage:	In Wunschland
Fläche:	40 m²

Flurstück 53 Gemarkung Wunschland

Lage:	Wunschland 25
Fläche:	760 m²

Neuer Nachweis

Flurstück 53 Gemarkung Wunschland

Lage:	Wunschland 25
Fläche:	800 m²
Wirtschaftsart:	Gebäude- und Freifläche
Anmerkung:	für das Grundbuchamt: Die vorstehend verschmolzenen Flurstücke stellen örtlich und wirtschaftlich ein einheitliches Grundstück dar (Art. 9 Abs. 2 VermKatG).

Flurstück 52/1 Gemarkung Wunschland

fällt weg

Seite 1 von 3

Fortführungsnachweis 449 01

Gemarkung Wunschland

Angaben zu Buchung und Eigentum

Flurstück 52/1 Gemarkung Wunschland

Buchungsart:	Grundstück
Buchung:	Amtsgericht Träumerei Grundbuchbezirk Wunschland Grundbuchblatt 570 Laufende Nummer 1
Eigentümer:	Johannes Fischer Wunschland 25 12345 Albtraum

Flurstück 53 Gemarkung Wunschland

Buchungsart:	Grundstück
Buchung:	Amtsgericht Träumerei Grundbuchbezirk Wunschland Grundbuchblatt 570 Laufende Nummer 1
Eigentümer:	Johannes Fischer Wunschland 25 12345 Albtraum

Seite 2 von 3

Fortführungsnachweis 449 01

Gemarkung Wunschland

Darstellung der Flurkarte

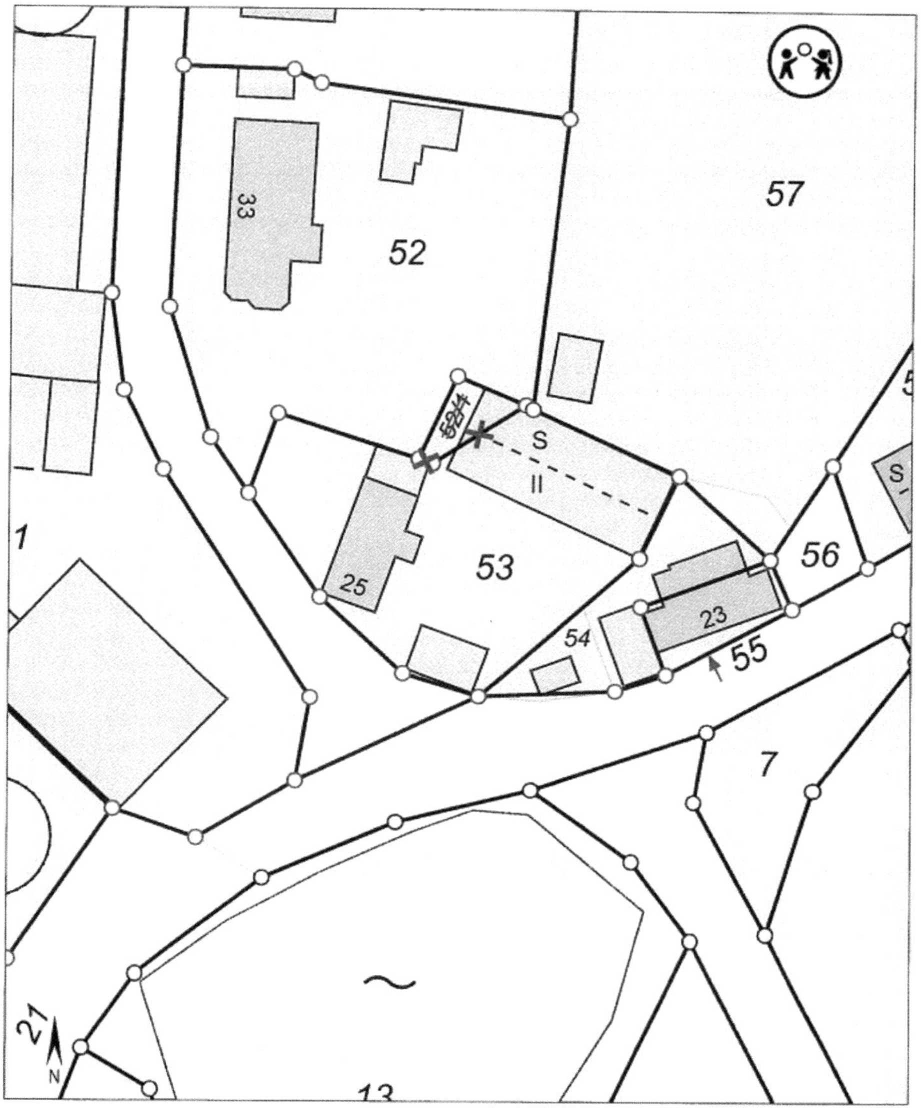

Maßstab 1:500 0 5 10 15 Meter

Seite 3 von 3

Anlage 2

Amtsgericht
Träumerei

Grundbuch

von

Wunschland

Blatt 847

Träumerei Wunschland 847 Geändert am 01.12.2015 Abdruck vom 13.06.2018 Seite 1 von 11 Seiten

Amtsgericht Träumerei | Einlegebogen 1

Grundbuch von Wunschland Blatt 847 **Bestandsverzeichnis**

Lfd. Nr. der Grund-stücke	Bisherige lfd. Nr. der Grundstücke	Bezeichnung der Grundstücke und der mit dem Eigentum verbundenen Rechte		Größe		
		Gemarkung (nur bei Abweichung vom Grundbuchbezirk angegeben) Flurstück	Wirtschaftsart und Lage	ha	a	m²
		a/b	c			
1	2	3		4		
1	-	38	Dr.-Siller-Straße 2, Braugasse 7, Gebäude- und Freifläche		63	63
2 / zu 1	-	Geh- und Fahrtrecht an dem Grundstück Flst. 37, eingetragen im Grundbuch von Träumerei Blatt 901, Abt. II lfd. Nr. 1				
3	-	313	Nähe Holzgasse, Landwirt-schaftsfläche	1	24	97
4	-	325	Nähe Blaue Lohe, Landwirtschaftsfläche		87	44
5	-	333	Radellohe, Landwirtschaftsfläche	1	35	82
6	-	360	Nähe Schneewittchenweg, Gebäude- und Freifläche, Landwirtschaftsfläche	9	71	92
7	-	Phantasia 590	Schupfenteich, Landwirt-schaftsfläche, Waldfläche	3	99	40
8	4	325	Nähe Blaue Lohe, Ödland, Landwirtschaftsfläche		57	83
	4	325/2	Blaue Lohe 8, Gebäude- und Freifläche		10	48
	4	325/3	Blaue Lohe 6, Gebäude- und Freifläche		8	65
	4	325/4	Blaue Lohe 4, Gebäude- und Freifläche		10	48

Träumerei Wunschland 847 Geändert am 01.12.2015 Abdruck vom 13.06.2018 Seite 2 von 11 Seiten

10 Amtsgericht Träumerei

Einlegebogen

Grundbuch von Wunschland Blatt 847 **Bestandsverzeichnis** | 1 | R |

Bestand und Zuschreibungen		Abschreibungen	
Zur lfd. Nr. der Grundstücke		Zur lfd. Nr. der Grundstücke	
5	6	7	8
1-7	Nrn. 1-7 bei Umschreibung aus Blatt 649 hier als Bestand eingetragen am 10.07.2001. *Hyazinth*	7	Übertragen nach Blatt 685 am 16.09.2009. *Hyazinth*
4, 8	FN 0585 01: BVNr. 4 nach Zerlegung als ein Grundstück unter BVNr. 8 neu vorgetragen am 22.03.2010. *Rosmarien*	8	Flst. 325/2 übertragen nach Blatt 960 am 04.05.2010. *Unkraut*
		8	Flst. 325/3 übertragen nach Blatt 961 am 04.05.2010. *Unkraut*

Träumerei Wunschland 847 Geändert am 01.12.2015 Abdruck vom 13.06.2018 Seite 3 von 11 Seiten

Amtsgericht Träumerei Einlegebogen

Grundbuch von Wunschland Blatt 847 **Erste Abteilung** 1

Lfd. Nr. der Eintra-gungen	Eigentümer	Lfd. Nr. der Grundstücke im Bestands-verzeichnis	Grundlage der Eintragung
1	2	3	4
1a	Johann Eckert, geb. 18.08.1951	1-7	Das in Blatt 649 vorgetragene Eigentum bei Umschreibung dieses Grundbuchblattes hier eingetragen am 10.07.2001. *Hyazinth*
b	Elfriede Eckert, geb. Hacker, geb. 07.07.1953 je zur Hälfte		
2	Johann Eckert, geb. 18.08.1951	1-7	Testament vom 30.06.1977 und Eröffnungsniederschrift vom 17.10.2008 Az: VI 473/08, Amtsgericht Träumerei; eingetragen am 19.11.2008. *Hyazinth*
3	Michael Eckert, geb. 09.09.1979 Infolge Eheschließung nun: Michael Rundig-Eckert, geb. Eckert, geb. 09.09.1979; eingetragen am 15.05.2013 *Hyazinth*	1, 2, 3, 5, 6, 8	Auflassung vom 09.09.2012, URNr. 1901/2012 Notar Dr. Schreiberling, Königshausen; eingetragen am 01.11.2012. *Hyazinth*
4	Rundig Eckert GbR, bestehend aus: 1. Michael Rundig-Eckert, geb. Eckert, geb. 09.09.1979 und 2. Angela Rundig, geb. 07.07.1979	1, 2, 3, 5, 6, 8	Auflassung vom 23.12.2013, URNr. 2410/2013 Notar Dr. Schreiberling, Königshausen; eingetragen am 01.03.2014. *Hyazinth*
5	Rundig Eckert GbR, bestehend aus: 1. Michael Rundig-Eckert, geb. Eckert, geb. 09.09.1979 und 2. Sophie Rundig, geb. 01.10.2010 3. Sebastian Rundig, geb. 01.10.2010	1, 2, 3 5, 6, 8	Der Anteil der Gesellschafterin I/4.2 ist aufgrund Erbfolge übergegangen auf die Gesellschafter I/5.2, 5.3 gemäß Berichtigungsbewilligung vom 01.08.2015, URNr. 1521/2015 Notarin Einhorn in Silberstadt und Erbschein vom 01.07.2015 (Az.VI 359/15), Amtsgericht Träumerei; eingetragen am 01.12.2015. *Unkraut*

Träumerei Wunschland 847 Geändert am 01.12.2015 Abdruck vom 13.06.2018 Seite 4 von 11 Seiten

12 Amtsgericht Träumerei

Einlegebogen

Grundbuch von Wunschland Blatt 847 **Erste Abteilung** 1 R

Lfd. Nr. der Eintra-gungen	Eigentümer	Lfd. Nr. der Grundstücke im Bestands-verzeichnis	Grundlage der Eintragung
1	2	3	4

Träumerei Wunschland 847 Geändert am 01.12.2015 Abdruck vom 13.06.2018 Seite 5 von 11 Seiten

Amtsgericht Träumerei | Einlegebogen

Grundbuch von Wunschland | Blatt 847 | **Zweite Abteilung** | 1

Lfd. Nr. der Eintra-gungen	Lfd. Nr. der betroffenen Grundstücke im Bestands-verzeichnis	Lasten und Beschränkungen
1	2	3
1	5	Starkstromleitungsrecht für die Energieversorgung Starkstrom AG in Dornröschenstadt; gemäß Flurbereinigungsplan Phantasia; eingetragen am 12.07.1978; umgeschrieben am 17.08.1987, erneut umgeschrieben am 10.07.2001. *Hyazinth*
2	7	Auflassungsvormerkung für Angelika Meier, geb. am 17.01.1980; gemäß Bewilligung vom 10.07.2009, URNr. 756/2009 der Notarin Fliegenfänger, Wunschland; eingetragen am 20.07.2009. *Hyazinth*
3	4	Auflassungsvormerkung bezüglich einer Teilfläche von ca. 1000 qm für Corinna Müller, geb. Frank, geb. am 13.06.1986, Hermann Müller, geb. am 01.10.1981, zu je 1/2 Anteil; gemäß Bewilligung vom 17.11.2009, URNr. 1710/2009 Notar Michael Zwerg, Phantasia; eingetragen am 23.11.2009. *Hyazinth*
4	4	Auflassungsvormerkung bezüglich einer Teilfläche von ca. 900 qm für Saskia Hoffmann, geb. Krauß, geb. 07.04.1984 und Dominik Hoffmann, geb. 09.10.1979, zu je 1/2 Anteil; gemäß Bewilligung vom 17.11.2009, URNr. 1709/2009 Notar Michael Zwerg, Phantasia; Gleichrang mit Abt. II/3; eingetragen am 23.11.2009. *Hyazinth*
5	8	lastet nur an Flst. 325/4: Grunddienstbarkeit (Geh- und Fahrtrecht) für den jeweiligen Eigentümer von Flst. 326, Gemarkung Wunschland; gemäß Bewilligung vom 01.06.2010, URNr. 999/2010 Notar Michael Zwerg, Phantasia; eingetragen am 23.06.2010. *Unkraut*
6	1, 2	Vorkaufsrecht für den ersten wirklichen Vorkaufsfall für Josef Eckert, geb. 19.09.1953; gemäß Bewilligung vom 01.08.2012, URNr. 1700/2012 Notar Dr. Schreiberling, Königshausen; eingetragen am 29.08.2012. *Hyazinth*

Träumerei Wunschland 847 Geändert am 01.12.2015 Abdruck vom 13.06.2018 Seite 6 von 11 Seiten

14

Amtsgericht Träumerei | Einlegebogen

Grundbuch von Wunschland | Blatt 847 | **Zweite Abteilung** | 1 R

Veränderungen		Löschungen	
Lfd. Nr. der Spalte 1		Lfd. Nr. der Spalte 1	
4	5	6	7
3	Abt. II/3 hat Gleichrang mit Abt. II/4; eingetragen am 23.11.2009. *Hyazinth*	1	Gelöscht am 15.06.2009. *Hyazinth*
		2	Gelöscht am 16.09.2009. *Hyazinth*
5	Abt. II/5 hat Rang vor Abt. III/1, eingetragen am 05.06.2010. *Unkraut*	3	Gelöscht am 04.05.2010. *Unkraut*
6, 7, 8	Abt. II/6 hat Rang nach Abt. II/7, 8, eingetragen am 01.11.2012. *Hyazinth*	4	Gelöscht am 04.05.2010. *Unkraut*
6	Abt. II/6 hat Rang nach Abt. III/4, eingetragen am 01.11.2012. *Hyazinth*		

Träumerei Wunschland 847 Geändert am 01.12.2015 Abdruck vom 13.06.2018 Seite 7 von 11 Seiten

Amtsgericht Träumerei | Einlegebogen

Grundbuch von Wunschland Blatt 847 **Zweite Abteilung** 2

Lfd. Nr. der Eintragungen	Lfd. Nr. der betroffenen Grundstücke im Bestandsverzeichnis	Lasten und Beschränkungen
1	2	3
7	1, 2	Nießbrauch für Johann Eckert, geb. 18.08.1951; löschbar bei Todesnachweis; gemäß Bewilligung vom 09.09.2012, URNr. 1901/2012 Notar Dr. Schreiberling, Königshausen; Rang vor Abt. II/6 und Abt. III/4; eingetragen am 01.11.2012. *Hyazinth*
8	1, 2	Nießbrauch – aufschiebend bedingt – für Roswitha Eckert, geb. Achtkant, geb. 01.04.1971, löschbar bei Todesnachweis; gemäß Bewilligung vom 09.09.2012, URNr. 1901/2012 Notar Dr. Schreiberling, Königshausen; Rang vor Abt. II/6 und Abt. III/4; eingetragen am 01.11.2012. *Hyazinth*
9	3, 5, 6, 8	Leibgeding für Johann Eckert, geb. 18.08.1951, und Roswitha Eckert, geb. Achtkant, geb. 01.04.1971, als Gesamtberechtigte nach § 428 BGB; bedingt für den Überlebenden allein; löschbar bei Todesnachweis; gemäß Bewilligung vom 09.09.2012, URNr. 1901/2012 Notar Dr. Schreiberling, Königshausen; das Wohnungsrecht hat Rang vor der Reallast; eingetragen am 01.11.2012. *Hyazinth*
10	8	nur an Flst. 325/4 Wohnungs- und Mitbenützungsrecht für Susanne Lustig, geb. Eckert, geb. 09.09.1989; befristet bis zum 31.12.2032; gemäß Bewilligung vom 09.09.2012, URNr. 1901/2012 Notar Dr. Schreiberling, Königshausen; eingetragen am 01.11.2012. *Hyazinth*
11	1, 2, 3, 5, 6, 8	Rückauflassungsvormerkung für Johann Eckert, geb. 18.08.1951 – auflösend bedingt, gemäß Bewilligung vom 09.09.2012 URNr. 1901/2012, Notar Dr. Schreiberling, Königshausen; Rang nach Abt. III/4; eingetragen am 01.11.2012. *Hyazinth*

Träumerei Wunschland 847 Geändert am 01.12.2015 Abdruck vom 13.06.2018 Seite 8 von 11 Seiten

16 Amtsgericht Träumerei

Einlegebogen

Grundbuch von Wunschland Blatt 847 **Zweite Abteilung** 2 R

	Veränderungen	Löschungen	
Lfd.Nr. der Spalte 1		Lfd.Nr. der Spalte 1	
4	**5**	**6**	**7**

Träumerei Wunschland 847 Geändert am 01.12.2015 Abdruck vom 13.06.2018 Seite 9 von 11 Seiten

Amtsgericht Träumerei Einlegebogen **17**

Grundbuch von Wunschland Blatt 847 **Dritte Abteilung** 1

Lfd. Nr. der Eintragungen	Lfd. Nr. der belasteten Grundstücke im Bestandsverzeichnis	Betrag	Hypotheken, Grundschulden, Rentenschulden
1	2	3	4
1	1, 2, 4, 7, 8	200.000,-- DM Brief 102.258,38 EUR	Grundschuld ohne Brief zu zweihunderttausend Deutsche Mark für MÜNZENSCHEINBANK eG in Wunschland; 16 % Zinsen jährlich; vollstreckbar nach § 800 ZPO; gemäß Bewilligung vom 04.11.1994; URNr. 2385/1994 der Notarin Einhorn in Silberstadt; eingetragen am 14.12.1994; hierher übertragen am 10.07.2001. *Hyazinth*
2	1, 2	99.120,-- DM 50.679,25 EUR	Grundschuld ohne Brief zu neunundneunzigtausendeinhundertzwanzig Deutsche Mark für ROTKÄPPCHENBANK in Phantasia; 12 % Zinsen jährlich; vollstreckbar nach § 800 ZPO; gemäß Bewilligung vom 14.07.1995; URNr. 1434/1995 der Notarin Einhorn in Silberstadt; eingetragen am 01.08.1995; hierher übertragen am 10.07.2001. *Hyazinth*
3	3, 5, 6	100.000,00 EUR	Grundschuld ohne Brief zu einhunderttausend Euro; für Riesenbank Schlaraffenland eG mit Sitz in Schlosspark; 18 % Zinsen jährlich; vollstreckbar nach § 800 ZPO; gemäß Bewilligung vom 01.02.2002; URNr. 180/2002 Notarin Fliegenfänger, Wunschland; eingetragen am 15.02.2002; Gesamthaft: Mondheim Blätter 557, 668,778 Sonnenheim Blatt 339. *Unkraut*
4	1	25.000,00 EUR	Hypothek ohne Brief zu fünfundzwanzigtausend Euro für Elsa König, geb. Prinz, geb. 05.05.1945; gemäß Bewilligung vom 09.09.2012, URNr. 1901/2012 Notar Dr. Schreiberling, Königshausen; Rang nach Abt. II/7 und II/8; Rang vor Abt. II/6 und II/11; eingetragen am 01.11.2012. *Hyazinth*

Träumerei Wunschland 847 Geändert am 04.05.2017 Abdruck vom 13.06.2017 Seite 10 von 11 Seiten

18

Amtsgericht Träumerei

Einlegebogen

Grundbuch von Wunschland Blatt 847 **Dritte Abteilung** 1 R

Veränderungen			Löschungen		
Lfd.Nr der Spalte 1	Betrag		Lfd.Nr der Spalte 1	Betrag	
5	6	7	8	9	10
1	200.000 DM	Die Ausschließung der Erteilung eines Briefes ist aufgehoben; eingetragen am 01.12.2002. *Hyazinth*	2	40.679,25 EUR	Gelöscht am 25.07.2013. *Rosenblüte*
3	100.000 EUR	Aus der Mithaft entlassen Mondheim Blatt 557 Sonnenheim Blatt 339; eingetragen am 01.02.2003. *Rosenblüte*	2a	10.000 EUR	Gelöscht am 01.06.2014 *Rosenblüte*
3	100.000 EUR	Das Grundbuch von Sternentaler Blatt 333 haftet mit; eingetragen am 02.05.2003. *Rosenblüte*			
1	200.000 DM	Abt. III/1 hat Rang nach Abt. II/5; eingetragen am 05.06.2010. *Unkraut*			
1	102.258,38 EUR	lfd. Nr. 1 nun: einhundertzweitausendzweihundertachtund-fünfzig 38/100 Euro;			
2	50.679,25 EUR	lfd. Nr. 2 nun: fünfzigtausendsechshundertneunundsiebzig 25/100 Euro; jeweils umgestellt nach §26a Abs. 1 GBmaßnG; eingetragen am 01.10.2012. *Unkraut*			
1	102.258,38 EUR	Abgetreten mit Zinsen seit 04.11.1994 an Zwergenbank eG, Bergtal; eingetragen am 01.10.2012. *Unkraut*			
2a	10.000 EUR	Zehntausend Euro mit anteiligen Zinsen seit 14.07.1995 abgetreten an die Zwergenbank eG, Bergtal; Rang nach Rest; eingetragen am 01.10.2012. *Unkraut*			

Träumerei Wunschland 847 Geändert am 01.12.2015 Abdruck vom 13.06.2018 Seite 11 von 11 Seiten

Anlage 3

Amtsgericht
Träumerei

Grundbuch

von

Wunschland

Blatt 2007

Wohnungsgrundbuch

Träumerei Wunschland 2007 Geändert am 13.07.2004 Abdruck vom 25.05.2018 Seite 1 von 9 Seiten

20 Amtsgericht Träumerei

Einlegebogen

Grundbuch von Wunschland **Blatt** 2007 **Bestandsverzeichnis** 1

Lfd. Nr. der Grund-stücke	Bisherige lfd. Nr. d. Grundstücke	Bezeichnung der Grundstücke und der mit dem Eigentum verbundenen Rechte		Größe		
		Gemarkung (nur bei Abweichung vom Grundbuchbezirk angegeben) Flurstück	Wirtschaftsart und Lage	ha	a	m²
		a/b				
1	**2**	**3**		**4**		
1	-	150/1.000 Miteigentumsanteil an dem Grundstück				
		Wunschland 700/1	Sonnenstraße 19, Wohnhaus, Nebengebäude, Hofraum, Garten	--	13	95
		700/2	An der Frühlingsstraße 7, Wohnhaus, Nebengebäude, Garten		12	11
		verbunden mit dem Sondereigentum an der im Erdgeschoß gelegenen Wohnung Nr. 1 lt. Aufteilungsplan; für jeden Miteigentumsanteil ist ein Grundbuchblatt angelegt (Blatt 2007 mit Blatt 2034); der hier eingetragene Miteigentumsanteil ist durch das zu den anderen Miteigentumsanteilen gehörende Sondereigentumsrecht beschränkt; Sondernutzungsrechte sind vereinbart. Der hier vorgetragenen Einheit ist ein Sondernutzungsrecht zugewiesen. Wegen weiteren Gegenstand und Inhalt des Sondereigentums wird auf die Bewilligung vom 15.06.1979 URNr. 2176/1979 Notar Alfred Alt Bezug genommen; übertragen von Blatt 1991; eingetragen am 17.07.1979.				
		Rosenblüte				

Träumerei Wunschland 2007 Geändert am 13.07.2004 Abdruck vom 25.05.2018 Seite 2 von 9 Seiten

Amtsgericht Träumerei

Einlegebogen

Grundbuch von Wunschland **Blatt** 2007 **Bestandsverzeichnis** 1 R

Bestand und Zuschreibungen		Abschreibungen	
Zur lfd. Nr. der Grund-stücke		Zur lfd. Nr. der Grund-stücke	
5	6	7	8

Träumerei Wunschland 2007 Geändert am 13.07.2004 Abdruck vom 25.05.2018 Seite 3 von 9 Seiten

22 Amtsgericht Träumerei

Einlegebogen

Grundbuch von Wunschland **Blatt** 2007 **Erste Abteilung** 1

Lfd. Nr. der Eintragungen	Eigentümer	Lfd. Nr. der Grundstücke im Bestandsverzeichnis	Grundlage der Eintragung
1	2	3	4
1	Firma Hammer Wohnungsbau GmbH & Co. KG, mit dem Sitz in Zwergental (AG Wolke HRA 888)	1	Teilungserklärung gem. § 8 WEG vom 15.06.1979 URNr. 2176/1979 Notar Albert Alt; eingetragen am 17.07.1979. *Rosenblüte*
2	G e y e r Eduard, geb. 14.08.1951, Maurer, Märchenpark	1	Auflassung vom 30.03.1982; eingetragen am 23.04.1982. *Rosenblüte*
3a b	Meister, Werner geb. 18.01.1963 Wunschland Meister, Sieglinde, geb. Lehrling, geb. 05.05.1965, Wunschland je zur Hälfte	1	Auflassung vom 17.10.1986 URNr. 1201/1986 Notarin Lena Fliegenfänger; eingetragen am 22.01.1987. *Hyazinth*
4a	Oberndorfner Hans, geb. 17.01.1940, Frankfurt am Silberbach	1	Auflassung vom 04.05.1995 URNr. 932/1995 Notarin Lena Fliegenfänger; eingetragen am 20.09.1995. *Hyazinth*
5	Oberndorfner Gertraud, geb. Unterbauer, geb. 04.04.1946	1	Notarielles Testament vom 02.04.2004 und Eröffnungsniederschrift vom 30.04.2004 Az : VI 209/04 Amtsgericht Träumerei; eingetragen am 13.07.2004. *Hyazinth*

Träumerei Wunschland 2007 Geändert am 13.07.2004 Abdruck vom 25.05.2018 Seite 4 von 9 Seiten

Amtsgericht Träumerei Einlegebogen **23**

Grundbuch von Wunschland **Blatt** 2007 **Erste Abteilung** 1 R

Lfd. Nr. der Eintragungen	Eigentümer	Lfd. Nr. der Grundstücke im Bestandsverzeichnis	Grundlage der Eintragung
1	**2**	**3**	**4**

Träumerei Wunschland 2007 Geändert am 13.07.2004 Abdruck vom 25.05.2018 Seite 5 von 9 Seiten

24 Amtsgericht Träumerei

Einlegebogen

Grundbuch von Wunschland **Blatt** 2007 **Zweite Abteilung** 1

Lfd. Nr. der Eintra-gungen	Lfd. Nr. der betroffenen Grundstücke im Bestands-verzeichnis	Lasten und Beschränkungen
1	2	3
1	1	Auflassungsvormerkung für Geyer Eduard, geb. 14.08.1951, Maurer, Märchenpark, gemäß Bewilligung vom 08.01.1981; eingetragen am 22.01.1981. *Rosenblüte*
2	1	Auflassungsvormerkung für Meister Werner, geb. am 18.01.1963, Wunschland und Meister Sieglinde, geb. Lehrling, geb. 05.05.1965, Wunschland, je zur Hälfte; gemäß Bewilligung vom 17.10.1986 URNr. 1201/1986 Notarin Lena Fliegenfänger; eingetragen am 24.10.1986. *Hyazinth*
3	1	Auflassungsvormerkung für Oberndorfner Hans, geb. 17.01.1940, Frankfurt am Silberbach; gemäß Bewilligung vom 04.05.1995 URNr. 932/1995 Notarin Lena Fliegenfänger ; eingetragen am 29.05.1995. *Hyazinth*
4	1	Nacherbfolge ist angeordnet. Nacherben der Gertraud Oberndorfner, geb. Unterbauer, geb. 04.04.1946 sind die Abkömmlinge des Erblassersohnes Fritz Oberndorfner zu gleichen Stammanteilen. Derzeit: Maria Oberndorfner, geb. 17.06.1990 und Michael Oberndorfner, geb. 08.07.1992. Der Nacherbfall tritt ein beim Tode der Vorerbin. Die Nacherbenanwartschaft ist nicht vererblich und nicht übertragbar. Gemäß Testament vom 02.04.2004 und Eröffnungsniederschrift vom 30.04.2004 Az : VI 209/04 Amtsgericht Träumerei; eingetragen am 13.07.2004. *Hyazinth*

Träumerei Wunschland 2007 Geändert am 13.07.2004 Abdruck vom 25.05.2018 Seite 6 von 9 Seiten

Amtsgericht Träumerei | Einlegebogen

Grundbuch von Wunschland **Blatt** 2007 **Zweite Abteilung** 1 R

	Veränderungen	Löschungen	
Lfd. Nr. der Spalte 1		Lfd. Nr. der Spalte 1	
4	**5**	**6**	**7**
		1	Gelöscht am 23.04.1982. *Hyazinth*
		2	Gelöscht am 22.01.1987. *Hyazinth*
		3	Gelöscht am 20.09.1995. *Unkraut*

Träumerei Wunschland 2007 Geändert am 13.07.2004 Abdruck vom 25.05.2018 Seite 7 von 9 Seiten

Seite 8 bis 9 = Abteilung III nicht abgedruckt

Anlage 4 a

Amtsgericht
Träumerei

Grundbuch

von

Wunschland

Blatt 2390

Erbbaurechtsgrundbuch

Träumerei Wunschland Blatt 2390 Geändert am 02.03.1998 Abdruck vom 07.07.2018 Seite 1 von 9 Seiten

Amtsgericht Träumerei | Einlegebogen

Grundbuch von Wunschland | **Blatt** 2390 | **Bestandsverzeichnis** | 1

Lfd. Nr. der Grund-stücke	Bisherige lfd. Nr. d. Grundstücke	Bezeichnung der Grundstücke und der mit dem Eigentum verbundenen Rechte		Größe		
		Gemarkung (nur bei Abweichung vom Grundbuchbezirk angegeben) Flurstück	Wirtschaftsart und Lage	ha	a	m²
		a/b				
1	**2**	**3**		**4**		
1	-	ERBBAURECHT an dem in Blatt 2388 Bestandsverzeichnis Nr. 4 verzeichneten Grundstück:				
		925/13	Wunschland HsNr. 82 u. 83, Marktstraße, Gebäude- und Freifläche	--	09	00
		eingetragen in Abt. II/3; auf die Dauer von 100 Jahren seit 01.04.1996; Schriftliche Zustimmung des Grundstückseigentümers ist erforderlich: zur Veräußerung; zur Belastung mit Hypotheken, Grund- und Rentenschulden, Reallasten, sowie zur Änderung des Inhalt eines dieser Rechte, wenn sie eine weitere Belastung des Erbbaurechtes enthält; zur wesentlichen Veränderung und zum ganzen oder teilweisen Abbruch der Gebäude; Eigentümer: Freie Kirche Wünsch Dir Was e.V., Wunschland gemäß Bewilligung vom 02.01.1996 URNr. 30/1996 Notarin Lena Fliegenfänger; angelegt am 21.03.1996. *Unkraut*				

Träumerei Wunschland Blatt 2390 Geändert am 02.03.1998 Abdruck vom 07.07.2018 Seite 2 von 9

28 Amtsgericht Träumerei

Einlegebogen

Grundbuch von Wunschland **Blatt** 2390 **Bestandsverzeichnis** 1 R

Bestand und Zuschreibungen		Abschreibungen	
Zur lfd. Nr. der Grundstücke		Zur lfd. Nr. der Grundstücke	
5	6	7	8

Träumerei Wunschland Blatt 2390 Geändert am 02.03.1998 Abdruck vom 07.07.2018 Seite 3 von 9 Seiten

Amtsgericht Träumerei | Einlegebogen

Grundbuch von Wunschland | **Blatt** 2390 | **Erste Abteilung** | 1

Lfd. Nr. der Eintra-gungen	Eigentümer	Lfd. Nr. der Grundstücke im Bestands-verzeichnis	Grundlage der Eintragung
1	2	3	4
~~1~~	~~Geldnot Gerda, geb. Reich, geb. 01.04.1941~~	1	Bestellung des Erbbaurechts; eingetragen am 21.03.1996. *Unkraut*
2	Geldnot Gerald, geb. 01.04.1979	2	Auflassung vom 10.01.1998, URNr. 111/1998 Notarin Lena Fliegenfänger, eingetragen am 02.03.1998. *Unkraut*

Träumerei Wunschland Blatt 2390 Geändert am 02.03.1998 Abdruck vom 07.07.2018 Seite 4 von 9 Seiten

30 Amtsgericht Träumerei

Einlegebogen

Grundbuch von Wunschland **Blatt** 2390 **Erste Abteilung** 1 R

Lfd. Nr. der Eintra-gungen	Eigentümer	Lfd. Nr. der Grundstücke im Bestands-verzeichnis	Grundlage der Eintragung
1	**2**	**3**	**4**

Träumerei Wunschland Blatt 2390 Geändert am 02.03.1998 Abdruck vom 07.07.2018 Seite 5 von 9 Seiten

Amtsgericht Träumerei

Einlegebogen

Grundbuch von Wunschland **Blatt** 2390 **Zweite Abteilung** 1

Lfd. Nr. der Eintra-gungen	Lfd. Nr. der betroffenen Grundstücke im Bestands-verzeichnis	Lasten und Beschränkungen
1	2	3
1	1	Erbbauzins in Höhe von fünfhundert DM jährlich – wertgesichert – für den jeweiligen Eigentümer des mit dem Erbbaurecht belasteten Grundstücks (Bestandsverzeichnis Nr. 4 in Wunschland Blatt 2388); gemäß Bewilligung 02.01.1996 URNr. 30/1996 Notarin Lena Fliegenfänger; eingetragen am 21.03.1996. *Unkraut*
2	1	Vorkaufsrecht für alle Verkaufsfälle; für den jeweiligen Eigentümer des mit dem Erbbaurecht belasteten Grundstücks (Bestandsverzeichnis Nr. 4 in Wunschland Blatt 2388); gemäß Bewilligung vom 02.01.1996 URNr. 30/1996 Notarin Lena Fliegenfänger, eingetragen am 21.03.1996. *Unkraut*
3	1	Photovoltaikanlagenerrichtungs- und betriebsrecht für **Blitz Photovoltaik GmbH**, Wunschland; gemäß Bewilligung 21.05.1997 URNr. 1533/1997 Notar Steffen Strom; eingetragen am 30.05.1997. *Unkraut*
4	1	Vormerkung zur Sicherung des Anspruchs auf Eintragung eines Photovoltaikanlagenerrichtungs- und betriebsrechtes für **Münzbank eG** mit dem Sitz in Schlaraffenland; gemäß Bewilligung 21.05.1997 URNr. 1533/1997 Notar Steffen Strom; eingetragen am 30.05.1997. *Unkraut*

Träumerei Wunschland Blatt 2390 Geändert am 02.03.1998 Abdruck vom 07.07.2018 Seite 6 von 9 Seiten

32 Amtsgericht Träumerei

Einlegebogen

Grundbuch von Wunschland **Blatt** 2390 **Zweite Abteilung** 1 R

	Veränderungen		Löschungen
Lfd. Nr. der Spalte 1		Lfd. Nr. der Spalte 1	
4	**5**	**6**	**7**

Träumerei Wunschland 2390 Geändert am 02.03.1998 Abdruck vom 07.07.2018 Seite 7 von 9 Seiten

Seite 8 bis 9 = Abteilung III nicht abgedruckt

Anlage 4 b

Amtsgericht
Träumerei

Grundbuch

von

Wunschland

Blatt 2388

Träumerei Wunschland Blatt 2388 Geändert am 11.12.2009 Abdruck vom 07.07.2018 Seite 1 von 9 Seiten

34 Amtsgericht Träumerei

Einlegebogen

Grundbuch von Wunschland **Blatt** 2388 **Bestandsverzeichnis** 1

Lfd. Nr. der Grund-stücke	Bisherige lfd. Nr. d. Grundstücke	Bezeichnung der Grundstücke und der mit dem Eigentum verbundenen Rechte		Größe		
		Gemarkung (nur bei Abweichung vom Grundbuchbezirk angegeben) Flurstück	Wirtschaftsart und Lage	ha	a	m²
		a/b				
1	2	3		4		
1	-	925	Wunschland HsNr. 4 a b c, Friedensstraße, Gebäude- und Freifläche		11	83
2	-	925/14	Wunschland HsNr. 84, Marktstraße, Gebäude- und Freifläche		10	11
3	-	925/15	Wunschland HsNr. 2 a b c, Friedensstraße, Gebäude- und Freifläche		09	85
4	-	925/13	Wunschland HsNr. 82 u. 83, Marktstraße, Gebäude- und Freifläche		09	00

Träumerei Wunschland Blatt 2388 Geändert am 11.12.2009 Abdruck vom 07.07.2018 Seite 2 von 9 Seiten

Amtsgericht Träumerei | Einlegebogen

Grundbuch von Wunschland | **Blatt** 2388 | **Bestandsverzeichnis** | 1 R

Bestand und Zuschreibungen		Abschreibungen	
Zur lfd. Nr. der Grundstücke		Zur lfd. Nr. der Grundstücke	
5	6	7	8
1-4	Nrn. 1-4 bei Umschreibung auf Loseblatt-Grundbuch von Blatt 984 übertragen am 11.01.1993. *Hyazinth*	2	übertragen nach Blatt 2401 am 01.12.2009 *Hyazinth*
		3	übertragen nach Blatt 2402 am 01.12.2009. *Hyazinth*

Träumerei Wunschland Blatt 2388 Geändert am 11.12.2009 Abdruck vom 07.07.2018 Seite 3 von 9 Seiten

36 Amtsgericht Träumerei

Einlegebogen

Grundbuch von Wunschland **Blatt** 2388 **Erste Abteilung** 1

Lfd. Nr. der Eintra-gungen	Eigentümer	Lfd. Nr. der Grundstücke im Bestands-verzeichnis	Grundlage der Eintragung
1	2	3	4
1	Freie Kirche Wünsch Dir Was e. V.; Wunschland	1-4	Das in Blatt 984 vorgetragene Eigentum bei Umschreibung auf Loseblatt-Grundbuch; hier eingetragen am 11.01.1993. *Hyazinth*

Träumerei Wunschland Blatt 2388 Geändert am 11.12.2009 Abdruck vom 07.07.2018 Seite 4 von 9 Seiten

Amtsgericht Träumerei

Einlegebogen

Grundbuch von Wunschland | Blatt 2388 | Erste Abteilung | 1 R

Lfd. Nr. der Eintragungen	Eigentümer	Lfd. Nr. der Grundstücke im Bestandsverzeichnis	Grundlage der Eintragung
1	2	3	4

Träumerei Wunschland Blatt 2388 Geändert am 11.12.2009 Abdruck vom 07.07.2018 Seite 5 von 9 Seiten

38

Amtsgericht Träumerei

Einlegebogen

Grundbuch von Wunschland **Blatt** 2388 **Zweite Abteilung** 1

Lfd. Nr. der Eintra-gungen	Lfd. Nr. der betroffenen Grundstücke im Bestands-verzeichnis	Lasten und Beschränkungen
1	2	3
1	1	Erbbaurecht für Hans Glück, geb. 01.01.1931, auf die Dauer von einhundert Jahren seit 01.07.1952; gemäß Erbbaugrundbuch Wunschland Blatt 725 (jetzt nach Umschreibung: Blatt 2389) eingetragen am 10.10.1952; umgeschrieben am 16.05.1956; erneut umgeschrieben am 11.01.1993. *Hyazinth*
2	1	Vorkaufsrecht für alle Verkaufsfälle; für den jeweiligen Erbbauberechtigten Abteilung II/1 (Erbbaugrundbuch für Wunschland Blatt 2389); gemäß Bewilligung vom 01.07.1952; eingetragen am 10.10.1952; umgeschrieben am 16.05.1956; erneut umgeschrieben am 11.01.1993. *Hyazinth*
3	4	Erbbaurecht für Geldnot Gerda, geb. Reich, geb. 01.04.1941, auf die Dauer von einhundert Jahren seit 01.04.1996; gemäß Erbbaugrundbuch für Wunschland Blatt 2390; eingetragen am 21.03.1996. *Unkraut*
4	4	Vorkaufsrecht für alle Verkaufsfälle; für den jeweiligen Erbbauberechtigten Abteilung II/3 (Erbbaugrundbuch für Wunschland Blatt 2390); gemäß Bewilligung vom 02.01.1996 URNr. 30/1996 Notarin Lena Fliegenfänger; eingetragen am 21.03.1996. *Unkraut*

Träumerei Wunschland Blatt 2388 Geändert am 11.12.2009 Abdruck vom 07.07.2018 Seite 6 von 9 Seiten

Amtsgericht Träumerei

Einlegebogen

Grundbuch von Wunschland **Blatt** 2388 **Zweite Abteilung** | 1 R

	Veränderungen	Löschungen	
Lfd. Nr. der Spalte 1		Lfd. Nr. der Spalte 1	
4	**5**	**6**	**7**
3	Erbbauberechtigter nun: Geldnot Gerald, geb. 01.04.1979, eingetragen am 02.03.1998 *Unkraut*		

Träumerei Wunschland Blatt 2388 Geändert am 11.12.2009 Abdruck vom 07.07.2018 Seite 7 von 9 Seiten

Seite 8 bis 9 = Abteilung III nicht abgedruckt

40

Anlage 5 a

Eintragungsbekanntmachung nach § 55 Grundbuchordnung (GBO)

Angaben zum Eigentümer und den betroffenen Flurstücken (soweit betroffen):

Grundbuchbezirk Wunschland Blatt 911:	
Aktuelle Eigentümer:	Kaufmann, Victor, Stieglitzweg 7, 12345 Albtraum
Flurstücke:	Wunschland Flurstück 119/9

Eintragungsbekanntmachung

Zweite Abteilung (Spalten 1 bis 3)		**Wunschland 911**
LNrE	LNrG	Lasten und Beschränkungen
14	7	Auflassungsvormerkung für Hanna Hartig, geb. Weich, geb. am 20.08.1990 und Hansi Hartig, geb. am 21.08.1990, zu je 1/2 Anteil; gemäß Bewilligung vom 01.02.2018 URNr. 100/2018 Notarin Tanja Achtsam, Wunschland; Rang nach Abt. III/2; eingetragen am 20.02.2018. Maiglöckchen

Dritte Abteilung (Spalten 1 bis 4)			**Wunschland 911**
LNrE	LNrG	Betrag	Hypothek, Grundschulden, Rentenschulden
2	7	50.000 EUR	Grundschuld ohne Brief zu fünfzigtausend Euro für **Münzbank eG**, Schlaraffenland, Amtsgericht Wolke GnR 558; 16 % Zinsen jährlich, 5 % Nebenleistung einmalig; vollstreckbar nach § 800 ZPO; gemäß Bewilligung vom 01.02.2018 URNr. 101/2018 Notarin Tanja Achtsam, Wunschland, Rang vor Abt. II/14; eingetragen am 20.02.2018. Maiglöckchen

Ende der Eintragungsbekanntmachung

Anlage 5 b 41

Eintragungsbekanntmachung nach § 55 Grundbuchordnung (GBO)

Angaben zum Eigentümer und den betroffenen Flurstücken (soweit betroffen):

Grundbuchbezirk Wunschland Blatt 911:	
Aktuelle Eigentümer:	Kaufmann, Victor, Stieglitzweg 7, 12345 Albtraum
Grundbuchbezirk Wunschland Blatt 3001:	
Aktuelle Eigentümer:	Hanna Hartig, geb. Weich, und Hansi Hartig, Rapunzelgasse 50, 12345 Albtraum
Flurstücke:	Wunschland Flurstück 119/9

Eintragungsbekanntmachung

Bestandsverzeichnis (Spalten 7 bis 8)	**Wunschland 911**
LNrg	Abschreibungen
7	Übertragen nach Blatt 3001 am 26.06.2018. Maiglöckchen

Zweite Abteilung (Spalten 6 bis 7)	**Wunschland 911**
LNr1	Löschungen
14	Gelöscht am 26.06.2018. Maiglöckchen

Bestandsverzeichnis (Spalten 1 bis 4)				**Wunschland Blatt 3001**		
LNrE	LNrg	Gemarkung Flurstück	Wirtschaftsart und Lage	Größe		
				ha	a	m²
2	-	119/9	Dornwiese, Wasserfläche, Landwirtschaftsfläche	7	79	73

Bestandsverzeichnis (Spalten 5 bis 6)	**Wunschland 3001**
LNrg	Bestand und Zuschreibungen
2	Übertragen aus Blatt 911 am 26.06.2018. Maiglöckchen

Erste Abteilung (Spalten 1 bis 4)		**Wunschland 3001**	
LNrE	Eigentümer	LNrG	Grundlage der Eintragung
		2	Auflassung vom 01.02.2018 eingetragen am 26.06.2018 Maiglöckchen

42

Zweite Abteilung (Spalten 1 bis 3)		**Wunschland 3001**
LNrE	LNrG	Lasten und Beschränkungen
4	2	Rohr- und Wasserableitungsrecht für den jeweiligen Eigentümer der Grundstücke Flst. 1913 und 1914; gemäß Bewilligung vom 01.06.1967; eingetragen am 05.07.1967 und hierher übertragen am 26.06.2018. Maiglöckchen

Ende der Eintragungsbekanntmachung

Stichwortverzeichnis

fette Zahlen = Paragrafen, magere Zahlen = Randnummern